Edgard Carone e a Ideia de Revolução no Brasil
(1964-1985)

CONSELHO EDITORIAL

Aurora Fornoni Bernardini – Beatriz Muyagar Kühl
Gustavo Piqueira – João Angelo Oliva Neto
José de Paula Ramos Jr. – Leopoldo Bernucci
Lincoln Secco – Luís Bueno – Luiz Tatit
Marcelino Freire – Marco Lucchesi
Marcus Vinicius Mazzari – Marisa Midori Deaecto
Paulo Franchetti – Solange Fiúza – Vagner Camilo
Walnice Nogueira Galvão – Wander Melo Miranda

Fabiana Marchetti

Edgard Carone e a Ideia de Revolução no Brasil (1964-1985)

Copyright © 2023 by Fabiana Marchetti

Direitos reservados e protegidos pela Lei 9.610 de 19 de fevereiro de 1998.
É proibida a reprodução total ou parcial sem autorização, por escrito, da editora.

Dados Internacionais de Catalogação na Publicação (CIP)
(Câmara Brasileira do Livro, SP, Brasil)

Marchetti, Fabiana
  Edgard Carone e a Ideia de Revolução no Brasil
(*1964-1985*) / Fabiana Marchetti. -- Cotia, SP : Ateliê
Editorial, 2023.

  Bibliografia.
  ISBN 978-65-5580-119-4

  1. Brasil - Política 2. Carone, Edgard, 1923—2003
3. História do Brasil 4. Revoluções - Brasil - História 5.
Sociologia I. Título.

23-169724   CDD-981

Índices para catálogo sistemático:
1. Brasil : História 981
Eliane de Freitas Leite - Bibliotecária - CRB 8/8415

Direitos reservados a

ATELIÊ EDITORIAL
Estrada da Aldeia de Carapicuíba, 897
06709-300 – Granja Viana – Cotia – SP
Tel.: (11) 4702-5915
www.atelie.com.br / contato@atelie.com.br
facebook.com/atelieeditorial | blog.atelie.com.br
threads.net/@atelie_editorial

2023

Printed in Brazil
Foi feito o depósito legal

À minha mãe, in memoriam.

Sumário

Nota *11*

Introdução *13*

Parte 1. Biografia, Trajetória Intelectual e Edições *23*

1. Edgard Carone: Formação Intelectual e Política *25*
    O Lugar Social na Formação: Edgard Carone e a Cidade de São Paulo *26*
    Universidade e Engajamento Intelectual, a Marca de uma Geração *35*
    O Historiador entre Duas Paisagens *52*
    Novas Relações Institucionais e um Projeto Político-Intelectual para a
    História da República *68*

2. Revoluções do Brasil Contemporâneo: Embrião de um Projeto Político-Intelectual . . . *87*
    Revolução, Revoluções: Um Conceito e seus Múltiplos Significados *88*
    O Contexto Político e Intelectual de *Revoluções do Brasil Contemporâneo* . . . *102*
    Aproximações Teóricas e Categorias de uma Análise Marxista. *109*
    Uma Revolução em Seus Estudos. Uma Contribuição Inovadora
    à Historiografia Brasileira. *116*

3. Corpo e Alma do Brasil: Edgard Carone e a História da República
    nas Publicações da Editora Difusão Europeia do Livro (Difel) *127*
    Pensamento Brasileiro e Produção Intelectual Universitária: Alguns
    Apontamentos sobre a Coleção Corpo e Alma do Brasil. *128*

10 EDGARD CARONE E A IDEIA DE REVOLUÇÃO NO BRASIL

A História da República como Inovação Universitária. *142*

Uma Nova Interpretação do Brasil: Os Períodos da República *151*

História da República: Novos Objetivos, Novas Abordagens. *158*

Parte II. A República de 1889-1930: Um Questionamento sobre a
Revolução Brasileira *165*

1. A Primeira República como Momento de Transição e as Características
da Revolução Brasileira. *167*

    República Velha I e II: Organização para uma Abordagem Historiográfica . . *168*

    A Ideia de Transição *173*

    Transição e Revolução: As Classes Sociais em Dinâmica *186*

2. Questões sobre a Instabilidade do Regime: Revoluções Oligárquicas, Tenentismo
e a Revolução de 1930 . . . . *203*

    Critérios e Usos do Conceito de Revolução *204*

    As Revoluções Oligárquicas: Entre a Institucionalidade Republicana
    e o Costume Político *210*

    Convulsão Social: Das Revoltas Militares às Revoluções Tenentistas *223*

    A Revolução de 1930 . . . . *239*

    Entre as Revoluções e a Revolução *245*

3. Dinâmica Urbana e Operariado: As Greves da Primeira República
e a Ideia de Revolução *251*

    O Movimento Operário em Meio às Revoluções Oligárquicas
    e ao Tenentismo *252*

    Os Movimentos Grevistas da República Velha *258*

    Um Período de Características Revolucionárias para
    o Movimento Grevista *270*

CONCLUSÃO – A Trajetória de Edgard Carone: A Revolução Brasileira,
Intelectualidade e Historiografia Diante do Golpe Militar *277*

Agradecimentos *283*

Fontes e Bibliografia. *285*

Nota

A história ensina, mas não tem alunos[1].

O presente livro foi concebido a partir de minha dissertação de mestrado, defendida em junho de 2016 no Programa de História Econômica da USP. Sua estrutura foi reorganizada, o conteúdo passou por revisões de escrita, correções e alguns acréscimos. Os agradecimentos são os mesmos daquele momento, mas devo acrescentar aqui minha gratidão ao editor e professor Plinio Martins Filho.

Tomei conhecimento da frase de Gramsci em minha primeira greve estudantil, entre piquetes e discussões, no ano de 2009. Escrita sobre papel Kraft, formando uma enorme faixa afixada no primeiro andar do prédio de História e Geografia da USP, sua leitura me marcou e me formou. Daqueles corredores, a levo para a vida, para sempre me lembrar de que o historiador carrega em seu ofício uma responsabilidade: a de manter vivas, na memória e consciência de seu tempo, as lições que acredita terem sido deixadas pelo passado.

A obra de Edgard Carone – ao lado de outras leituras marxistas – foi uma destas contribuições de "tomada de consciência" que entraram em minha trajetória. Os debates com professores e colegas sobre seus longos e, por vezes tão descritivos, livros sobre a República, aos poucos, revelaram-me uma concepção de Brasil que parecia ser importante e digna de estudo à luz de sua trajetória como historiador e das transformações da historiografia

---

[1]. Antonio Gramsci, "Italia e Spagna", *L'Ordine Nuovo*, mar. 1921.

brasileira. A mensagem transmitida por sua referência, e que eu desejava passar adiante, era a ideia de que em nossa sociedade havia uma história, ou muitas histórias, de revolução.

Vejo que esta concepção se mostra essencial a cada dia e se intensifica nestes tempos em que nos defrontamos com uma nova onda, interna e externa, de reacionarismo e negacionismos. Assim, espero que a publicação deste trabalho possa ser uma pequena contribuição de reflexão historiográfica, política e social, para os debates de todas as pessoas interessadas no passado, mas também no presente e no futuro do Brasil.

São Paulo, 2023.

Introdução

Na pesquisa histórica é sempre difícil trabalhar com o papel do indivíduo. Diversos são os debates sobre as implicações de se fazer história a partir do questionamento de uma vida, a qual segue uma trajetória específica, aparentemente, única. É uma preocupação necessária, pois essa abordagem tem seus extremos. De um lado, o perigo é concluir que um homem, ou mulher, sua personalidade, suas decisões determinam absolutamente o rumo de eventos ou processos sociais. De outro, para negar essa perspectiva, uma trajetória pessoal pode ser tomada como particularidade extrema de determinado contexto, levando-nos a relativização total da ação humana que em nada poderia contribuir ou revelar-se como parte do coletivo, deixando ao historiador a única tarefa de reconstituir fragmentos.

Estas questões permeiam os debates sobre a construção da biografia como gênero histórico e as consideramos essenciais para introduzir o leitor ao presente trabalho, que não poderá fugir de uma abordagem desta natureza, uma vez que pretendemos discutir a obra do historiador Edgard Carone a partir da ideia de revolução, considerando-a como expressão de sua trajetória pessoal e profissional. Ou seja, tornaremos o indivíduo como o protagonista mais evidente de uma elaboração sobre a realidade brasileira.

Dizemos *mais evidente* para destacar nossa ciência sobre os limites tênues e complexos existentes entre a produção autoral e o processo coletivo que comportam a elaboração do saber, pois é certo que o professor Carone não será considerado como uma mente brilhante e única na tradição acadêmica nacional. Pelo contrário, o valor particular de suas contribuições e inovações de pensamento será tratado como fruto de uma realidade sócio-histórica que compreende a relação do historiador com os processos políticos, econômicos e sociais de sua época. Esta perspectiva construirá uma biografia intelectual do autor, trançando as motivações, expectativas e particularidades de um processo de criação e ação próprias do indivíduo e, ao mesmo tempo, de relações pessoais, redes de trabalho, estruturas institucionais, políticas e outros espaços que ele integrou[1].

Ao lado desta definição, cumpre delimitarmos também a perspectiva com a qual situamos indivíduo e biografia em uma história da historiografia ou em uma história intelectual do Brasil. Consideramos que as ideias de uma sociedade pertencem ao nível da superestrutura e, por isso, estão ligadas ao curso de sua realidade social e material[2], bem como das camadas de intelectuais que, em diversos níveis, ajudam a produzir e reproduzir tais realidades. O estudo desta relação entre "superestrutura-intelectuais-estrutura" nos permite compreender as dinâmicas de um ou mais grupos que elaboram interpretações da realidade, cuja circulação pode interferir em processos de formação e/ou ação coletivas.

Segundo Antonio Gramsci, "Deve-se notar que a elaboração das camadas intelectuais na realidade concreta não ocorre num terreno democrático abstrato, mas de acordo com processos históricos tradicionais muito concretos"[3]. Ao refletir sobre a história dos intelectuais, o pensador marxista

---

1. Consideramos a ideia de biografia intelectual a partir de François Dosse, *O Desafio Biográfico*, São Paulo, Edusp, 2009, pp. 361-404. A esta concepção, acrescenta-se a referência de Giovanni Lévi, "Usos da Biografia", em Janaína Amado Marieta de Moraes Ferreira (org.), *Usos e Abusos da História Oral*, São Paulo, Editora da FGV, 2005, pp. 167-182, especialmente suas reflexões sobre biografia e contexto (pp. 175-176); indivíduo e liberdade de escolha (pp. 180-182).
2. Karl Marx, "Prefácio de Para *Crítica da Economia Política*", em José Arthur Gianotti (org.), *Marx*, vol. I, São Paulo, Abril Cultural, 1982 (Os Pensadores). "A totalidade destas relações de produção forma a estrutura econômica da sociedade, a base real sobre a qual se ergue uma superestrutura jurídica e política, e à qual correspondem determinadas formas da consciência social. O modo de produção da vida material é que condiciona o processo da vida social, política e espiritual. Não é a consciência dos homens que determina o seu ser, mas, inversamente, o seu ser social que determina a sua consciência" (p. 31).
3. Antonio Gramsci, *Os Intelectuais e a Organização da Cultura*, Rio de Janeiro, Civilização Brasileira, 1979, p. 10.

INTRODUÇÃO   15

nos alerta para o fato de que estes são sujeitos históricos em relação constante com as hierarquias que definem a organização da cultura e sua função social, sendo também um elo importante entre as classes e instituições, ideologia e realidade, consciência e intervenção. Uma categoria profissional diferenciada dos não intelectuais[4], que em conexão com as classes diretamente ligadas à produção legitimam ou deslegitimam determinados discursos, padrões e comportamentos. O intelectual se constitui, então, a partir de uma determinada realidade e, ainda que não o faça de modo declarado, ele tem o potencial de nela interferir, sobretudo, através de sua obra.

Ao estudarmos a trajetória de um historiador, propomo-nos a investigar este papel que ele exerce enquanto parte de uma comunidade científica movida por interesses diversos[5] e responsável por um conjunto de elaborações que denominamos historiografia. Em outras palavras, seu pensamento compõe uma dinâmica estruturada e estruturante de relações de poder e, por isso, pode ser explorado a partir de indagações que busquem gestos de unidade, sejam eles momentâneos ou longevos, coerentes ou contraditórios entre si, para tentar compreendê-lo como expressão da realidade em que foi produzido e das intenções do intelectual com partes ou com o conjunto de sua obra.

No caso de Edgard Carone, esta esfera de intervenção se situa nas transformações da superestrutura que envolve a historiografia brasileira, especialmente no momento em que ela inicia um processo de institucionalização universitária ao lado de outras áreas das ciências humanas e sociais, a partir dos anos 1930. Acreditamos que através de sua trajetória pessoal/geracional e de sua inserção na universidade, ele constrói o sentido para sustentar uma atuação intelectual de longo prazo e uma obra extensa, contribuindo com uma perspectiva inovadora para as chamadas interpretações do Brasil.

***

4. *Idem*, p. 7.
5. Em duas dimensões: a primeira, interna ao próprio grupo profissional que ele integra; e a segunda, externa, ligada à sociedade (Pierre Bourdieu, "Le Champ Scientifique", *Actes de la Recherche en Sciences Sociales*, n. 2/3, pp. 88-104, jun. 1976). Essa definição é importante, pois, ela acrescenta à ideia de superestrutura a definição de um espaço social relativamente autônomo, no qual sujeitos em relação assumem posturas, individuais ou coletivas, frente às condições históricas.

Tendo em vista as considerações anteriores, destacamos dentro da biografia e do contexto social a ideia de *formação* que o intelectual recebe e/ ou constrói ao longo de sua vida. O termo nos ajuda a captar a dimensão na qual sua trajetória – única em diversos sentidos – pode ser vista como produto das condições do momento histórico vivido seja em termos das condições oferecidas para que ele possa, ou não, seguir um percurso de escolarização formal, ou daquelas propiciadas por sua origem familiar, de classe ou de outras relações, e mesmo eventos históricos, que o incentivam a produzir reflexões e reproduzi-las em livros, artigos, conferências e outras atividades próprias a manifestação do intelecto. Como constata Eric Hobsbawm:

> Para historiadores de minha geração e origem, o passado é indestrutível não apenas porque pertencemos à geração em que nomes de ruas e logradouros ainda tinham nomes de homens e acontecimentos públicos [...], como também porque os acontecimentos públicos são parte da textura de nossas vidas. Eles não são apenas marcos em nossas vidas privadas, mas aquilo que *formou* nossas vidas, tanto privadas como públicas. Para este autor, o dia 30 de janeiro de 1933 não é simplesmente a data, à parte isso arbitrária, em que Hitler se tornou chanceler da Alemanha, mas também uma tarde de inverno em Berlim, quando um jovem de quinze anos e sua irmã mais nova voltavam para casa, em Halcnsee, de suas escolas vizinhas em Wimersdorf, e em algum ponto do trajeto viram a manchete. Ainda posso vê-la como num sonho[6].

O pensador inglês expressa esta dimensão ao mesmo tempo individual e coletiva que queremos destacar em nossa pesquisa, como um testemunho que nos permite delimitar um recorte geracional para os historiadores que viveram e pensaram o século xx.

Com seus 79 anos de vida, cobrindo quase todo o breve século[7], entendemos que Carone foi parte desta geração em território brasileiro. Sua formação como historiador passou por experiências pessoais diversas que, em suas memórias, são sempre relatadas pela presença de um "eu" estudioso, autônomo e indisciplinado que se envolveu com as questões de seu tempo

---

6. Eric Hobsbawm, *A Era das Revoluções. O Breve Século xx (1914-1989)*, São Paulo, Companhia das Letras, 2003, p. 14 (grifo nosso).
7. Edgard Carone nasceu em 1923 e faleceu em 2002, vivendo 66 dos 75 anos que definem o século xx, segundo a periodização de Eric Hobsbawm.

para além de suas expectativas pessoais. Do que pudemos aferir, esta postura se construiu sobre um jovem que ajudou o pai no comércio da família, que amava sebos, livros e cinema; um estudante de História próximo do comunismo e do pensamento marxista; um homem adulto que gerenciou uma fazenda, onde viveu e construiu sua família para, anos depois, tornar--se um profissional da universidade.

Sem cair na ingenuidade de que todas essas "fases" continham o historiador do futuro, poderemos reconhecer em todas elas aspectos nem sempre coesos que, aqui e ali, compõem sua experiência de formação, lançando as bases para que ele pudesse formar um repertório geral que delimitou suas expectativas de reflexão e intervenção na realidade – entre vida de seu pensamento e o seu pensamento sobre a vida[8]. Entendemos que nesse universo se apresentam as condições que direcionariam o jovem à universidade, o processo de amadurecimento que viveu como estudante, as continuidades e rupturas que se produzem quando ele se afastou da instituição e, em seguida, quando retornou a ela.

Edgard Carone passou a infância e juventude em uma conjuntura intensa diante das transformações urbanas, sociais e políticas que impactaram particularmente a cidade de São Paulo, onde ele vivia. A capital se desenvolvia no início do século devido ao peso que a economia paulista havia conquistado no plano nacional e se tornou palco de protestos, debates e conflitos armados que caracterizaram as "revoluções" do período republicano – do tenentismo dos anos 1920, passando pela Revolução de 1930 e a Guerra Civil de 1932[9]. Em meio a estes processos, os governos de Getúlio Vargas marcam a política nacional, especialmente, a ditadura do Estado Novo que, já em seus últimos suspiros, marcará a primeira passagem de Carone na universidade. Ele compartilha e vivencia esta realidade com intelectuais que protagonizaram a dinâmica de renovação cultural da capital paulista e que deste lugar se destacaram como referências do pensamento brasileiro.

Em meados da década de 1940, a intelectualidade nacional é marcada por um conflito de ideias, concepções e atitudes que atingem a esfera pú-

---

8. François Dosse, *O Desafio Biográfico*, p. 361.
9. Termo que o próprio Edgard Carone utiliza em suas obras para caracterizar os processos deste período, como veremos.

blica com um diálogo interno que ficou consagrado em alguns textos cuja publicação deu origem ao testamento de uma geração e o nascimento de uma nova[10]. Na cidade de São Paulo, um símbolo desta ruptura pode ser encontrado no grupo que se reuniu em torno da revista *Clima*[11]. Liderados por Antonio Candido, estes jovens universitários desejavam se afirmar como críticos da realidade nacional, postulando-se com representantes radicais de uma nova perspectiva de formação e de uma nova atitude nos meios intelectuais do país que deveriam se orientar, segundo sua defesa, pelo declarado engajamento político com a sociedade. Eles respaldavam seu radicalismo na inovação representada pela criação da Faculdade de Filosofia, Ciências e Letras (FFCL), da Universidade de São Paulo (USP), nos vínculos que criaram a partir da instituição e, sobretudo, nos pequenos agrupamentos de esquerda que formaram para se engajarem na oposição à ditadura estadonovista, orbitando na maioria das vezes nas redes de atuação do Partido Comunista Brasileiro (PCB) e suas dissidências.

Edgard Carone conhece alguns dos principais membros do grupo em 1941 através da vivência universitária e política de seu irmão mais velho, Maxim Tolstói Carone, que foi estudante de História e Geografia em uma das primeiras turmas da FFCL e dirigente comunista. Um encontro entre a sua vida e a dinâmica geracional da intelectualidade paulista que marca o início de sua trajetória na universidade e que tomamos como um balizador de sua biografia. Nestes fatos, encontram-se os elementos coletivos e geracionais que destacaremos em sua formação e, ao mesmo tempo, o divisor de águas pessoal que nos permitirá explorar as condições materiais e sociais que o acompanharam desde sua constituição familiar até ali, bem como os eventos que construíram seu percurso particular na academia.

10. Edgard Cavalheiro (org.), *Testamento de uma Geração*, Porto Alegre, Globo, 1944; Mário Neme (org.), *Plataforma da Nova Geração*, Porto Alegre, Globo, 1945. Os livros reúnem depoimentos de intelectuais que discutiam a natureza de seu trabalho identificados como grupos de diferentes gerações. O primeiro, mais ligado às figuras do pensamento modernista e à tradição autodidata que marcava a formação das elites brasileiras, o segundo mais ligado à juventude universitária dos principais centros nacionais que reivindicavam a profissionalização de seu trabalho em torno da especialização e da crítica. A passagem entre estas gerações é discutida por Carlos Guilherme Mota, *Ideologia da Cultura Brasileira: 1933-1974*, São Paulo, Ática, 1980, que será referência para este trabalho.

11. Heloisa Pontes, *Destinos Mistos. Os Críticos do Grupo Clima em São Paulo (1940-1968)*, São Paulo, Companhia das Letras, 1998.

INTRODUÇÃO 19

Diferentemente dos amigos da geração *Clima*, como veremos, Carone abandona a USP e a cidade de São Paulo em 1947, retornando somente no final de década de 1960, para se tornar professor apenas na década seguinte. Esta experiência o colocará em uma posição contraditória dentro do próprio percurso de institucionalização da historiografia e profissionalizada da universidade, pois ele atuará entre duas gerações aquela com a qual se formou e a que surge nas décadas em que ele se encontra afastado da instituição. Por um lado, sua maturidade política e de pesquisas o posicionam em um polo inovador desta realidade, por outro, o apego a determinados princípios o deixarão exposto ao rótulo de historiador datado ou comprometido demais com certos fundamentos ideológicos.

Sendo assim, da formação ao conflito de gerações, demonstraremos que a obra do historiador constitui um projeto político-intelectual coerente com a visão de mundo que ele assumiu diante das demandas sociais, problemas e perspectivas de ação colocadas para os homens e mulheres de sua época.

***

As últimas questões que gostaríamos de apresentar nesta introdução dizem respeito às escolhas temáticas internas ao trabalho, a saber, o período republicano e a ideia de revolução.

Edgard Carone elege a República como grande área de pesquisa, justamente pela constante tensão política à qual sua geração, e ele individualmente, estavam expostos no desenrolar do século XX. É claro que em todas as épocas a sociedade está exposta a tensões e conflitos, mas como elaborado por Eric Hobsbawm na citação a que recorremos anteriormente, as condições eram inéditas no que diz respeito aos limites entre vida pública e privada na formação dos indivíduos. Desse modo, parece-nos que esta dinâmica desperta no historiador brasileiro o interesse pelo contemporâneo, rompendo, pelas próprias questões intelectuais daquele momento, o tabu em lidar com a proximidade dos fatos e o comprometimento com o vivido.

A ideia de revolução constitui nosso eixo interpretativo para a biografia intelectual de Edgard Carone. Sua escolha se justifica, antes de mais nada, porque é o termo que hierarquiza a análise de seu primeiro livro, publicado em 1965 e intitulado *Revoluções do Brasil Contemporâneo*[12]. A concepção da obra está evidentemente perpassada por questões de sua trajetória pessoal e geracional, mas analisaremos como ela se torna uma chave interpretativa da realidade brasileira para o historiador na medida em que estudos, relações pessoais, intelectuais e a história do Brasil convergem para esta elaboração inédita em sua experiência intelectual, e inovadora também para a historiografia brasileira.

O conceito, portanto, compõe o repertório de formação para a atividade intelectual de Carone, dialogando com as preocupações que atingiriam historiadores e demais intérpretes do Brasil atuantes nos anos 1960. Em outras palavras, a revolução constrói um sentido individual e coletivo para que ele se dedique, por anos a fio, ao estudo do período republicano, de suas origens a 1964 – ano emblemático para a política nacional e que coincide com a redação de seu livro sobre as revoluções.

Precisamos deixar claro que este livro não pretende fazer uma história do conceito de revolução na historiografia brasileira, por isso, consideramos em nossa análise a referência do mesmo, matriz teórica fundamental para o autor. Em sua trajetória, ele terá contato e será marcado por outras tradições de pensamento, entretanto, as ideias de Marx e Engels, e de seus seguidores, afirmam-se para o intelectual de esquerda e reforçam a perspectiva engajada que imprimiu ao seu trabalho.

Ao reconhecerem que "A História de todas as sociedades até hoje existentes é a história da luta de classes"[13], os fundadores do marxismo constroem um panorama dos processos históricos que levam à consolidação da burguesia como classe social dominante no capitalismo. Eles caracterizam suas lutas e conquistas, definido diversas categorias analíticas que fundamentam sua ideia de revolução, com destaque ao perfil que ele constrói das diferentes classes sociais presentes na sociedade capitalista. Através de seu perfil ideológico e da função que ocupam no sistema produtivo, Marx e Engels vão circunscrevendo as possibilidades de transformação colocadas por

---

12. Edgard Carone, *Revoluções do Brasil Contemporâneo*, São Paulo, DESA, 1965 (Buriti).
13. Friedrich Engels e Karl Marx, *O Manifesto Comunista*, São Paulo, Boitempo Editorial, 2017, p. 40.

estes setores em constante disputa, definindo o proletariado como a "única classe verdadeiramente revolucionária"[14].

Demonstraremos que o texto seminal do comunismo aparece como referência para Edgard Carone em suas obras, especialmente no que diz respeito a este método de definições, complementado pelo uso do conceito de revolução na análise de Marx sobre a França em *O 18 Brumário de Luís Bonaparte*. A partir destas referências fundamentais entendemos que ele cria uma ideia de "revolução brasileira" em seu primeiro livro, publicado em 1965, aplicando a referida elaboração em sua obra posterior sobre a Primeira República. Ele amadurece, portanto, o que consideramos ser sua chave interpretativa para todo o período republicano, a qual se destaca como uma das contribuições teóricas e historiográficas de sua obra entre seus contemporâneos.

A ideia de revolução para Edgard Carone estará ainda submetida aos debates do marxismo no Brasil. O ponto central de sua conexão com estas elaborações ocorre quando ele define a Primeira República como um período de transição da história nacional. O tema se relaciona com uma linha de reflexões sobre o caráter da formação colonial brasileira, que se estende também ao marxismo latino-americano, como sobre a caracterização da passagem do capitalismo ao feudalismo na Europa. A problemática tratada por Marx no famoso capítulo XXIV de *O Capital*[15] se desdobra em polêmicas muito importantes a partir da década de 1950[16], inclusive no Brasil.

Neste período, a intelectualidade progressista e de esquerda discutia o avanço econômico e social do país[17] e as concepções de projeto nacional colocadas em pauta estavam polarizadas entre a reivindicação de um processo contínuo de reformas – do Estado, das concessões de direitos sociais e trabalhistas, da reforma agrária etc. – e a radicalização pautada na organização e ações diretas da classe trabalhadora que construíssem uma revolução brasileira nos termos propostos pelos fundadores do comunismo.

---

14. *Idem*, p. 49.
15. Karl Marx, "A Assim Chamada Acumulação Primitiva", *O Capital*, São Paulo, Abril Cultural, 1985, tomo I, vol. II, pp. 339-381.
16. Com especial referência na polêmica entre o economista britânico Maurice Dobb (1900-1976) e o estadunidense Paul Sweezy (1910-2004).
17. Uma síntese do tema pode ser consultada em Ricardo Bielshowsky, *Pensamento Econômico Brasileiro 1930-1964: o Ciclo Ideológico do Desenvolvimento*, Rio de Janeiro, Contraponto, 2004.

Os livros de Edgard Carone serão analisados diante desse repertório político e teórico. Especialmente porque a polêmica se reafirma como questão incontornável das interpretações da realidade nacional a partir do Golpe Militar, pois a intelectualidade e a militância de esquerda se veem surpreendidas e derrotadas naquilo que acreditavam estar construindo como alternativa para o país. Como já dissemos, a escrita de *Revoluções do Brasil Contemporâneo* é marcada pelo Golpe de 1964, e todos os livros posteriores do historiador serão produzidos nos marcos do regime ditatorial que se instaurou a partir dali. Assim, ele compartilha de mais um elemento histórico e geracional com seus pares, que nos confirma a pertinência de utilizarmos a ideia de revolução como uma das linhas mestras de análise sobre sua obra.

Parte 1

BIOGRAFIA, TRAJETÓRIA INTELECTUAL E EDIÇÕES

1. Edgard Carone:
Formação Intelectual e Política

O presente capítulo apresentará a trajetória pessoal e profissional de Edgard Carone. Para tanto, buscaremos compreender as principais características de sua origem social, conhecer os amigos, mapear os encontros, os espaços de formação e sociabilidade que conformaram as redes de relações e as experiências de sua inserção na realidade intelectual e política de São Paulo nos anos 1940, até que, anos mais tarde, ele pudesse se tornar um historiador profissional, professor e pesquisador universitário.

Iniciaremos com o jovem que nasceu e cresceu nos arredores da região central da capital paulista, onde sua família de origem libanesa conquistou estabilidade, proporcionando-lhe condições para se integrar à vida cultural daquela realidade urbana. Então, veremos como Carone se aproximou de um grupo atuante na dinâmica da cidade, sobretudo, a partir da Faculdade de Filosofia, Ciências e Letras (FFCL) da Universidade de São Paulo (USP). Uma geração intelectual que ele passou a integrar, compartilhando de uma visão de mundo e princípios que os levariam a intervir e elaborar sobre os problemas sociais de sua época.

Paralelamente às questões de origem e geracionais, destacaremos a trajetória particular que Edgard Carone decide seguir, afastando-se da realidade institucional e urbana que então delimitava suas experiências, partindo para uma fazenda na região de Botucatu, em 1947. Neste afastamento, veremos que ele reivindica um novo sentido para sua vida, ressignificando sua dedicação ao trabalho intelectual e à pesquisa historiográfica até que, nos anos 1960, ele volte a enxergar no ofício de historiador uma possibilidade de atuação profissional e política. Chegaremos, assim, ao Golpe Militar de 1964 e às questões que o evento suscitou em Edgard Carone e seus contemporâneos, fazendo com que ele retome seus vínculos diretos com a vida universitária para conceber o que consideramos ser seu projeto político-intelectual sobre a República.

O Lugar Social na Formação: Edgard Carone e a Cidade de São Paulo

Filho de imigrantes libaneses, Sarah Hachen e Sharkir Jorge Carone, Edgard Carone nasceu em São Paulo, no dia 23 de setembro de 1923. A família contava ainda com seus quatro irmãos: Maxim Tolstoi, Jorge, Mário e Raul.

Deste núcleo, partimos para realizar o percurso de sua formação, pois a estrutura familiar em muito contribuiu para organizar, e em certa medida revolucionar, seu amadurecimento intelectual e político. Não se trata de realizar uma ode ao papel da família na educação do indivíduo, mas sim de localizá-la na dinâmica da sociedade paulistana, onde Carone nasceu e cresceu, definindo o lugar social através do qual pôde compartilhar as experiências de uma geração e, dentro dela, integrar-se a circuitos de sociabilidade e formação decisivos para os rumos de sua vida.

No início do século XX, o capitalismo, consolidava novas relações político-econômicas entre os países centrais e periféricos, em sua chamada fase imperialista[1], propiciando o desenvolvimento destes territórios de modo mais dinâmico e acelerado, em relação ao que se desenvolvera em momentos anteriores. Neste contexto, o Brasil foi atravessado por transformações que, embora calcadas em sua sólida base agrário-exportadora, impactaram em muito o seu ambiente urbano:

O período áureo é o da República. [...] O aumento populacional é fruto não só das recentes fontes de riquezas – que se distribuem entre o comércio, a indústria e a

---

1.   Vladimir I. Lênin, *Imperialismo: Fase Superior do Capitalismo*, São Paulo, Centauro, 2008.

agricultura. [...] De certa maneira, à medida que as estradas de ferro avançam, acompanhadas pela formação de novas fazendas, temos, entre outros resultados, o aparecimento de centros urbanos e o crescimento dos já existentes[2].

Alguns centros econômicos foram privilegiados por esta dinâmica, como foi o caso da capital paulista. Em poucas décadas, a cidade cresceu e se modernizou com a ampliação das redes de fornecimento da energia elétrica, a instalação de indústrias, sistemas de transporte e grandes fluxos populacionais que marcaram os processos que a transformariam em uma metrópole brasileira.

Para se ter uma ideia do ritmo deste crescimento, a cidade de São Paulo possuía cerca de 240 mil habitantes em 1900, o quantitativo duplica em 1920, quintuplica na década seguinte, ultrapassando a marca de um milhão de habitantes, para chegar aos dez milhões no fim do século. Se formos a fundo e qualificarmos esses dados veremos uma dinâmica intensa em vários aspectos de sua composição material e social. Segundo Richard Morse, "a cidade de São Paulo seguia o ritmo das metrópoles mundiais"[3].

Uma questão relevante desse processo é a situação da presença de imigrantes estrangeiros em São Paulo que entraram em grandes ondas migratórias desde o fim do século XIX e, nos anos 1920, compunham mais de 35% desta população[4]. A família Carone fez parte dos diferentes fluxos populacionais, passando pela trajetória típica de todos aqueles que buscavam oportunidades no Novo Mundo. Embora pareça um sobrenome italiano, o que seria comum diante da majoritária presença desta nacionalidade na capital, Carone é um nome de origem libanesa. Não figurava, portanto, entre os grupos vindos da Europa que, normalmente, eram os mais bem aceitos pela tradição colonialista e racializada das instituições governamentais e da elite local.

Uma sociedade em que o trabalho manual carregava o legado da escravidão e propagava uma lógica social excludente para significativa parcela de sua população – negra e descendentes de escravizados –, deixava "livre" o

---

2. Edgard Carone, *Evolução Industrial de São Paulo (1889-1930)*, São Paulo, Senac, 2001, p. 13.
3. Richard Morse, *Formação Histórica de São Paulo*, São Paulo, Difusão Europeia do Livro, 1970, p. 353.
4. Instituto Brasileiro de Geografia e Estatística, *Aniversário de São Paulo*, p. 2, jan. 2004.

28 EDGARD CARONE E A IDEIA DE REVOLUÇÃO NO BRASIL

espaço das oportunidades aos estrangeiros. Os europeus acabavam privilegiados pelo tratamento racializado da época, sobretudo, quando os fluxos
migratórios se redirecionaram das áreas rurais para as áreas urbanas, no
momento de sua expansão:

[...] aumento populacional; diversificação das atividades artesanais e, em alguns
casos, industriais; aumento do número de prédios etc. [...] É preciso levar-se em conta,
ainda, que a mudança é rápida, evoluindo para a transformação da velha estrutura da
sociedade e de sua economia[5].

Diante desta alteração estrutural, mesmo que a maioria deles iniciasse
em trabalhos precários, criava-se uma hierarquia em relação às populações
de outras nacionalidades e aos brasileiros.

Os libaneses entram no Brasil em dois momentos: em fins do século
XIX, de modo esparso e irregular; e no início do século XX quando passa a
ser um processo mais sistemático, em uma curva crescente até a Primeira
Guerra Mundial. O registro de entrada das populações provenientes da
região do Oriente Médio e Ásia era feito de modo genérico, sem respeitar
as respectivas etnias, por isso, libaneses e sírios geralmente eram registrados
como turcos ou turco-asiáticos. Em 1920 foram contabilizados, apenas na
cidade de São Paulo, cerca de vinte mil imigrantes sob estas denominações[6].

Diferentemente do que aconteceu com italianos e outros grupos, a imigração libanesa não foi fruto de uma política de Estado ou de companhias
de colonização. Via de regra, ela se deu de modo individual, por iniciativa
dos chefes de família e/ou jovens em busca de oportunidades. No início,
tinham uma identidade bastante fragmentada, que foi se reconstituindo na
medida em que as gerações se instalavam e formavam uma rede de relações
para viabilizarem a vinda de outros parentes e amigos. A própria dificuldade em se integrar com a dinâmica local fez com que a comunidade se
concentrasse em algumas regiões da cidade, nos distritos da Sé e de Santa
Efigênia, onde fundaram associações de colaboração, filantropia e cultura.

5. Edgard Carone, *Evolução Industrial de São Paulo (1889-1930)*, p. 15.
6. Oswaldo Truzzi, *De Mascates a Doutores: Sírios e Libaneses em São Paulo*, São Paulo, Editora
   Sumaré, 1992 (Imigração), p. 10. O mesmo livro é a fonte das demais informações sobre a
   imigração libanesa em São Paulo.

Em relação às atividades profissionais, apesar de terem em sua maioria uma origem rural e de trabalho na agricultura, os libaneses encontraram no comércio o espaço para se consolidar economicamente. Na verdade, nesta hierarquia entre os imigrantes de distintas origens, eles acabaram por se inserir na economia paulista através da mascateação, um setor mais precário das redes comerciais que, no entanto, conciliava perfeitamente a lógica de vida de indivíduos sozinhos e sem amparo do Estado. Ao longo dos anos, estes mascates buscavam acumular riquezas para estabelecer condições de vida mais estáveis e, os que alcançavam tal feito, tornavam-se comerciantes com estabelecimentos fixos. Os mais bem-sucedidos consolidavam seu espaço na capital e com o fortalecimento da comunidade constituíam uma cadeia pela qual seus membros ascendiam nas relações socioeconômicas da cidade, alguns conseguindo inclusive atuar como industriais[7].

O pai de Edgard Carone chegou ao Brasil por volta dos trinta anos, tendo vivido duas experiências anteriores de emigração: uma na África do Sul e outra na Austrália. Um percurso pouco comum, mas que lhe permitiu ter o conhecimento em inglês e adquirir experiência anterior com a mascateação. Em terras brasileiras, após alguns anos nessa atividade, ainda na década de 1920, abriu uma loja de sapatos e camas em São Paulo:

> Ao chegar no Brasil ele foi mascate; levava amostras das mercadorias nos trens e vendia em todo canto. Ele enriqueceu muito depressa. Na década de 1920, ele já tinha uma loja na Florêncio de Abreu[8].

No que era comum aos seus conterrâneos, Sharkir prosperou e, sem abandonar seu estabelecimento comercial, ele se consolidou economicamente como proprietário de uma pequena casa bancária. Essa atividade garantiu uma situação bastante confortável para a família, possibilitando até mesmo a aquisição de alguns bens, na maior parte das vezes originados de penhoras das dívidas de seus credores[9].

---

7. *Idem*, p. 63.
8. Edgard Carone, "Entrevista", em José Geraldo Vinci de Moraes e José Márcio Rego, *Conversas com Historiadores Brasileiros*, São Paulo, Editora 34, 2002, p. 46.
9. Edgard Carone, *Memórias da Fazenda Bela Aliança*, Belo Horizonte, Oficina do Livro, 1991, pp. 60-61.

Edgard Carone nasceu na casa de sobreloja da Rua Florência de Abreu. Ele se recorda pouco do tempo que morou naquela região. Em sua infância e juventude a família se mudou bastante, pois o pai preferia viver de aluguel, permanecendo de toda maneira na região do centro expandido, entre a Bela Vista, Bexiga e o Paraíso. O triângulo histórico e o centro novo[10] foram espaços que ele frequentou no contexto dos estudos, lazer e auxiliando na loja, como veremos.

Diante deste circuito próspero dos libaneses em São Paulo, do qual Sharkir se beneficiou, é possível definir que Edgard Carone nasceu e se criou em uma família imigrante da pequena burguesia paulistana, mas dentro de um setor relativamente marginalizado da elite tradicional composta pelas famílias *quatrocentonas* muito bem estabelecidas nas atividades ligadas ao setor de exportação e da indústria, que viviam em seus palacetes em áreas nobres da cidade, como os bairros de Campos Elísios e Higienópolis.

Contudo, na medida de seu fortalecimento, a comunidade libanesa também se organizava para superar estas barreiras sociais, forjando uma identidade que se distanciava da mascateação calcada nos indivíduos que conseguiram enriquecer e fazer fortuna, como motivo de inspiração e orgulho. Para ter respaldo, esta imagem dependia de estratégias para se conectar concretamente aos setores aristocráticos da elite paulistana e, para tanto, se utilizavam de diversos recursos: da filantropia às ações comunitárias; das associações ao estudo; dos títulos aos casamentos. Entre todas elas, destacava-se a relação destes imigrantes com o desenvolvimento da cultura e do ensino formal em São Paulo.

Carone cursou o ensino primário no Colégio Sírio-Brasileiro[11] e o secundário no Liceu Nacional Rio Branco[12]. Ou seja, passou por um espaço

10. Triângulo histórico é a região do centro de São Paulo definida pelas ruas 15 de Novembro, Direita e São Bento, conhecido como Centro Histórico ou Centro Velho. O centro novo se localiza do lado oposto ao triângulo, atravessando o Vale do Anhangabaú em direção à Praça da República.
11. Edgard Carone, "Intelectualidade e Militância", p. 7. Carone se recorda que o colégio funcionava na esquina da Rua Pamplona com a Avenida Paulista.
12. O Liceu Nacional Rio Branco foi fundado em 1925 e funcionava na Rua Dr. Vila Nova, bairro de Vila Buarque. Nos anos 1930, suas dependências se expandiram para o Edifício Rui Barbosa na Rua Maria Antônia, no mesmo bairro. Este imóvel abrigaria a Faculdade de Filosofia, Ciências e Letras da USP a partir de 1949, quando a Faculdade sai das depen-

de formação de sua comunidade e, em seguida, foi para uma instituição particular localizada entre a Vila Buarque e o Higienópolis, o Liceu possuía certa tradição e era frequentado por pessoas de alto poder aquisitivo, inclusive os filhos dos Prado, Amaral e outras famílias que concentravam a riqueza e o poder em São Paulo. Ali, um jovem de origem libanesa poderia ter uma boa formação e, quem sabe, integrar-se a algumas das esferas de convívio desta elite. Em suas memórias, o intelectual valoriza pouco esta fase de sua vida. Talvez pelo distanciamento, talvez pela idealização de outros momentos que se tornaram mais coerentes para sua trajetória como historiador marxista. De toda maneira, entendemos que o Rio Branco representa a possibilidade que a família tinha de se integrar com espaços privilegiados da cidade, sobretudo, da vida cultural que existia no entorno deste e de outros colégios do centro.

A escolha de um bom colégio, bem localizado e tradicional, era acompanhado do estímulo familiar à erudição. Carone se recorda que:

> [...] ele [o pai] era um homem que lia muito e chegou a escrever dois livros. Minha mãe também; ela estudou em uma universidade francesa. Ela lia bem francês e inglês. Meu pai lia e falava inglês. [...] Para as pessoas daquela época, eles tinham certa ilustração e bom senso[13].

Os libaneses tinham muita influência ocidental no ensino superior por conta das missões universitárias que compunham um quadro de intervenção estrangeira no país[14], este fato contribuía para que muitos valorizassem a formação dos filhos com referência no sistema implementado naquele contexto. Na sociedade paulista, onde as escolas de bacharéis formavam as elites, essa valorização era mais um recurso para se inserirem socialmente e alguns membros da comunidade tentavam garantir que ao menos um filho se formasse

---

dências provisórias que ocupava no prédio do Colégio Caetano de Campos na Praça da República.

13. Edgard Carone, "Entrevista", em José Geraldo Vinci de Moraes e José Márcio Rego, *Conversas com Historiadores Brasileiros*, p. 46.

14. O Líbano se torna um protetorado francês como o fim do Império Turco Otomano, após a Primeira Guerra Mundial. Não fica claro, portanto, se a mão de Edgard Carone teria vivido na França em algum momento de sua juventude, ou se simplesmente tenha gozado da presença destas missões no território libanês antes que a intervenção da França fosse oficializada.

em medicina ou direito. Ainda que não exercessem a profissão e acabassem cuidando dos negócios do pai, contavam com o título para tecer alianças[15].

A trajetória de Edgard Carone não seguirá exatamente essa lógica, a exemplo do que ocorrera com seu irmão mais velho Maxim Tolstói Carone[16]. Ambos ingressaram na Faculdade de Filosofia, Ciências e Letras (FFCL) e, portanto, não se tonaram doutores. A instituição ainda tinha uma perspectiva elitista, mas na realidade da época pôde expandir as perspectivas de acesso ao ensino superior à pequena-burguesia e aos setores médios[17]. Isso não significa que "ter um filho doutor" não estivesse no horizonte de expectativa de seus pais em um primeiro momento. De toda forma, é neste ambiente familiar cultivado que Carone tem sua primeira referência de valorização do conhecimento, especialmente, quando ele se define como um estudioso que preferia seguir sua formação de forma "livre" e "desinteressada"[18]. Talvez o exemplo dos pais, sobretudo do pai que foi autor do livro *Raciocínio: O Remédio Social*[19], constituísse esse ideal de sua relação com a vida intelectual.

Ora, veremos que a institucionalidade cumpriu um papel importante em sua vida, afinal, ele se tornou professor universitário. Contudo, é interessante compreendermos esse aspecto de sua percepção sobre o passado e a imagem que ele desejava transmitir em suas falas públicas, pois haverá, de fato, momentos em que o historiador agirá com certo nível de autodidatismo na descoberta de novas leituras, de recursos de pesquisa e da escrita. Esse é um dos aspectos que, inclusive, marca a geração à qual pertencia, pois apesar de seguirem uma formação institucional e profissionalizada, passam a lidar muitas vezes com o ineditismo de aplicação dos métodos e recursos propostos pela vida acadêmica. Ademais, a experiência que essa São Paulo dos anos 1930 e 1940, em intensa transformação, proporcionava em termos de vida cultural para os seus contemporâneos.

---

15. Oswaldo Truzzi, *De Mascates a Doutores: Sírios e Libaneses em São Paulo*, pp. 83-85

16. Edgard Carone não fala dos outros irmãos em entrevistas e depoimentos. Também não encontramos documentações que falem deles.

17. Sergio Miceli, "Condicionantes para o Desenvolvimento das Ciências Sociais no Brasil", *História das Ciências Sociais no Brasil*, São Paulo, Editora Sumaré, 2001, pp. 91-191.

18. Edgard Carone, "A História da República: Escritos Autobiográficos", *Mouro. Revista Marxista. Núcleo de Estudos d'O Capital*, n. 2, pp. 155-164, 2010.

19. Sharkir Jorge Carone, *Raciocínio: O Remédio Social*, São Paulo, Cruzeiro do Sul, 1935.

A conformação do espaço urbano não se definia apenas pelo desenvolvimento econômico e demográfico, mas também pela criação de símbolos de modernização cultural e de novos hábitos, incorporando novas classes sociais a este processo:

> Espaços que parecem não mais polarizar entre o restrito e o mundano, vão se convertendo num híbrido, onde irão se encaixar os novos profissionais ou simplesmente amantes da boa conversa. [...] A cultura "fina" europeia não é apenas privilégio dos que podem ter seus estudos financiados no além-mar ou nos bancos dos "bacharéis". Ela se instaura no cerne das instituições nascentes, através da importação de seus mestres e modelos de educação. Ganha a praça. A população culta adentra os muros escolares, e os jovens nem tão ricos, nem tão pobres, têm novas opções[20].

Esta realidade propiciava a todos os jovens da época lugares informais de aprendizado e estímulo intelectual. Nesse sentido, fora do ambiente doméstico, os sebos do centro de São Paulo serão um espaço marcante de formação para Edgard Carone, perpassando sua trajetória desde a juventude até a consolidação de seu trabalho intelectual:

> A frequência aos sebos é uma das motivações para as minhas leituras. Ganhando mesada do meu pai, a dividia entre a entrada para o cinema e a compra de livros. No entanto, o fato de frequentar casas de livros usados e de entrar em contato com infinidade de títulos esparramados pelas suas prateleiras – dos quais comprei parte mínima dos que me interessaram – acabou por condicionar parte do meu universo[21].

Com idade para circular pela cidade com autonomia, a busca por lazer e entretenimento, tornava-se também uma atividade de construção de repertório cultural para Edgard Carone, assim como para outros meninos e meninas daquela época. As lojas de livros usados, entre mercadorias banais e muitas raridades, ajudavam a definir um universo de títulos e abriam possibilidades de descobertas. Entre as suas leituras, Carone se recorda das histórias em quadrinhos, dos romances policiais e de das séries de aventura, com destaque para as publicações norte-americanas, importadas e/ou tra-

---

20. Lúcia Helena Gama, *Nos Bares da Vida: Formação Cultural e Sociabilidade em São Paulo (1940-1950)*, São Paulo, Editora Senac, 1998, p. 97.
21. Edgard Carone, "A História da República: Escritos Autobiográficos".

duzidas[22]. Para além dos repertórios que, evidentemente vão se alterando ao longo de sua vida, o hábito de ir aos sebos ultrapassa sua infância, constituindo para o historiador, e tantos outros intelectuais, o lugar onde ele se tornou um leitor, um pesquisador e um bibliófilo convicto – cujas aquisições, devemos sublinhar, renderam pesquisas e formaram duas bibliotecas de grande valor[23].

O cinema, que Carone cita em seu depoimento, também será um veículo de influência direta a formação dos homens e mulheres que viviam essa São Paulo cultural. Para ele, os filmes foram a via de sua aproximação com narrativas de viés mais social e reflexivo: "[...] que nas décadas de 1930 e 1940 voltava-se fortemente para a crítica social, que motivou as leituras que fiz de autores como Émile Zola, Victor Hugo, Steinbeck e centenas de outros [...]"[24]. A mídia que por excelência difunde a cultura de massa[25] nos grandes centros urbanos apresenta temas e autores que talvez não seriam acessíveis ao jovem curioso que transitava pelos sebos, levando-o a amadurecer sua seleção e explorar novas leituras.

Pensando em sua origem social e do que ela ofertava em termos de experiência urbana e formação, é interessante pensar que no contexto paulistano as experiências mais significativas para Carone acabavam se concretizando em espaços, ao mesmo tempo, marginais e de vanguarda. A presença do

22. *Idem*, p. 146.
23. Nosso trabalho não irá abarcar a história de formação das bibliotecas de Edgard Carone. As informações gerais sobre elas nos chegaram através de seus alunos mais próximos, Marisa Midori, que foi orientada pelo professor Carone e trabalhou em seu acervo, e Lincoln Secco. O que se sabe é que Carone formou duas bibliotecas, a primeira seria aquela referente ao repertório de livros sobre o período da Primeira República e foi vendida para a Universidade Federal de Pernambuco nos anos 1970. Ação da qual ele parecia ter se arrependido. A segunda biblioteca conforma o acervo que hoje pertence à Universidade de São Paulo e está vinculada ao Museu Paulista, nas dependências do Museu Republicano de Itu, com mais de quinze mil títulos catalogados. Cumpre notar que Edgard Carone foi um bibliófilo convicto. Desta paixão pelos livros e seu vínculo com o marxismo resultou seu estudo *História do Marxismo no Brasil. Das Origens a 1964*, Rio de Janeiro, Dois Pontos, 1985, livro no qual ele apresenta um levantamento extenso das publicações marxistas no Brasil, um trabalho que, embora o próprio Carone não tenha enquadrado desta maneira, pode ser considerado pioneiro na área de estudos do livro em nossa historiografia.
24. Edgard Carone, "A História da República: Escritos Autobiográficos", p. 157.
25. Walter Benjamin, "O Narrador. Considerações sobre a Obra de Nikolai Leskov", *Magia e Técnica, Arte e Política. Obras Escolhidas*, São Paulo, Brasiliense, 1987.

cinema e o crescimento do mercado de livros apontavam naquele momento para a ampliação, diversificação e mesmo de certa popularização das atividades de lazer, circulação de ideias e consumo de bens culturais na capital. Estes locais voltados ao grande público se consolidavam em oposição às restritas apresentações do Theatro Municipal e aos saraus que ocorriam nos salões privados e palacetes de propriedade das elites. Era um processo, sem volta, de decadência da hegemonia daquelas práticas tradicionalistas. Mesmo os filhos de famílias da aristocracia e da burguesia paulistana serão formados, cada vez mais, a partir de espaços como estes e passarão a ocupar posições de poder nessa nova dinâmica social e cultural

Edgard Carone em sua biblioteca particular, hoje no Museu Republicano Convenção de Itu da USP.

Universidade e Engajamento Intelectual, a Marca de uma Geração

Entre a família, as ruas da cidade e as perspectivas que se colocavam para seguir seus estudos no sistema de educação formal, Edgard Carone foi influenciado de modo determinante pela figura do irmão, o já citado, Maxim Tolstói Carone. Ele será um elo entre seu interesse "livre" pelo conhecimento, a História e as relações que nos permitem reconhecê-lo como parte da geração de intelectuais que se forma em São Paulo nos anos 1940.

Maxim cursou História e Geografia na primeira turma da Faculdade de Filosofia, Ciências e Letras da Universidade de São Paulo. No anuário da FFCL (1939-1949), ele é citado como professor assistente da Cadeira de História da Civilização Brasileira[26], demonstrando que seguia ativamente na vida acadêmica da universidade em posições de relativo destaque. Além de levar a vida de estudante, ele atuava no Partido Comunista do Brasil (PCB) e, nos anos 1930, foi membro dirigente da juventude comunista.

O país vivia sob o Estado Novo, regime que perseguiu duramente seus opositores, especialmente, os membros do PCB. No entanto, mesmo na clandestinidade, o Partidão congregava militantes: havia células comunistas nas fábricas, no funcionalismo público, nos meios culturais e intelectuais, especialmente, nos grandes centros brasileiros.

Neste mesmo período, a Faculdade de Filosofia dava seus primeiros passos e como um projeto liberal, evidentemente, não possuía nenhuma de suas cátedras voltadas ao ensino ou a uma abordagem teórica de cunho marxista. Mesmo assim, diversos comunistas se inscreveram em suas primeiras turmas e buscaram se apropriar das metodologias trazidas pelos professores europeus e da perspectiva de modernização que colocavam para as ciências sociais no Brasil. Caio Prado Júnior, por exemplo, que já era um intelectual reconhecido, formado em direito e autor de *Evolução Política do Brasil*[27], primeiro ensaio de interpretação material da realidade brasileira, como ele reivindicava, matriculou-se na turma número um do curso de História e Geografia e se formou no ano de 1937. Militantes importantes do PCB também foram professores da FFCL-USP, como o físico Mário Schenberg.

O vínculo entre o Partido e a instituição se construía, portanto, nas brechas de um processo de modernização do ensino que as elites paulistas levaram adiante para acompanhar a dinâmica de crescimento econômico, urbano e diversificação social do Estado e de sua capital, conforme evocamos anteriormente. A Faculdade deveria ampliar a formação de quadros dirigentes que estariam à frente da política local e das disputas de São Paulo no âmbito nacional.

26. Faculdade de Filosofia, Ciências e Letras, *Anuário da Faculdade de Filosofia, Ciências e Letras da Universidade de São Paulo: 1939-1949*, São Paulo, Seção de Publicações, 1953.
27. Caio Prado Júnior, *Evolução Política do Brasil: Ensaio de Interpretação Materialista da História Brasileira*, São Paulo, Revista dos Tribunais, 1933.

A estrutura universitária e seu caráter fundacional instigavam um organismo político como o PCB a disputar postos de poder e, especialmente, o público que ela acolhia. Diferentemente das escolas de bacharéis, os cursos da FFCL possibilitaram o acesso de setores mais diversos, para os padrões da época, ao ensino superior, contemplando maior número de mulheres, imigrantes e pessoas com origem nas classes médias urbanas – filhos de comerciantes, profissionais liberais etc.[28]. Esse perfil e o caráter modernizador da instituição permitiam que, para além das intenções de seus fundadores, ela fosse capaz de gestar uma geração intelectual que reivindicava uma atitude engajada e um pensamento crítico sobre a realidade brasileira.

Desta maneira, não era sem surpresa que Maxim Carone visse ali uma oportunidade de continuar seus estudos e, clandestinamente, atuar na vida política que passava, primeiro, pelos corredores do Colégio Caetano de Campos e, mais tarde, do Edifício Rui Barbosa, na Rua Maria Antônia[29]. Sua biblioteca com livros de história geral e do Brasil, e algumas edições sobre a União Soviética e teoria marxista, instigava o interesse do irmão mais novo, como ele relembra[30]. Contudo, a militância no PCB não era do conhecimento de Edgard, tampouco dos outros membros da família, até a prisão de Maxim no ano de 1941.

Casado há apenas três meses, Maxim Tolstói torna-se um preso político do Estado Novo. A esposa Guida Camargo[31], prima de Paulo Emílio Salles Gomes, busca ajuda dele e de pessoas próximas: Antonio Candido, Lívio Xavier, Aziz Simão, entre outros. É naquela ocasião inusitada que o jovem Edgard Carone se aproxima, pela primeira vez, desse círculo de estudantes da Faculdade de Filosofia, Ciências e Letras da USP, "gente ativa do ponto de vista político"[32]. Nem todos eram comunistas, mas atuavam enquanto grupo acadêmico e discutiam a oposição à ditadura estadonovista, fato que inevitavelmente os colocava em diálogo com o PCB e suas dissidências.

28. Sergio Miceli, "Condicionantes para o Desenvolvimento das Ciências Sociais no Brasil", pp. 96-98.
29. A FFCL funcionou no 3º andar do Colégio Caetano de Campos na Praça da República entre 1938-1949; ela passa à Rua Maria Antônia em 1949, permanecendo até 1969.
30. Edgard Carone, "Intelectualidade e Militância", *Revista Temporaes: Um Laboratório de História*, ano IV, Edição Especial, n. 1, pp. 7-13, 1995, São Paulo.
31. Guida foi estudante de Sociologia e, depois, formou-se em Veterinária.
32. Edgard Carone, "Entrevista", em José Geraldo Vinci de Moraes e José Márcio Rego, *Conversas com Historiadores Brasileiros*, p. 48.

Cumpre notar que no mesmo ano da prisão de Maxim o referido grupo de amigos lançou a revista *Clima*[33], primeira expressão pública de seus anseios intelectuais:

Como dissemos, e não nos cansamos de repetir, *Clima* é uma revista feita por gente moça e para gente moça, mas que deve e pretende ser lida pelos mais velhos. De um modo geral, é esse o seu programa. Não discutimos a sua originalidade. Estamos, porém, certos da sua utilidade e, mesmo, da sua necessidade entre nós.

Toda a gente já ouviu falar nas dificuldades encontradas pelos jovens cientistas, escritores, artistas, nos primeiros passos das suas carreiras. Esta revista foi fundada não só com o fim de facilitar esses primeiros passos como também para mostrar aos mais velhos e aos de fora, sobretudo àqueles que têm o mau hábito de duvidar e de negar *a priori* valor às *novas gerações*, que há em São Paulo uma mocidade que estuda, trabalha e se esforça, sem o fim exclusivo de ganhar dinheiro ou galgar posições. Mocidade digna dêsse nome, cheia de coragem, de desprendimento, de entusiasmo, *que se interessa por coisas sérias, que pensa e produz*; mocidade que quer ir para a frente, que tem razão de querer, que deve e há de ir avante; mocidade cheia de ação intelectual que *amadurece como identidade geracional e política*.

[...] mocidade cheia de promessas, que representa o *futuro do país*, de um país novo como o nosso, cujo maior, mais sério problema é, sem dúvida alguma, *o problema cultural*[34].

O manifesto transmite o espírito de grupo no qual Edgard Carone irá se inserir a partir deste acaso, ou de uma mentalidade que, anos mais tarde, Antonio Candido definiria como efeitos do "sopro de radicalismo intelectual e análise social que eclodiu após a Revolução de 1930"[35], ideia que resvala também na produção do historiador, como veremos adiante. As palavras são incisivas do autorreconhecimento dos *climatéricos*[36] como uma

---

33. A revista circulou em dezesseis edições entre maio/1941 e novembro/1944. Sobre o tema, ver: Heloisa Pontes, *Destinos Mistos. Os Críticos do Grupo Clima em São Paulo (1940-1968)*, São Paulo, Companhia das Letras, 1998.

34. "MANIFESTO", *Clima*, n. 1, pp. 3-6, maio 1941, São Paulo.

35. Antonio Candido, "O Significado de *Raízes do Brasil*", prefácio à 26. edição, em Sérgio Buarque de Holanda, *Raízes do Brasil*, São Paulo, Companhia das Letras, 1995, pp. 9-24.

36. Essa denominação é uma referência descontraída, por vezes jocosa, ao grupo de jovens estudantes uspianos na década de 1940 (Alfredo Mesquita, "Nos Tempos da Jaraguá", em Celso Lafer *et al.*, *Esboço e Figura: Homenagem a Antonio Candido*, São Paulo, Duas Cidades, 1979, pp. 39-59).

nova geração de pensadores brasileiros, preocupados em revelar seus nomes e de outros colegas à sociedade. E mesmo que não falem diretamente do regime que vigorava no Brasil, declaram de modo igualmente afirmativo sua consciência de que deveriam atuar em prol da cultura, concebendo-a como uma questão nacional[37].

Desta maneira, o contexto político do Estado Novo impactou e vida do jovem Carone. O apoio à cunhada se estendeu por cerca de dois anos, estreitando seus vínculos pessoais com os amigos do irmão que conformaram essa rede e, então, tornaram-se seus amigos. Com Maxim preso, ele pôde assimilar as consequências de um regime autoritário, aproximar-se da ação de outros indivíduos engajados em combatê-la intelectualmente, dos espaços institucionais e não institucionais em que eles conviviam e das ideias que os formavam.

Essa segunda fase é seguida de outra, mais de caráter político, que se inicia a partir de 1941, com a prisão de meu irmão – Maxim Tolstói Carone. É a hora do contato com os livros de Lenin, Stalin, Trotski, Boukharin e outros mais, que falam da Revolução de Outubro e da Rússia Soviética. Essas leituras se fazem paralelamente com obras sobre o Brasil[38].

E ainda,

[...] durante anos tive contato com Antonio Candido, Paulo Emílio, com toda essa gente. Então acabei me informando e entrando em contato com todo tipo de atividade política e intelectual[39].

O historiador rememora os eventos como um ponto de virada em sua vida. Uma nova fase que se confirma aos nossos olhos, quando vemos o

---

37. O volume inaugural da revista *Clima* contará com a apresentação de Mário de Andrade, "Elegia de Abril". Este texto fica extremamente conhecido por legitimar o grupo de jovens e expor um certo balanço de Mário sobre a sua geração. O tom da "Elegia" é ainda mais sintomático da perspectiva política que embalava os meios intelectuais da época: "[...] nós éramos uns inconscientes. Nem mesmo o nacionalismo que praticávamos com uma pouco maior larqueza que os regionalistas nossos antecessores, conseguira definir em nós qualquer conciência da condição do intelectual, seus deveres para com a arte e a humanidade, suas relações com a sociedade e o estado" (Mário de Andrade, "Elegia de Abril", *Clima*, p. 9).
38. Edgard Carone, "A História da República: Escritos Autobiográficos", p. 157.
39. *Idem*, p. 158.

panorama da época e as marcas que permitem identificar essa ação geracional do grupo da intelectualidade paulistana. Em outras palavras, neste momento decisivo, Carone se cruza com questões coletivas e um repertório político-intelectual de seu tempo, passando a integrar aquela geração de comunistas e *climatéricos*. As leituras citadas refletem uma primeira aproximação com o repertório marxista, e a história do Brasil acabava naturalmente filtrada por esse novo arcabouço teórico.

A curiosidade sobre o que significava militância política do irmão e sua ação subversiva levaram aos livros e aos amigos socialistas. É uma experiência externa à universidade, mas que de alguma maneira o encaminhava para a instituição através do convívio muito próximo com os jovens acadêmicos. Depois do episódio envolvendo Maxim, Edgard Carone tornou-se assistente de Aziz Simão[40], quando este começou o curso de Ciências Sociais na USP. Azis tinha um problema de visão e precisava de alguém que o ajudasse com as leituras. Incumbido desta tarefa, Carone foi se familiarizando com o pensamento de esquerda de maneira privilegiada, pois o colega lhe explicava muitas coisas[41].

Finalmente, a entrada de Edgard Carone na FFCL se deu em 1944[42]. A Faculdade completava uma década e já passara por algumas transformações na estrutura e na composição de professores. Apesar da rotatividade em relação aos primeiros anos de seu funcionamento, ainda permaneciam muitos estrangeiros, inclusive os da chamada "Missão Francesa", com os quais Carone teve aulas.

---

40. Azis Simão (1912-1990) também era filho de imigrantes libaneses, mas seu pai se instalou no interior do Estado de São Paulo, na região de Bragança Paulista onde ele nasceu. Desde muito jovem, no final da década de 1920, ele esteve envolvido com o movimento sindical, pois trabalhou como gráfico, e foi próximo de personagens como Edgard Leuenroth, João Costa Pimenta e Lívio Xavier. Formou-se em Farmácia nos anos 1930. Em 1945, participou da fundação da União Democrática Socialista (UDS) que viria a formar o Partido Socialista de 1947 do qual Antonio Candido, Edgard Carone e outros serão fundadores. Na década de 1950 foi professor assistente da Cadeira de Sociologia II, dirigida por Fernando Azevedo, inaugurando trabalhos sobre organização sindical no Brasil (José Sergio Leite Lopes *et al.*, "Esboço de uma História Social da Primeira Geração de Sociólogos do Trabalho e dos Trabalhadores no Brasil", *Educação e Sociedade*, n. 33, vol. 118, mar. 2012; Ricardo Colurato Festi, *O Mundo do Trabalho e os Dilemas da Modernização: Percursos Cruzados da Sociologia Francesa e Brasileira (1950-1960)*, Tese de Doutorado, Universidade Estadual de Campinas, 2018).
41. Edgard Carone, "Intelectualidade e Militância", p. 9.
42. Na entrevista do livro *Conversa com Historiadores Brasileiros*, Carone diz ter ingressado no ano de 1945, mas em consulta ao *Anuário da FFCL* seu nome consta na turma de 1944.

EDGARD CARONE: FORMAÇÃO INTELECTUAL E POLÍTICA

Edgard Carone (de braços cruzados) com Décio de Almeida Prado (de bigode, a seu lado) e Paulo Emílio Salles Gomes (de mangas arregaçadas) durante o "campeonato de pebolim de 1946": "Além do Aziz Simão, durante anos eu tive também contato com Antonio Candido, com Paulo Emílio, com toda essa gente. Então acabei me informando e entrando em contato com todo tipo de atividade política e intelectual".

Quadro 1. PROFESSORES DO CURSO DE HISTÓRIA E GEOGRAFIA DA FFCL-USP (1939-1949)[43].

Nome	Trajetória
Alfredo Ellis Jr.	Professor de História da Civilização Brasileira (a partir de 1938)
Aroldo Edgard de Azevedo	Professor de Geografia do Brasil, a partir de 1942
Ary França	Professor Substituto de Geografia Humana, apenas no ano de 1948
Astrogildo Rodrigues de Mello	Professor de História da Civilização Ibérica (1942-1946)
	Professor de História da Civilização Americana (a partir de 1946)
Carlos Drummond	Professor Substituto de Etnologia e Língua Tupi-Guarani (fim de 1947)
Eduardo d'Oliveira França	Professor de História Greco-Romana (1942)
	Professor Substituto de História Antiga e Medieval (1943-1945)
	Professor Interino da Cadeira de História da Civilização Moderna e Contemporânea (a partir de 1948)
Émile Coornaert	Professor da Cadeira de História da Civilização Moderna e Contemporânea (1934)
	Professor convidado para cursos de extensão (1949)
Émile Guillaume Jules Leonard	História da Civilização Moderna e Contemporânea, a partir de 1948
Eurípedes Simões de Paula	Professor de História da Civilização Antiga e Medieval. Contratado de 1939 a 1946, Catedrático a partir de 1946
Fernand Paul Braudel	Professor de História da Civilização Moderna e Contemporânea (1947)
Jean Gagé	Professor de História da Civilização Moderna e Contemporânea (1938-1946)
João Dias da Silveira	Professor de Geografia Física, a partir de 1939
Olga Pantaleão	Professora Interina de História da Civilização Moderna e Contemporânea (1945-1947)
Paul Vanorden Shaw	Professor de História da Civilização Americana (1936-1946)
Pierre Gourou	Professor de Geografia Humana (1948)
Pierre Monbeig	Professor de Geografia Física e Humana até 1943; Geografia Humana, de 1944 a 1947
Plínio Marques da Silva Ayrosa	Professor de Etnografia Brasileira e Língua Tupi (a partir de 1939)
Roger Dion	Professor de Geografia Humana (1947-1948)

43. Faculdade de Filosofia, Ciências e Letras, *Anuário da Faculdade de Filosofia, Ciências e Letras da Universidade de São Paulo: 1939-1949*.

A criação da Universidade de São Paulo em 1934, como já se falou anteriormente, dialoga com o início de um processo de reorganização do ensino superior no Brasil, marcado pela chamada Reforma Francisco Campos. Ao lado da Universidade do Distrito Federal, fundada em 1935 e extinta em 1939, ela será uma das primeiras do país a se basear em um modelo que defenderá a produção de conhecimento com autonomia em relação ao Estado:

[...] cultivo de um saber livre e desinteressado, capaz de contribuir para o progresso da nacionalidade em formação e para o enriquecimento da educação. Somente uma universidade que cultivasse esses valores poderia ser eficaz na formação das novas elites dirigentes[44].

Essa concepção, com origens na Alemanha do XIX[45], já se difundira em outros países, como a França. Tardiamente chegada ao Brasil, será adotada na fundação da FFCL-USP que se constituiu como órgão integrador das antigas escolas técnicas e de bacharéis. Um marco na produção científica nacional, a FFCL incidiu diretamente sobre a trajetória das interpretações sobre o Brasil. A renovação institucional foi acompanhada de uma renovação metodológica que pretendia romper com a tradicional forma de pensamento ligada às escolas jurídicas e a institutos isolados, no caso da história, o Instituto Histórico Geográfico Brasileiro (IHGB) e o Itamaraty.

A chamada "Missão Francesa" formou o primeiro corpo docente da Faculdade. Se pensarmos nos aspectos nacionalistas das reivindicações da intelectualidade brasileira, ou mesmo desde o modernismo, que se manifestam por exemplo no texto inaugural da revista *Clima*, havia uma certa contradição em contar com este perfil:

A palavra missão, evidentemente, mostra que éramos vistos como uma terra de índios que deviam ser catequizados. Não há outra explicação. [...] A questão básica colocada na pergunta diz respeito à contribuição da Missão Francesa. Ela foi muito significativa, porque a Faculdade de Filosofia e a USP foram decisivas para a modernização das Ciências Sociais no Brasil[46].

44. Maria de Fátima de Paula, "A Formação Universitária no Brasil: Concepções e Influências", *Avaliação*, nº. 1, vol. 14, mar. 2009, Sorocaba.
45. *Idem.*
46. Fernando Novais, "Fernando Novais: Braudel e a 'Missão Francesa'" (entrevista), *Estudos Avançados*, nº. 22, vol. 8, São Paulo, set.-dez. 1994.

A importância da modernização e a inspiração no modelo europeu acabava por justificar essa escolha, certamente idealizada, dos criadores da USP. Ao mesmo tempo, os intelectuais críticos também viam com bons olhos essa ligação, até porque a conformação do quadro de professores não corresponderia absolutamente ao ideal desta concepção europeizante. Os nomes escolhidos não eram os mais tradicionais, na verdade, vieram para o Brasil docentes em início de carreira[47] que, apenas mais tarde, tornar-se-iam consagrados na historiografia e demais domínio das humanidades de seus países de origem.

As cadeiras de História foram ocupadas por nomes como: Jean Gagé, Émile Leonard, Émile Coornaert e Fernand Braudel. Como podemos observar no Quadro I, quando Edgard Carone entra na FFCL a constituição do quadro de professores não é exatamente o mesmo de 1934, mas a "missão" sem dúvida marca a sua trajetória. O curso estava estruturado da seguinte maneira:

Quadro 2. ESTRUTURA DO CURSO DE HISTÓRIA E GEOGRAFIA FFCL-USP
(1939-1949)

1º Ano	2º Ano	3º Ano
Geografia Física	Geografia Física	Geografia do Brasil
Geografia Humana	Geografia Humana	História da Civilização Contemporânea
Antropologia	História da Civilização Moderna	História da Civilização Brasileira
História da Civilização Antiga e Medieval	História da Civilização Brasileira	História da Civilização Americana
Elementos de Geologia	Etnografia	Etnografia do Brasil e Língua Tupi
Elementos de Cartografia	História da Civilização Americana	Geografia Física
-	Geografia do Brasil	Geografia Humana

47. Fernanda A. Peixoto, "Franceses e Norte-Americanos nas Ciências Sociais Brasileiras", em Sergio Miceli, História das Ciências Sociais no Brasil, p. 500. A autora fala da geração jeunes gens en colère [gente jovem em revolta], que se encontrava um pouco deslocada no establishment universitário francês e vê uma oportunidade de se desenvolver fora daquele contexto. Ou seja, traz um pouco de rebeldia para a nova realidade em que iria atuar.

Em suas memórias, Carone destaca sua relação de aprendizado com os professores Jean Gagé e Pierre Monbeig[48] que ministravam, respectivamente, História da Civilização Moderna e Contemporânea e Geografia Humana

A primeira cátedra foi ocupada em seus anos iniciais por Fernand Braudel, fato que lhe atribuiu maior peso simbólico na renovação metodológica pretendida para a historiografia[49]. Tendo sucedido seu conterrâneo, Gagé foi um herdeiro que ajudou a construir essa referência que, mais tarde, passaria ao historiador brasileiro Eduardo d'Oliveira França. Monbeig se dedicou a construir uma liderança à frente de sua cadeira no Brasil, foi um dos fundadores da Associação de Geógrafos Brasileiros (AGB) e, portanto, foi de fato um intelectual pioneiro não apenas nas questões metodológicas, como também nas temáticas da geografia brasileira[50]. Diante desse histórico, não espanta que Carone se sentisse marcado por seus ensinamentos e por sua atitude intelectual.

Podemos nos perguntar onde ficava a história nacional no percurso de nosso futuro historiador da República. A cátedra de História da Civilização Brasileira foi uma das únicas fundadas por professores brasileiros, dada a tradição constituída dentro da intelectualidade nacional especialmente dos pensadores vinculados ao IHGB, Instituto Histórico e Geográfico Brasileiro. Por esse motivo, ela foi por muito tempo considerada um espaço conservador diante deste quadro institucional[51].

As discussões modernizadoras das chamadas interpretações do Brasil para a geração da Faculdade de Filosofia, Ciências e Letras estavam ainda fora da universidade:

Os homens que estão hoje um pouco pra cá ou um pouco pra lá dos cinquenta anos aprenderam a refletir e a se interessar pelo Brasil sobretudo em termos de passado e em função de três livros: *Casa-Grande e Senzala*, de Gilberto Freyre, publicado quando estávamos no ginásio; *Raízes do Brasil*, de Sérgio Buarque de Holanda, publi-

---

48. Edgard Carone, *Memorial para o Concurso de Professor Titular*, São Paulo, USP, 1991.
49. Fernando Novais, "Fernando Novais: Fernand Braudel e a 'Missão Francesa'", p. 165.
50. Larissa Alves de Lira, *Pierre Monbeig e a Formação da Geografia Brasileira: Uma Ciência no Contexto do Capitalismo Tardio. Erosão e Valores Literários, "Tentação à Ação" e Sistematização do Método (1925-1957)*, Tese de Doutorado, Universidade de São Paulo, 2017.
51. Fernando Novais, "Fernando Novais: Braudel e a 'Missão Francesa'", p. 165.

EDGARD CARONE E A IDEIA DE REVOLUÇÃO NO BRASIL

cado quando estávamos no curso complementar; *Formação do Brasil Contemporâneo*, de Caio Prado Júnior, publicado quando estávamos no ensino superior[52].

Foram produzidas fora, mas já apontavam alguma relação com a lógica que organizaria as primeiras universidades brasileiras, e eram trazidas para dentro a partir dos novos olhares e da especialização reivindicada pelos universitários. Devemos lembrar que Gilberto Freyre escreve seu livro trazendo a referência das Ciências Sociais norte-americanas e o gênero ensaístico de Sérgio Buarque também continha elementos de inovação trazidos de sua experiência em instituições fora do Brasil[53]. Por fim, Caio Prado Júnior, além de ser um marxista, publica *Formação do Brasil Contemporâneo*[54] como ex-aluno da Faculdade.

Carone tem uma lembrança similar à de Candido no que diz respeito à presença destes autores em sua formação. Quando questionado sobre o tema, diz:

> Olha, não tem como fugir muito daqueles nomes consagrados. Caio Prado Júnior, que fez obra fundadora com *Evolução Política do Brasil*, que deu novo rumo à historiografia nacional. O Sérgio Buarque de Holanda é realmente um grande historiador, um sujeito que renova[55].

Em suas memórias, Caio Prado é citado através de seu primeiro livro, mas Carone o faz certamente pela referência marxista do autor sobre a historiografia que se estenderá à redação de *Formação do Brasil Contemporâneo*. Cumpre notar que embora nunca tenha sido admitido na Universidade de São Paulo como professor, Prado foi aceito desde muito cedo como referência de um marxismo refinado, cabível para os universitários[56]. A ausência de Gilberto Freyre na fala de Carone talvez se dê pelo fato de que ele foi o

---

52. Antonio Candido, "O Significado de *Raízes do Brasil*", p. 9.
53. Ele assumirá a cátedra de História da Civilização Brasileira na USP interinamente, em 1956; e definitivamente, em 1959.
54. Caio Prado Júnior, *Formação do Brasil Contemporâneo: Colônia*, São Paulo, Martins, 1942. Para termos a referência das outras publicações citadas por Antonio Candido: Gilberto Freyre, *Casa-Grande e Senzala: Formação da Família Brasileira sob o Regime da Economia Patriarcal*, Rio de Janeiro, Maia & Schimidt, 1933; Sérgio Buarque de Holanda, *Raízes do Brasil*, Rio de Janeiro, José Olympio, 1936.
55. Edgard Carone, "Entrevista", em José Geraldo Vinci de Moraes e José Márcio Rego, *Conversas com Historiadores Brasileiros*, p. 61.
56. Sobre o tema, ver: Bernardo Ricupero, *Caio Prado Jr. e a Nacionalização do Marxismo no*

autor mais criticado pela geração dos anos 1940, devido aos limites de sua abordagem sobre o passado colonial que foi tratada pelos críticos como uma atitude para "recompor a saga das oligarquias em crise"[57].

Assim, os universitários inspirados por certo radicalismo contido nestas redescobertas do Brasil, formam-se ainda com as discussões sobre a formação nacional que se debruçavam sobre o processo de colonização portuguesa na América e seu legado. Importante notarmos essa questão, pois a República, período *contemporaníssimo* para os pensadores envolvidos, ainda estava à margem das interpretações formuladas pelos intelectuais externos à universidade. E ficará por certo tempo, como veremos.

Sendo assim, as transformações institucionais da FFCL e a presença da "Missão Francesa" estavam combinadas com o contexto político e social do país, onde já se manifestavam formas de pensamento próprias, questionadoras da tradição brasileira e em sintonia com tendências metodológicas internacionais. Este conjunto se afirma também como ponto fundamental da identidade da referida geração universitária, na qual enquadramos Edgard Carone. Mesmo com certa diferença de idade, cerca de sete ou oito anos mais jovem que os colegas, tendo entrado na USP quando parte de seus colegas já haviam se tornado professores assistentes de cátedras importantes, ele participa e se forma neste processo.

O historiador de que tratamos, contudo, não concluirá sua formação institucional neste momento. Um elemento de ruptura – a reprovação em tupi, no ano de 1946 – dará outros rumos para sua vida, até a conclusão oficial de seu percurso universitário em 1969:

> Faltou uma matéria que era Tupi. [...] Eu não estudava, não lia essas coisas, lia apenas o que me interessava. Eu andava muito com Azis Simão, com minha cunhada

---

Brasil, São Paulo, Editora 34/Fapesp, 2000; Lincoln Secco, *Caio Prado Jr. O Sentido da Revolução*, São Paulo, Boitempo Editorial, 2008.

57. Carlos Guilherme Mota, *Ideologia da Cultura Brasileira (1933-1974)*, p. 31. O autor faz uma periodização interessante para colocar diferentes gerações de pensadores em perspectiva histórica. Para ele, a tríade formulada por Antonio Candido se situa em uma "Redescoberta do Brasil (1933-1937)", enquanto a geração seguinte se distribuiria em diferentes fases do pensamento brasileiro: "Raízes do Pensamento Radical", "Nacionalismo, Desenvolvimentismo, Radicalismo: Novas Linhas da Produção Cultural" e "Época das Revisões Radicais e Aberturas Teóricas (1965-1969)". Mota considera a participação de Antonio Candido em todas as fases pós-1944.

e os amigos. Ia muito na casa do Paulo Emílio, do Antonio Candido e do Aziz, quer dizer, minha vida intelectual na verdade ficou mais ligada aos amigos e às ideias dos amigos[58].

A disciplina era parte obrigatória do currículo, constando no ciclo do terceiro – último – ano do curso (Quadro 2). É curioso pensar como o jovem leitor, interessado por sebos, livros, entre outras atividades intelectuais, subitamente se deixa levar por uma reprovação, definido o abandono de três anos de estudo anteriores e um diploma que lhe daria uma profissão. De modo discreto, Carone mencionava aos mais próximos que tivera certa indisposição pessoal com Carlos Drumond, assistente do catedrático Plínio Ayrosa[59], responsável por sua reprovação. Ao mesmo tempo, em um de seus depoimentos ele ressalta que era um péssimo aluno "[...] era péssimo aluno, não estudava: lia, fazia militância política, ia me encontrar com meus amigos, namorava, acordava tarde. Sem querer, eu estava me formando, não nos bancos escolares!"[60]

Sem mais detalhes de sua parte em falas públicas, além da postura desleixada que deveria irritar os professores, a pequena celeuma poderia ter a ver com suas atividades políticas. A proximidade com o PCB, iniciada na figura do irmão e de seus amigos, manteve-se nos anos em que Edgard Carone cursou História e Geografia. Ele é lembrado por alunos da época como professor do cursinho preparatório organizado pelo Grêmio da FFCL, onde o Partido atuava[61]. Ele também foi organizador de uma revista acadêmica chamada *Paralelos*. O periódico, que contou com seis volumes publicados entre 1944-1947, seguia os moldes da *Clima* e outras que surgiam de

---

58. Edgard Carone, "Entrevista", em José Geraldo Vinci de Moraes e José Márcio Rego, *Conversas com Historiadores Brasileiros*.

59. Plínio Ayrosa (1895-1961) foi o primeiro catedrático de Etnografia Brasileira e Língua Tupi, permanecendo no cargo entre 1936-1961. Drumond foi um de seus assistentes a partir de 1947 (Eni Puccinelli Orlandi, "Entrevista com Aryon Dall'Igna Rodrigues", *Entremeios*, vol. 6, pp. 1-31, jan. 2013. Chama atenção a afirmação de Aryon Rodrigues sobre as atividades da cadeira: "O Drumond, que estava ali, e ainda, o que está aqui agora conosco, o mais simpático de todos, que é o Erasmo e o Philipson. Havia uma outra assistente que já tinha saído, a Maria [*sic*] e, antes, a Maria de Lourdes de Paula Martins, que rompeu com o Ayrosa. Os que tinham boa cabeça, o Ayrosa punha fora, mas, nesse momento, estavam os três" (p. 25).

60. Edgard Carone, "Intelectualidade e Militância", p. 10.

61. Lúcia Helena Gama, *Bares da Vida*, p. 191.

agrupamentos intelectuais-estudantis da época. Assim, mesmo que não se reivindicassem como organismos estritamente políticos, refletiam a conformação de grupos com afinidades neste sentido, conciliando suas atividades nas respectivas áreas acadêmicas com um espaço de intervenção.

Em 1947, apesar da abertura democrática, o Partido foi colocado na ilegalidade. O fato pode ter desencadeado alguma desavença ou apenas marcado negativamente aquele estudante relapso, como ele mesmo recorda.

Independentemente de ter existido alguma retaliação da parte do professor, vê-se através das memórias de Carone que a reprovação em Tupi provoca um momento de reflexão entre o "estar dentro" e o "estar fora" da universidade. E não podemos deixar de reconhecer que essa é uma questão pertinente ao binômio "academia × política" que de alguma forma perpassa a sua experiência. Desse modo, entendemos que ele mobiliza o discurso sobre sua indisciplina intelectual talvez para minimizar uma experiência de fracasso em seu percurso ou como forma de assimilar a suposta hostilidade da instituição com a sua postura enquanto estudante. Nota-se também que, apesar da vivência na instituição e de reconhecer que ela contribuiu para seu amadurecimento, Edgard Carone reivindica muito mais o contato e aprendizado com os amigos. Como vimos, ainda que ele separe as coisas, estas relações de amizade eram mediações e se tornaram conexões diretas com as ideias gestadas dentro da FFCL, a reprovação pode ter impactado em sua perspectiva acadêmica ao se ver um pouco "ficando para trás" no percurso seguido pelos colegas que tanto contribuíam para sua formação.

Deixar o diploma para trás não significaria abandonar os estudos e, ao mesmo tempo, (re)afirmaria a postura engajada que sua geração colocava na ordem do dia.

Ao abandonar a Faculdade, Carone vai para Bofete, então distrito da cidade de Botucatu, viver na Fazenda Bela Aliança, uma propriedade de seu pai onde o irmão Maxim já havia tentado "experiências de fundo socialista"[62] quando saiu da prisão.

---

62. Biografia de Sara Carone, filha de Maxim Tolstói Carone, disponível em http://www.saracarone.com/, consultado em ago. 2012. Maxim foi para a Fazenda Bela Aliança em 1942 com a esposa Guida; Carone se lembra de ter feito duas visitas ao irmão neste período (Edgard Carone, *Memória da Fazenda Bela Aliança*, São Paulo, Oficina de Livros, 1991, p. 63).

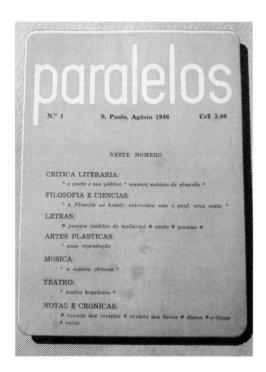

Volume inaugural da revista Paralelos.

"Vamos tentar interessar todos os intelectuais jovens do Brasil, despindo-nos de qualquer tendência regionalista, respeitando as "tomadas de posição" individuais sem nos subordinarmos a qualquer delas. Somos um grupo de jovens que têm em comum a vontade de trabalhar para a divulgação da Cultura em nossa terra e queremos, apenas, dar a PARALELOS a finalidade de representar o melhor pensamento da atual mocidade brasileira. Este nosso propósito de divulgação e aproximação culturais não se restringe ao Brasil porque a necessidade da compreensão do pensamento e dos anseios da juventude que lutou e sofreu em qualquer parte do mundo é uma das coisas em que acreditamos e pela qual nos bateremos. Voltamo-nos sobretudo para a França, prestando uma homenagem aos moços que tentam reerguer o velho e imenso patrimônio cultural da civilização do ocidente. Queremos enviar-lhes modestamente o nosso estímulo e dizer-lhes que também nós aprendemos a olhar com serenidade os problemas do mundo, com um realismo que desvanece ilusões ingênuas mas armazena um stock imenso de ideal e de otimismo conscientes. Dar possibilidades aos escritores jovens, estreitar as relações culturais entre os brasileiros, enriquecer nosso patrimônio cultural com a experiência daqueles cuja têmpera foi enrijecida pela guerra e pela resistência – é o nosso programa. Sabemos que só o conseguiremos realizar com o apoio de todos os moços estudiosos. Esperamos a sua colaboração" *(Apresentação, p. 2)*.

Comitê Editorial da revista Paralelos, *diretrizes de publicação e valores da assinatura. A apresentação traz um pouco do caráter de intervenção da revista como espaço de difusão da cultura e engajamento citados na apresentação demonstram um horizonte de expectativas compartilhado entre os grupos da "mocidade". Discurso que lembra o dos amigos Antonio Candido, Lourival Gomes Machado e Décio de Almeida Prado, que haviam integrado a Revista Clima alguns anos antes e compõem o comitê de seleção da* Paralelos. *A referência ao contexto da Segunda Guerra Mundial e à França remete ao ambiente intelectual paulistano, conforme tratamos ao longo deste capítulo.*

Ali, ele permanecerá de fato ligado aos amigos e às ideias dos amigos, como veremos, o que não deixava de ser um vínculo com a sua vida em São Paulo e na USP. Por outro lado, ele estará caminhando em um sentido oposto ao de seus contemporâneos no que diz respeito ao processo de consolidação desses intelectuais na academia. Com o passar dos anos, Antonio Candido e outros da geração vão criando raízes na universidade, fazendo carreira, e suas principais obras serão publicadas em meados da década de 1950. Enquanto isso, Carone continua a desenvolver leituras e pesquisas sem se preocupar com as regras que a instituição colocava para a produção intelectual. Haverá etapas de profissionalização, em um período específico de consolidação da universidade, pelo qual o historiador não passará.

O Historiador entre Duas Paisagens

A estadia na Fazenda Bela Aliança parece representar para Edgard Carone a possibilidade em se aproximar da realidade brasileira sob outra perspectiva. Mantendo relativa distância da instituição onde cursou os estudos formais e certo isolamento da realidade da metrópole, ele se defrontará com as condições de vida de uma área rural no interior do Estado de São Paulo, impactada pelas ações de modernização econômica do período, em um processo combinado, porém distinto, daquele verificado na capital.

O crescimento urbano e novos movimentos de expansão da lavoura no interior do país levavam à decadência de regiões de ocupação mais antiga que se viam abandonadas pelo fluxo migratório. A Bela Aliança sofre com o impacto deste processo, para se ter uma ideia ela possuía cerca de setenta famílias produzindo nos anos 1930, quarenta em 1948, quando Carone chegou para viver, das quais apenas quinze restariam em 1960.

A propriedade consolidou sua delimitação territorial em 1891, integrando os investimentos que um tal Capitão Roxo vinha fazendo na região há cerca de quinze anos. Sua expectativa se dava em torno da construção da Estrada de Ferro Sorocabana que integrava esta região do Oeste Paulista à economia do café. Ela seria adquirida por Sharkir Jorge Carone, quando os então proprietários Miguel Jorge e Virgínia Ferreira se endividam e fazem um empréstimo em sua casa bancária que tinha sede em São Paulo. A dívida se estende e a fazenda passa para Sharkir em um trâmite complexo.

EDGARD CARONE: FORMAÇÃO INTELECTUAL E POLÍTICA

Ele manteve o sistema de parcerias que se desenvolvia ali, sob a presença de um administrador de sua confiança que gerenciava os contratos com as famílias. A maioria plantava milho, arroz, feijão e algodão, produto com real valor de mercado na região[63]. O café já não era mais cultivado.

Ainda criança, Carone se lembra de ter acompanhado os pais pela primeira vez à propriedade em 1933 e em outras visitas até 1935:

> Fomos todos, meu pai, minha mãe e os cinco filhos. Pegamos o trem na Estação Sorocabana, em São Paulo, e descemos em Piramboia, cuja estação fica no nível inferior da rua; por essa razão, há uma imensa parede que sustenta o barranco. [...] Acredito que fomos diretamente para o armazém de Jorge Megeid, pois seu caminhão (de uma tonelada) é que nos levou para Bofete.
>
> [...] Na primeira viagem o tempo estava bom; atravessamos o bairro do Morro Grande e chegamos na fazenda no anoitecer do mesmo dia. Na segunda, viajamos na carroceria de um caminhão, tomando chuva o tempo inteiro; ao passarmos por um pontilhão, que estava escorregadio, as rodas traseiras deslocaram as tábuas da ponte soltas da ponte. O caminhão inclinou-se, quase tombou. Chegamos à noite na venda de Paulo e Pedro Curi, jantamos e fomos dormir na fazenda vizinha, a do Zico Batista. No dia seguinte, a pé, subimos a falda do Tabuleiro e chegamos no segundo patamar, em nossas terras[64].

A chegada era difícil, mesmo no período em que viveu por lá. Apenas nos anos 1950, a prefeitura adquiriu máquinas que melhoraram as estradas e o aprendiz de fazendeiro adquiriu um *jipe* que facilitou seus deslocamentos, sobretudo, as vindas a São Paulo. Entre as idas quando criança, as visitas ao irmão e sua decisão de morar na Bela Aliança, Edgard Carone pôde conhecer, portanto, um pouco das dificuldades daquele meio e também das transformações pelas quais ia passando ao longo dos anos, mas de alguma maneira aquele espaço se apresentou como uma oportunidade.

Em suas memórias, a ida para a fazenda aparece como uma escolha consciente, motivada mais por questões práticas, de um jovem que não obteve êxito – ou disposição – para alcançar o diploma universitário, do que pela intenção de se aproximar de outra realidade:

---

63. Edgard Carone, *Memória da Fazenda Bela Aliança*, p. 70.
64. *Idem*, p. 62.

A ideia de ir morar na Bela Aliança talvez tenha amadurecido lentamente, mas nada revelava ser uma vocação. Possivelmente, era mais uma fuga diante de certos obstáculos: ter que lecionar, ter de fazer novamente o curso de Tupi em que ficara reprovado no 4º ano da Faculdade de Filosofia, Ciências e Letras. Era preciso ganhar a vida, pois já estava com quase 25 anos e queria me casar[65].

Anos depois, acrescenta:

Se eu ficasse na loja estaria numa condição financeira muito boa […], mas aquilo não me interessava. Fiquei três dias e briguei com meu pai. Eu queria fazer coisas que estivessem dentro do meu ponto de vista. […] Acontece que minha vida se fazia muito lateralmente, paralelamente à faculdade, eu não me importava muito com ela. […] pensei […]. Vou lecionar ou vou para fazenda?[66]

A decisão parecia muito pragmática como ele apresenta, mas entendemos que a relação com a Bela Aliança foi ganhando sentido ao longo dos doze anos ininterruptos vividos por lá: da fuga de obstáculos pessoais, passando pela vontade de viver às próprias custas até se sensibilizar intelectual e socialmente pela observação e lições que traria de sua experiência naquela dinâmica de vida caipira.

Nesse sentido, o impulso inicial em se aventurar como fazendeiro também parece ter outras motivações, não tão conscientes e mais ligadas ao seu ambiente de formação na capital paulista, inclusive da Faculdade que ele rememorava como algo tão lateral naquele momento de sua vida. Os professores franceses foram entusiastas dos contrastes geográficos, sociais, econômicos e culturais que a realidade brasileira lhes apresentava, especialmente, aquele que viram em São Paulo logo que chegaram ali:

Só por uma mera divagação bizantina poderíamos procurar uma fórmula-chave para definir o Brasil de hoje. Melhor será, pois, tentarmos reconhecer os elementos de sua originalidade. […]

As grandes cidades brasileiras oferecem um espetáculo desordenado, onde as silhuetas desengonçadas dos arranha-céus modernos contrastam com as acachapadas construções de estilo colonial. Esta paisagem urbana exterioriza o próprio estilo de

---

65. *Idem*, p. 66.
66. Edgard Carone, "Entrevista", em José Geraldo Vinci de Moraes e José Márcio Rego, *Conversas com Historiadores Brasileiros*, p. 51.

vida do Brasil atual: os mesmos contrastes são encontrados em sua economia, em sua sociedade e na psicologia de seus habitantes[67].

As palavras de um dos professores marcantes para Edgard Carone, reproduzem o olhar de outros como Roger Bastide que cristaliza a ideia de contrastes em um de seus primeiros livros publicados no país, *Brasil, Terra de Contrastes*[68] e de outros membros da "Missão Francesa." Assim, o Brasil se tornou objeto de estudo e amadurecimento para aqueles estrangeiros que faziam diversas excursões para o interior do Estado, e outras regiões do país. Se não levavam os alunos, traziam este ímpeto de curiosidade e referência de exploração sobre a realidade local em sua produção acadêmica e para as salas de aula. É bem possível que entre as camadas de motivações, e desafios, nem sempre evidentes, que levaram Carone a Bofete estava essa referência do pesquisador atento à sua realidade.

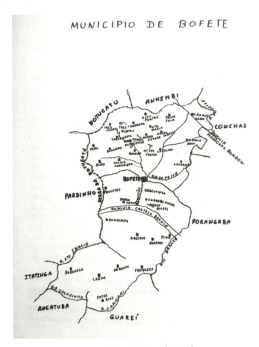

Município de Bofete

---

67. Pierre Monbeig, *O Brasil*, trad. Dirceu Lino de Mattos, São Paulo, Difusão Europeia do Livro, 1954 (Saber Atual).
68. Roger Bastide, *Brasil, Terra de Contrastes*, São Paulo, Difusão Europeia do Livro, 1959.

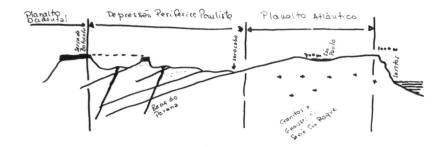

Representação Geomorfológica de Santos à Serra de Botucatu

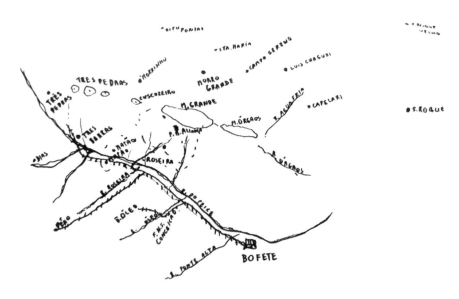

Arredores de Bofete e Localização da Fazenda Bela Aliança

Desenhos de Edgard Carone publicados em sua obra Memória da Fazenda Bela Aliança. O historiador descreve o caminho da fazenda, seus arredores e sua localização geomorfológica para apresentar o leitor à ocupação do Oeste Paulista e ao cenário agrícola da região.

Quando chegou, Edgard Carone ainda não era casado, Flávia sua esposa iria para a fazenda em 1949. Então, ele passou um tempo hospedado na casa do administrador Alcides Machado e soube que os moradores duvidavam de que fosse "guentá". Pressionado pela escolha inusitada, talvez questionada também por outras pessoas de seu convívio, o historiador se lembra: "Só pelo desaforo decidi que iria aguentar"[69].

O jovem da cidade teve de se familiarizar com a vida em uma propriedade rural com uma dinâmica própria de funcionamento, que se estendia há décadas, sem nunca ter plantado uma muda ou trabalhado na enxada. Para sobreviver, ele deveria organizar condições para produzir e, para isso, seria obrigado a interagir com os parceiros que ali residiam. Aprender com eles, principalmente.

Depois de uns meses que Carone havia se instalado na Fazenda, Alcides deu um ultimato ao Senhor Sharkir, "ou ele ou eu?"[70] Sem que o filho soubesse do ocorrido, Sharkir adimitiu que o administrador faz uma grande festa para os moradores e, em seguida, parte da propriedade. O pai protege seu herdeiro e, ao mesmo tempo, lança-o à responsabilidade de gerenciar as coisas sozinho:

Nunca me passou pela cabeça extinguir o arrendamento nem mandar embora as famílias, ou fazer com que a fazenda voltasse ao estilo de centralização, como na época do capitão. Pensava na necessidade de melhor rentabilidade da fazenda, de maneira que ela se tornasse independente do ponto de vista econômico, fazendo com que ela não só rendesse o suficiente para o seu sustento, mas para mim também[71].

Realmente, centralizar a administração de um bem com atividades que ele nem imaginava como desenvolver seria um feito trabalhoso:

Nos primeiros meses, fiz perguntas incessantes sobre como se planta e se colhe milho; quantos carros produz um alqueire de chão; qual o preço de um saco; quantos braços são necessários para plantar, limpar e colher um alqueire; e transformando esse

---

69. Edgard Carone, "Entrevista", em José Geraldo Vinci de Moraes e José Márcio Rego, *Conversas com Historiadores Brasileiros*, p.52.
70. Edgard Carone, *Memória da Fazenda Bela Aliança*, p. 67.
71. *Idem*, p. 97.

total em cruzeiros, qual o lucro restante entre os gastos e a venda do produto. Com o arroz a mesma coisa [...]. E o feijão?

Entretanto minhas contas se baseavam em informações que o pessoal da fazenda – e de outros lugares me transmitia. [...] Fazendo essas contas hipotéticas, nos dois primeiros anos contratei dois camaradas por mês e plantei milho e arroz, com péssimos resultados.

A disparidade entre a informação e o resultado deve-se ao comportamento mental do caipira, que não discorda abertamente de seu interlocutor por ser extremamente cordial no trato com os outros[72].

Carone precisou de informações básicas que os moradores da fazenda lhe concederam. No entanto, sem nenhuma experiencia de cultivo, por mais que pudesse questionar, observar e fazer contas, ele falhou em tentar aprender e plantar sozinho. Não era uma questão de ter as bases corretas para um cálculo simples de 'vendas menos gastos = lucro', nem interlocutores mais diretos em suas explanações. Ele tinha que vivere e "lidar" com o cultivo. Tanto que, como ele mesmo se recorda, só conseguiu ter sucesso nos plantios em que experimentou o sistema "de ameia"[73] com alguns moradores., ou seja, trabalhando com quem sabia o que estava fazendo.

De toda forma, a experiência foi acontecendo e em tantos anos pôde de fato conhecer aquela realidade e se familiarizar com a vida e a produção rural e, após alguns anos nesta estadia: "resolvi iniciar uma lavoura de caráter diferente, voltar-me a uma lavoura de caráter permanente [...]. Optei pelo café [...]"[74]. O ex-estudante de história se torna administrador e cafeicultor da Bela Aliança. Afinal, as suas aspirações pessoais e os desafios que se colocara deveriam ter um retorno financeiro para a vida adulta que de alguma forma ele idealizou, deixando a faculdade e a cidade de São Paulo para trás.

***

Os aprendizados na fazenda Bela Aliança não se deram em uma ruptura completa com a atividade intelectual. Como um verdadeiro apaixonado pelos livros, Edgard Carone se mudou para o interior com sua biblioteca:

---

72 *Idem, ibidem.*
73. *Idem*, p. 99.
74. *Idem*, p. 101.

Acontece que eu sempre fui grande comprador de livros, principalmente nos sebos, porque sebo é a grande fonte da literatura do passado. Como grande parte dos problemas que me interessavam estavam ligados ao passado, história do socialismo, literatura socialista, literatura histórica de maneira geral, eu ia comprando tudo nos sebos muitas vezes por palpite. [...] Eu levei tudo isso para Bofete. [...] Eu fazia serviço da fazenda e quando voltava ia mexer com meus livros[75].

A mudança de sua biblioteca, nas condições de transporte descritas anteriormente, deve ter sido extremamente difícil. Carone não menciona como conseguiu efetivá-la, contudo, a determinação em ter o que estudar parece ter sido grande. Determinação e certa confiança de ter tempo para isso, pois ele nem ao menos sabia quanto tempo o trabalho na lavoura ocuparia de suas jornadas. A opção pelo plantio de café deve ter ajudado nisso, pois diferentemente dos outros experimentos que fez, ele poderia delegar tarefas a funcionários.

Nestas condições, foi ganhar a vida, mas não abandonou o hábito do estudo, desenvolveu-o de uma forma diferente, contando com dois elementos importantes, além dos livros: de um lado, carregava consigo a curiosidade e a disciplina de sua personalidade autodidata que então manteria o cultivo do conhecimento livre das amarras institucionais que educavam as gerações dentro da universidade; de outro, conseguiu manter proximidade com alguns amigos que se interessaram em visitar a fazenda e acompanhar parte de sua estadia. Este último fator foi essencial, pois mesmo que em suas memórias acabe afastando sua primeira formação da institucionalidade e profissionalização ofertadas pela Faculdade de Filosofia, Ciências e Letras, Carone manterá indiretamente esses vínculos à distância:

Ainda nesta época, dois amigos enfrentaram as vicissitudes de chegar à fazenda, ficando alguns dias conosco: um é meu fraterno amigo Antonio Candido; o outro, o colega e amigo Paschoal Petrone. O primeiro, preocupado com a aventura que eu começara, quis verificar o que acontecia. Isso foi bom para ambos: eu ganhei a sua companhia e ele voltou sua atenção para a realidade da região e a predominância da cultura caipira; pretendia realizar seus estudos sobre o cururu e acabou escrevendo

---

75. *Idem, ibidem.*

sua tese, *Os Parceiros do Rio Bonito*, depois de nova temporada na fazenda, em 1954. Paschoal Petrone passou uma semana ali na fazenda e, infelizmente, não voltou mais a Bofete[76].

A figura de Antonio Candido foi, nesse momento, o elo essencial entre a vida de Carone na fazenda, sua atividade intelectual autônoma e as principais ideias fomentadas no ambiente universitário. Com o passar dos anos, desde o episódio envolvendo Maxim, em 1941, os dois foram se tornando muito amigos. A afinidade pessoal e geracional os leva apoiarem mutuamente seus trabalhos e a primeira situação importante nesse sentido se passou na Fazenda Bela Aliança, como o historiador se recorda.

Candido viveu duas longas temporadas ali e realizou diversas visitas mais curtas a Carone, Flávia e os filhos. Na propriedade pôde fazer suas coletas de campo, uma verdadeira imersão no cotidiano dos moradores da fazenda e seus arredores. Com o mesmo tom fraternal, ele o agradece pelo apoio no desenvolvimento da pesquisa que originou *Os Parceiros do Rio Bonito*, defendida em 1954[77]:

> No capítulo de agradecimentos devo começar pelo meu fraternal companheiro Edgard Carone, a quem devo a oportunidade das estadias em Bofete e uma infatigável solicitude, que tornou possível a pesquisa. A sua experiência agrícola, seu conhecimento da região, sua cultura histórica, a sua excelente brasiliana estiveram generosamente ao meu dispor, em alguns aspectos tratados na segunda parte, o seu auxílio se tornou verdadeira elaboração[78].

Parafraseando o título do trabalho, Edgard Carone e Antonio Candido serão *parceiros* em um momento essencial da vida de ambos. E esse apoio não se resumiu ao abrigo na fazenda. A fala do sociólogo reforça bem o quanto o amigo esteve presente intelectualmente neste processo de descoberta de seus estudos: informações sobre o local, repertório histórico e livros basearam sua elaboração de um objeto que ele não tratava apenas "como tema sociológico, mas como problema social"[79].

---

76. *Idem*, p. 96.
77. Antonio Candido, *Os Parceiros do Rio Bonito: Estudo Sobre a Crise nos Meios de Subsistência do Caipira Paulista*, Tese de Doutorado, Universidade de São Paulo, 1954.
78. Antonio Candido, *Os Parceiros do Rio Bonito*, Rio de Janeiro, Ouro sobre Azul, 2010, p. 14.
79. *Idem*, p. 21.

Quando Carone registra as suas lembranças sobre a cultura caipira na fazenda, ele trata como o momento de atividades coletivas entre os moradores que, no trabalho, acabavam se desenvolvendo individualmente ou a partir do trabalho do núcleo familiar, raramente, organizando-se em mutirões. Além do cururu, ele cita o bate-pé, a dança de São Gonçalo, os bailes e a "recomenda"[80]. Observações que certamente ele compartilhou com Antonio Candido nestes períodos de pesquisa.

Em algum momento deste trânsito entre São Paulo, Bofete e as comunidades à beira do Rio Bonito houve um despertar de consciência para este "problema social":

> Plantio, alimentação, crendices e costumes existem sim na região desde tempos longínquos, resistindo e persistindo até o decorrer da década de 1960, quando vários fatores provocam a sua mudança. [...] Quando me mudei para a fazenda, cheguei no momento em que o Brasil começava a entrar em nova fase do processo histórico, no período pós-Segunda Guerra Mundial. [...] Os fatores do isolacionismo interiorano começavam a desaparecer mais rapidamente do que no passado, e o comportamento cultural da população, pouco a pouco, vai perdendo as características próprias. Em outras palavras: o progresso afasta e faz esquecer o passado. Contudo, eu ainda vivera nesta atmosfera que hoje não existe mais.
>
> Confesso que não avaliei as mudanças que começam a ocorrer, pois só com o tempo é que se pode medir a extensão e profundidade de cada um destes fenômenos, o que dificulta sua apreciação exata quando estão ocorrendo[81].

A percepção sobre as transformações estava ali o tempo todo, ainda que, mesmo escrevendo muito tempo depois, Edgard Carone não se sentisse preparado para avaliar as consequências de tais mudanças sociais. O registro sobre aquela atmosfera única foi feito e debatido em *Parceiros do Rio Bonito*, repercutindo no processo de profissionalização que Antonio Candido seguia na universidade e em sua área de pesquisa como um todo.

Desse modo, entendemos que o diálogo entre Carone e o sociólogo esteve permeado de questões mais profundas da geração à qual pertenciam. Primeiramente, a ida de Candido para "ver no que ia acontecer" com a aventura daquele que acabava de abandonar a faculdade, não deixava de ter

---

80. Edgard Carone, *Memória da Fazenda Bela Aliança*, pp. 80-82.
81. *Idem*, p. 95.

esse ímpeto de curiosidade sobre o Brasil, sobre uma região particular do Estado de São Paulo, a qual ainda guardava traços de um isolamento em relação à vida urbana. Em segundo lugar, uma vez imersos naquela realidade tão distinta, acabaram por se envolver em uma reflexão sobre a utilidade das ferramentas que haviam construído no espaço universitário frente àquela sociedade em transformação.

Ora, mas a proximidade na fazenda não rendeu frutos apenas para Antonio Candido que, de fato, era quem se dedicava à vida universitária e outros espaços de atuação cultural, política e intelectual em São Paulo. Àquela altura, fins dos anos 1940 e início dos 1950, ele já era visto como líder da Nova Geração[82] e construía uma trajetória de referência, como constata Carlos Guilherme Mota: "centralizada em Antonio Candido, desenvolveu-se uma constelação com uma certa concepção de trabalho intelectual"[83]. Com o amigo não seria diferente.

Candido relata ter sempre se preocupado em incentivar Edgard Carone a escrever, pois era um homem muito estudioso que não se preocupava tanto em sistematizar suas ideias[84] e, como podemos verificar, a maior par dos primeiros textos do historiador, até o seu primeiro livro, foram escritos no período em que vivia na Fazenda Bela Aliança (Quadro 3).

A produção consiste em seis artigos e oito resenhas. Os três primeiros formam uma série publicada na *Folha da Manhã*, periódico de grande circulação fundado na cidade de São Paulo em oposição às posições da elite representada em *O Estado de S. Paulo*; o quarto e sexto artigos foram publicados na *Vanguarda Socialista*, jornal criado por Mário Pedrosa que reunia intelectuais de esquerda, trotskistas ou críticos à URSS e ao stalinismo; o quinto texto saiu na revista *Paralelo*s, da qual Carone foi membro fundador, como mencionamos anteriormente.

---

82. O conflito geracional da época se expressou na realização de entrevistas e depoimentos publicados no jornal *O Estado de S. Paulo* que deram origem aos livros: Edgard Cavalheiro (org.), *Testemento de uma Geração*, Porto Alegre, Globo, 1944; Mário Neme (org), *Plataforma da Nova Geração*, Porto Alegre, Globo, 1945.

83. Junto com Florestan Fernandes e Décio de Almeida Prado. Ver: Carlos Guilherme Mota, *Ideologia da Cultura Brasileira (1933-1974)*, pp. 38-39.

84. Entrevista com A. Candido.

Quadro 3. PRIMEIROS TEXTOS (1945-1960)[85].

Data de Publicação	Título	Tipo de publicação	Imprenta
1945	"O Racismo e a Unidade Alemã (i)"	Artigo	*Folha da Manhã*
1945	"O Racismo e a Unidade Alemã (ii)"	Artigo	*Folha da Manhã*
1945	"O Racismo e a Unidade Alemã (iii)"	Artigo	*Folha da Manhã*
1946	"Estado Novo e o Integralismo: Plínio e Getúlio"	Artigo	*Vanguarda Socialista*
1947	"A Reação Integralista e o Brasil"	Artigo	*Paralelos*
–	"O Movimento Operário Inglês (1800-1848)"	Artigo	*Vanguarda Socialista*
1957	José Maria Bello, *História da República*	Resenha	Suplemento Literário de *O Estado de S. Paulo*
1958	Pierre Jeannin, *Les Marchands au XVIᵉ Siècle*	Resenha	Suplemento Literário de *O Estado de S. Paulo*
1958	Nelson Tabajara de Oliveira, *1924, A Revolução de Isidoro.*	Resenha	Suplemento Literário de *O Estado de S. Paulo*
1958	Branko Azith, *Les Partis Communiste d'Europe (1919-1955)*	Resenha	Suplemento Literário de *O Estado de S. Paulo*
1958	Lourival Coutinho, *O General Góes Depõe*	Resenha	Suplemento Literário de *O Estado de S. Paulo*
1958	Nelson Werneck Sodré, *Introdução à Revolução Brasileira.*	Resenha	Suplemento Literário de *O Estado de S. Paulo*
1958	Patrícia Van der Esch, *La Deuxième Internacionale.*	Resenha	Suplemento Literário de *O Estado de S. Paulo*
1958	Frederic Engels, *La Question Paysanne en France e en Allemagne*	Resenha	Suplemento Literário de *O Estado de S. Paulo*
1958	Paulo Nogueira Filho, *Ideais e Lutas de um Burguês Progressista.*	Resenha	Suplemento Literário de *O Estado de S. Paulo*
1959	Frederic Engels, Paulo e Laura Lafargue. *Correspondance ii.*	Resenha	Suplemento Literário de *O Estado de S. Paulo*
1959	Azevedo Lima, *Reminiscência de um Carcomido.*	Resenha	Suplemento Literário de *O Estado de S. Paulo*
1959	Rodrigues Soares Jr., *Jorge Tibitiça e sua Época.*	Resenha	Suplemento Literário de *O Estado de S. Paulo*

85. Sistematização realizada a partir de Edgard Carone, *Memorial para o Concurso de Professor Titular.*

Os artigos coincidem com os anos em que cursou a FFCL e tratam sobre a polarização ideológica colocada pela Segunda Guerra Mundial. Embora saiam em publicações distintas, há uma relação entre os títulos que remete à necessidade daquela geração que crescia impactada pelas condições do conflito e pela conjuntura do Estado Novo em compreender o fenômeno fascista. Assim, a série publicada na *Folha da Manhã* expõe a reflexão do jovem estudante sobre as origens do nazismo na Alemanha, e os textos seguintes passam a uma análise das características do movimento integralista, expressão do fascismo no Brasil, seus reflexos na sociedade, especialmente, na ditadura estadonovista. O conjunto de artigos de opinião reforça nossa tese sobre os impactos da história vivida no pensamento desta geração dos anos 1940.

Entre 1944-1946, Edgard Carone que acabara de ingressar na universidade, no entanto, não poupava esforços em se arriscar em iniciativas de intervenção autorais, mas que estavam ligadas ao seu círculo de convivência intelectual e política.

Os textos seguintes são resenhas publicadas no *Suplemento Literário* do jornal *O Estado de S. Paulo*. Todos eles foram escritos no período em que Carone esteve na fazenda, justamente a pedido de Antonio Candido[86]. O *Suplemento* foi concebido pelo sociólogo e Décio Almeida Prado, que era seu diretor quando Carone publica seus textos, para ser um espaço de difusão literária e artística que refletisse a dinâmica dos setores tanto em nível local, quanto em nível nacional. Sua proposta previa uma pluralidade de opiniões, autores e independência em relação à linha editorial de *O Estado*. Naturalmente os membros da geração *Clima* ocuparam suas colunas, fato que lhe conferiu identidade e prestígio nas duas décadas de sua existência.

O *Suplemento Literário* tinha um caráter diferente dos periódicos políticos para os quais Edgard Carone escreveu seus primeiros artigos, pois atingia uma circulação ampla e sua perspectiva política era muito mais discreta, subordinada a esse propósito cultural. De toda maneira, a seção de resenhas era um espaço de grande prestígio junto ao público e, de alguma maneira, servia para apresentar tendências de pensamento que os autores, e

---

86. Entrevista com Antonio Candido. Ver Anexo 2.

também os responsáveis pelo periódico, consideravam como contribuições para formação de seus leitores.

Entre os doze livros resenhados, sete são de História do Brasil, passando pelo tema do tenentismo através de biografias e autobiografias de época; a revolução brasileira é tematizada pelo historiador marxista Nelson Werneck Sodré[87] e a História da República é abordada nos livros de José Maria Bello[88]. Os outros cinco títulos são de autores estrangeiros e tratam da teoria marxista ou da história dos movimentos sociais na Europa.

Os autores brasileiros resenhados foram referências para que o historiador construísse sua obra e os livros sobre socialismo, marxismo e movimentos sociais constituíam seu repertório desde antes, como já sinalizamos. Pelos títulos das resenhas, vemos que o período em que passou na Fazenda Bela Aliança constituiu uma continuidade de suas leituras de formação:

Enquanto morei na Fazenda Bela Aliança (1948-1960) li, de maneira abundante, parte dos viajantes do século XIX, obras sobre a nossa história colonial, livros sobre a década de 1920 e o tenentismo, e a literatura política mais recente. Ao mesmo tempo, voltava-me para os clássicos do socialismo e os romances franceses, ingleses e brasileiros e a história em geral[89].

De São Paulo a Bofete os livros, temas e debates que o acompanham, são aqueles ligados à sua experiência geracional que se mantinha presente nas estadias de Antonio Candido e também nas idas periódicas que Edgard e Flávia, sua esposa, faziam a São Paulo – normalmente a cada dois meses. Evidentemente que seus interesses pessoais e o percurso que seguiu por si só na FFCL-USP filtram esse repertório e o que Carone conseguirá fazer com ele mais adiante.

Outrossim, esse quadro de leituras e intervenções que ele faz ao propor livros ao público do *Suplemento*, mostra que o primeiro exercício sistemático de escrita para o historiador ocorre através da mediação de Antonio Candido, em um espaço de difusão e enraizamento cultural das ideias de

---

87. Nelson Werneck Sodré, *Introdução à Revolução Brasileira*, Rio de Janeiro, José Olympio, 1958.
88. José Maria Bello, *A História da República*, Rio de Janeiro, Simões, 1952.
89. Edgard Carone, "Entrevista", em José Geraldo Vinci de Moraes e José Márcio Rego, *Conversas com Historiadores Brasileiros*, p. 52.

um grupo da intelectualidade paulista, em consonância com o protagonismo pretendido pela FFCL.

O isolamento de Edgard Carone na fazenda é relativo, pois ele mantém contato com as principais referências intelectuais do período que, além disso, eram seus amigos. E relações são importantes quando falamos de inserção na vida acadêmica, especialmente, em uma instituição jovem que ainda deveria consolidar seus critérios de funcionamento. Mesmo assim, a situação não exclui totalmente a posição de descontinuidade que ele assume ao não concluir seu curso universitário e sair de São Paulo: sem ao menos ter se graduado, Carone ficava bem atrás dos outros colegas em termos das possibilidades de uma carreira acadêmica, pois, apesar de manter sua atividade intelectual, institucionalmente ele de fato não seguia os protocolos previstos e não se deixava guiar pela perspectiva da vida universitária.

∗∗

Em 1960, Carone se muda para a cidade de Botucatu e, após alguns anos na cidade, será surpreendido por uma das visitas de Antonio Candido:

> Em 1963 meu amigo Antonio Candido vai a Botucatu, onde eu e minha família morávamos desde março de 1960. A sua temporada, de alguns dias, motivou reviravolta no campo do meu trabalho intelectual[90].

Nesta ocasião, surgirá, enfim, a proposta de Candido para que ele escrevesse um livro: *Revoluções do Brasil Contemporâneo*[91]. Esta será sua primeira obra autoral sobre a história do Brasil, combinando análise, organização de fontes e bibliografia. É relevante que seja fruto de uma intervenção direta daquele intelectual que já possuía destaque na intelectualidade uspiana e fora dela. Tratar-se-á de um ponto de inflexão na formação do historiador, pois a realização deste *pequeno-grande* livro, conforme pretendemos demonstrar[92], será um processo embrionário para o desenvolvimento de

---

90. Edgard Carone, "A História da República: Escritos Autobiográficos", p. 156.
91. Edgard Carone, *Revoluções do Brasil Contemporâneo (1922-1938)*, São Paulo, DESA, 1965. O livro possui segunda edição publicada pela mesma editora no ano de 1975.
92. Será desenvolvido no Capítulo 2.

um projeto político-intelectual posterior, através do qual Edgard Carone iria se reinserir na universidade e pautar o desenvolvimento de sua atividade acadêmica profissional.

O convite foi um desafio, ele não se sentia preparado para desenvolver um trabalho de fôlego, não se considerava ainda um historiador. No entanto, Antonio Candido conhecia bem sua biblioteca, suas leituras e novamente encorajou o amigo indisciplinado. Uma vez aceita, a proposta se concluiu a contento das expectativas, suas e dos responsáveis pela Coleção Buriti, na qual foi publicado em 1965[93].

A grande reviravolta não virá apenas do processo de pesquisa, sistematização e redação da obra. Esta só se realizará da maneira como conhecemos, porque *Revoluções do Brasil Contemporâneo* acaba se tornando parte de um processo de elaboração e tomada de consciência de Carone sobre os eventos políticos que agitam o Brasil naquele momento, mais especificamente, o Golpe Militar de 1º de abril de 1964.

Quando Candido vai à Botucatu, em 1963, o clima da política nacional já estava acirrado. O ascenso do movimento de trabalhadores rurais e de outros setores pressionava pelas Reformas de Base anunciadas pelo frágil governo de João Goulart. O tema proposto para o livro "a história do Brasil entre 1922 e 1935"[94] era sugestivo de uma conexão dos editores com esse ambiente de convulsão social. Não haviam proposto um trabalho sobre revoluções, contudo, os marcos 1922 (Tenentismo) e 1935 (Intentona Comunista) eram sugestivos desta abordagem histórica. Carone embarca nesta proposta, trazendo para ela seus interesses pessoais sobre a historiografia e seu repertório marxista.

No plano pessoal, o Golpe vem de encontro à sua primeira elaboração historiográfica sobre o Brasil; no plano coletivo, ele encerra um período de perspectivas positivas de retomada da democracia, na qual a intelectuali-

---

93. Contam como conselho diretor da coleção: Antonio Brito da Cunha, Antonio Candido, Aroldo de Azevedo, Azis Simão, Carlos Benjamin de Lyra, Clodowaldo Pavan, Décio de Almeida Prado, J. B. Damasceno Penha, Paulo Emílio Salles Gomes, Sérgio Buarque de Holanda.

94. Esta era a proposta inicial, mas Carone decide por sua conta estender a análise até Golpe do Estado Novo (Edgard Carone, "A História da República: Escritos Autobiográficos", pp. 157-158).

68   EDGARD CARONE E A IDEIA DE REVOLUÇÃO NO BRASIL

dade progressista e engajada se envolveu travando debates sobre o desenvolvimento nacional em sua dimensão econômica, cultural e social. Da revista *Clima* à *Plataforma da Nova Geração*; de *Parceiros do Rio Bonito* ao *Suplemento Literário*, essas eram inciativas de intervenção na realidade para toda uma geração de pensadores, na qual Edgard Carone estava incluído – mesmo com as particularidades de sua trajetória. As transformações da Fazenda Bela Aliança e seu entorno, que saltavam aos olhos do historiador e que renderam uma pesquisa fundamental ao seu amigo e sociólogo Antonio Candido, também passavam por aí.

Desse modo, as *Revoluções do Brasil Contemporâneo* encerram um ciclo na vida de Carone, confrontando-o com esta atitude ambígua do tal "pensador descompromissado" com as formalidades da vida acadêmica e suas instituições, que se "isolou" em uma fazenda e agora vivia em uma cidade do interior. O fechamento do regime político brasileiro colocava novos desafios e questões para que ele e seus colegas, dos quais, no fundo, ele nunca se desvinculou totalmente, se engajassem. Reorientar sua atitude intelectual seria uma forma de reelaborar os vínculos tão caros com a política e também sua vida profissional.

Novas Relações Institucionais e um Projeto Político-Intelectual para a História da República

Edgard Carone abandonou a formação universitária em 1947, para retornar a ela mais de vinte anos depois, em 1969. Vimos que neste longo período ele continuou conectado com pessoas e iniciativas que ainda se desenvolviam sob a vida universitária que, direta ou indiretamente, passavam-se sob o amparo institucional da Faculdade de Filosofia, Ciências e Letras da USP.

Então, por um lado, foram estes vínculos que mantiveram em seu horizonte de expectativas a possibilidade de retomar sua trajetória como um historiador de ofício que, naquele momento, significava estar formado em curso superior correspondente à disciplina, desenvolver pesquisas e se inserir nos ritos das instituições competentes que lhe permitiriam desenvolver este trabalho – tanto na esfera simbólica, quanto no financiamento e em outros aspectos de sua profissionalização. Por outro, podemos imaginar que a retomada deste percurso não seria tão simples e nem tão pragmática para um homem com a vida feita em rumos totalmente distintos da academia. Sendo assim, ela também ocorreu por uma motivação mais profunda, ligada aos princípios definidos pela geração com a qual se formou.

Chegando ao ano de 1964, Carone sai de certa zona de conforto com a qual lidava com sua atividade intelectual, mobilizado pelo curso da história:

VEJA: O que o levou a estudar a história brasileira desde a Proclamação da República?

CARONE: No começo de 1964, eu me dedicava a um trabalho sobre o período de 1922 a 1938 (*Revoluções do Brasil Contemporâneo*). Mas os acontecimentos daquele ano levantaram uma série de questões para as quais não tinha resposta. Havia, por exemplo, uma clara contradição entre o que se dizia, o que se pretendia e o que se passava realmente. Resolvi então enfrentar essas contradições a partir do estudo do passado[95].

Esta concepção, que ele narrou com certa convicção durante toda a vida, foi enunciado nesta entrevista às "Páginas Amarelas" da Revista *Veja* no ano de 1976, quando ele finalmente se tornava professor da Universidade de São Paulo. A coluna era um espaço reconhecido para publicizar posicionamentos de seus entrevistados e Carone parece estar consciente da necessidade de explicitar aquilo que nortearia sua atividade acadêmica. Era uma atitude corajosa de intervenção, pois a Ditadura Militar ainda vigorava e vivia um momento crucial entre o discurso da distensão e a prática de violências inclusive contra personagens do setor cultural e intelectual, como por exemplo, o jornalista Vladmir Herzog, assassinado em 1975.

Deste ponto de partida, iremos traçar nossa leitura sobre a concepção de sua obra "republicana", mas antes, cumpre notar que a atuação engajada não se deu apenas no plano do discurso e das ideias. Em consultas ao acervo do Dops, no Arquivo Público do Estado de São Paulo, foi possível encontrar mais de vinte fichas contendo registros relativos a atividades de Edgard Carone – descritas no Quadro 4. Sua entrada nas redes de monitoramento policial se deu ainda em 1963, quando ele vivia em Botucatu, o motivo: recebimento de livros subversivos. Em 1964, a fama de líder de uma célula comunista na cidade levou à sua detenção e à interpelação policial na Fazenda Bela Aliança, onde ele mantinha sua biblioteca:

95. Edgard Carone, "A República em Capítulos", *Veja*, n. 368, pp. 3-6, 11.2.1976.

Informação datada de 24.9.1964, constando que a cidade de Botucatu é tida como um dos núcleos mais comunistas do Estado de São Paulo. Antes da Revolução era tão ativa a manifestação intelectual comunista que se afirmava haver uma célula intelectual vermelha mais operosa do Estado. Um dos líderes era o intelectual Edgard Carone, assistido por sua esposa, também comunista, que lecionava em escola de grau médio.

Em relatório da Delegacia de Política de Botucatu, datado de 11.12.1964, sobre elementos comunistas daquela região, consta Edgard Carone, residente à Rua General Telles 1131, detido por aquela autoridade e encaminhado como incurso na LSN. Em diligência efetuada na fazenda Bela Aliança, de sua propriedade, foi apreendida farta literatura comunista[96].

Carone nunca se filiou ao PCB. O único partido ao qual se filiou formalmente foi o Partido Socialista (PS) de 1947, assim como foram Antonio Candido, Paulo Emílio Salles Gomes e outros de seus amigos, fundadores da agremiação. Mas ele nunca militou de fato pelo PS, pois partiu para a Bela Aliança, como sabemos, logo após a sua criação. A relação com o PCB guardou, certamente, a discrição de um partido que ao longo de quase todo o século XX permaneceu na ilegalidade. Sabemos que ela existiu, e os registros policiais, ainda que possam ser exagerados no diagnóstico e no tom da atuação dos comunistas em Botucatu, indicam ao menos a referência que o intelectual, sua esposa e os frequentadores de sua residência de alguma forma repercutiam na cidade. Alguém os denunciou, provavelmente. Os livros foram apreendidos e o historiador sempre se remoía sobre o fato de ter passado uma noite na prisão devido ao inquérito[97].

Os outros registros no Dops-SP apontam para sua atuação, já como professor universitário, em atividades sindicais, publicações, cursos, assinatura em manifestos, palestras e outros eventos que constituíam ações de ativismo dos intelectuais durante a Ditadura. Muitas delas ainda demonstram a simpatia do aos comunistas.

---

96. Arquivo Público do Estado de São Paulo. Arquivos do Departamento de Ordem Política e Social (DOPS_SP). Divisão de Informações, "Edgard Carone". Documento 52z-0-13142.
97. Como nos recorda sua aluna Marisa Midori Deaecto.

Quadro 4. DESCRIÇÃO DAS FICHAS NO DOPS

Ano do Registro	Conteúdo
1963	Identificação e Endereço. Recebimento de livros subversivos.
1968	Identificado como fazendeiro e considerado "elemento subversivo".
1973	Registro de Inquérito Policial.
1976	Referência ao movimento sindical de São Bernardo do Campo.
1976	Referência ao movimento sindical de São Bernardo do Campo.
1975	Manifesto de Professores da USP.
1975	Participação em uma Semana de Ciências e Estudos Sociais.
1977	Identificação, classificado como "esquerdista".
1977	Referência a uma publicação no jornal *A Ciência e o Poder*.
1977	Colaborador Caderno de Debates – História do Brasil.
1977	Participação em debate em São Bernardo do Campo.
1977	Participação em conferência com o tema "O Processo Histórico Brasileiro".
1977	Marxista Esquerdista e Socialista.
1977	Esquerdista.
1979	Referência ao jornal *O Estado de S. Paulo*.
1980	Referência a manifesto assinado por seiscentos professores.
1981	Referência a participação em mesa-redonda.
1981	Referência ao Sindicato dos Químicos.
1981	Referência a debate no Sindicato dos Químicos.
1981	Referência ao PCB e à palestra no Sindicato dos Químicos.
1981	Menciona convite para evento. Código que parece remeter a outro documento.
1981	Lançamento de livro.
1981	Apresenta um código que parece se referir a outro documento.
1981	Faz referência à "Programação de Eventos".
1981	Homenagem aos setenta anos de Carlos Marighella na ABI.
1981	Homenagem aos setenta anos de Carlos Marighella.
1981	Homenagem da morte de Carlos Marighella no Tuca.
1982	Apoio à candidatura de Goldmann.
1982	Folheto Festa PMDB

```
CARONE    EDGARD
Botucatu

Filho de Sharkor Jorge Carone e de Sara Hachen Carone,na
tural de Piracicaba,SP,com 40 anos,casado,Professor,resi
dente,em Botucatu,SP.-
18.03.63 - Residente à Rua Gen.Teles,nº 1131-Botucatu.Re
           cebe livros subversicos da Livraria das Ban-
           deiras.
23.09.68 - Inf.Reg.Polícia.Fazendeiro.Elemento subversi-
           vo.
16.07.73 - Conf.inf.n/data da Del.Esp.Ordem Social:Foi
           indiciado em Inquérito Policial pela Delega-
           cia de Conchas. Seu nome consta de um fichá
           rio de escritores comunistas que foi apreen
           dido em poder de Alvaro Faria.-
```

```
CARONE - Edgard


Em 8/76-MOVIMENTO SINDICAL="A Ciencia e o Poder
SBPC";

FOTO....................50-B-58-2378

                                        I
```

```
CARONE - Edgard


Em 03/11/77- S/Q - conferêncista da Iª.Sema-
na de Ciencias e Humanismo,-Tema:"Processo
Histórico brasileiro"
                        50-Z-0-14216
                            AC.
```

Fichas de Edgard Carone no Dops-SP. A primeira consta a identificação do historiador e as suspeitas sobre suas atvidades em Botucatu, bem como a prisão da sua biblioteca; a segunda registra o artigo que Carone escreveu para a Revista da Sociedade Brasileira Para o Progresso da Ciência *(SBPC), e a terceira contém a anotação de sua presença em evento acadêmico realizado na Universidade de São Paulo.*

Há uma correspondência entre o discurso e a prática do historiador que, entre outros aspectos de suas predileções, formação e, especialmente, as questões geracionais e de constituição de grupo que temos ressaltado, nos permite assumir uma coerência interna para sua obra[98].

Sendo assim, chegamos ao ponto de reconexão de Edgard Carone com a USP, identificando um novo ciclo de sua vida e atividade intelectual: a formulação de um projeto de estudos sobre a História da República no Brasil, desde a Proclamação em 1889 até 1964, que é também um plano de ação que deveria contribuir para a compreensão da realidade brasileira, no passado e no presente. Ou seja, a série republicana de Carone se constituiu como um projeto político-intelectual do historiador frente a uma concepção sobre o seu ofício e às demandas políticas e sociais de sua época.

No ano de 1969, ele irá retornar formalmente à universidade. Os novos estudantes o recebiam de modo a reconhecer sua experiência, chamando-lhe de professor, pois os livros de sua autoria já eram conhecidos: *Revoluções do Brasil Contemporâneo*, de 1965; *A Primeira República – Texto e Contexto*[99], uma antologia sobre o período de 1889-1930, publicada no ano de seu reingresso na vida universitária, e o primeiro livro de análise *A República Velha I – Instituições e Classes Sociais*[100], saído em 1970. Aos 46 anos, Edgard Carone obterá o título de doutor com a tese *União e Estado na Vida Política da Primeira República*[101], publicada em 1971 com o título *República Velha II – Evolução Política*[102].

Apesar da receptividade que encontrou com os novos colegas de curso, Edgard Carone não estava em um lugar totalmente confortável em sua posição intermediária entre "estudante – doutorando – professor". Ele pertencia à geração que já havia substituído os professores estrangeiros da FFCL e se destacavam como líderes de suas cátedras, mas estava muito atrás deles

---

98. François Dosse, *O Desafio Biográfico*, p. 377.

99. Edgard Carone, *A Primeira República: Texto e Contexto (1889-1930)*, São Paulo, Difusão Europeia do Livro, 1969.

100. Edgard Carone, *A República Velha I: Instituições e Classes Sociais*, São Paulo, Difusão Europeia do Livro, 1970.

101. Edgard Carone, *União e Estado na Vida Política da Primeira República*, São Paulo, Universidade de São Paulo, 1971.

102. Edgard Carone, *A República Velha II: Evolução Política*, São Paulo, Difusão Europeia do Livro, 1971.

nesta posição. Os aspirantes ao título de doutor, como ele, naquele momento, também haviam seguido um percurso mais linear dentro da vida universitária, formados na graduação, atuavam normalmente como professores assistentes e seguiram as outras etapas de títulos e concursos para galgar postos na carreira universitária. Este não era seu caso. Pensando nos mais jovens, graduandos, a diferença era ainda mais gritante, pois em 1969 a universidade passaria por uma grande reforma fruto do embate entre o Movimento das Paritárias e as intervenções da Ditadura Militar.

Destarte, havia um deslocamento que teria de enfrentar, um *salto geracional* entre a experiência de sua formação intelectual anterior – compreendida dentro e fora da universidade – e o retorno para a vida acadêmica. Àquela altura, a estrutura universitária se modificara em diversas instâncias[103] e as exigências formais dos títulos e da experiência pesavam sobre suas perspectivas individuais.

Algumas condições dessa posição intergeracional lhe ofereciam vantagens ou, no mínimo, respaldo para que ele enfrentasse tais questões. Do ponto de vista das relações acadêmicas e pessoais, Carone possuía um bom ponto de apoio na figura de Antonio Candido e de historiadores que o conheciam como Sérgio Buarque de Holanda, por exemplo[104]. Em outros termos, ele volta à USP minimamente amparado por uma rede que reconhecia sua posição mais madura, mesmo diante da descontinuidade de sua trajetória dentro da instituição. Sob a óptica da experiência, do acúmulo historiográfico e da pesquisa, Edgard Carone também possuía inúmeras vantagens por seu repertório de livros, documentos e pela produção que ele foi desenvolvendo, a seu modo, antes de voltar à universidade.

Tanto foi assim que, em um primeiro momento, o historiador será um dos precursores dos estudos sobre o período republicano brasileiro na historiografia universitária. Retomaremos adiante a repercussão de *Revoluções do Brasil Contemporâneo*, que, mesmo tendo sido escrito de modo "autô-

---

103. A mudança mais radical foi a de 1969, que extinguiu o regime de cátedras, mas antes dela os cursos passaram por diversas reformas. O curso de História e Geografia foi desmembrado em 1956 e a grade de formação dos historiadores foi totalmente modificada.

104. Entre estas figuras, sua tese foi oficialmente orientada por Myriam Ellis, assistente da cátedra de História da Civilização Brasileira, dirigida por Sérgio Buarque, mas os projetos financiados pela Fundação de Amparo à Pesquisa do Estado de São Paulo (Fapesp) foram assinados sob orientação do amigo Candido.

nomo", foi recebido nos meios acadêmicos como obra inovadora que correspondia aos métodos e rigor científicos. Com relação à sua tese *União e Estado...*, ela será comentada e recebida já no momento de sua defesa como marco nos estudos brasileiros, ao lado da tese de Boris Fausto:

> O aparecimento, dentro de um espaço de tempo bastante curto, de três obras que tratam de temas ligados a um mesmo período político, ou seja, a Primeira República, é sintomático de um esforço dos historiadores no sentido do estudo, em profundidade, do Brasil deste século (1).
>
> Sem qualquer intuito de comparação entre os autores, mas apenas para registrar o resultado dessa consciente preocupação, que já se faz sentir em compor-se uma biblioteca moderna sobre o Brasil moderno, oferecendo a contribuição do historiador ao lado do que já foi feito por economistas, sociólogos e cientistas da política, é que fazemos menção ao significado do lançamento tão próximo dessas obras, elaboradas por historiadores formados pela Universidade de São Paulo [...][105].

Podemos acrescentar às impressões de Amaral Lapa, a publicação dos trabalhos de Emília Viotti da Costa[106] que também foram pioneiros, para pensar em conjunto esta pequena vanguarda que se formava em torno da História da República. Apresentando sua resenha na *Revista de História*, primeiro periódico da área no Brasil e, portanto, bastante respeitado, Lapa pautava as inovações da historiografia e ressaltava a necessidade da área, a exemplo de outras, de se envolver com a "história do Brasil moderno" – expressão pela qual entendemos que ele se referia à história contemporânea do país.

---

105. José Roberto Amaral Lapa, "A Primeira República: Dimensões Fatuais", *Revista de História*, vol. 48, n. 97, pp. 243-253, 1973. Nota (1): "Referimo-nos aos dois últimos livros de EDGARD CARONE, *A República Velha, I: Instituições e Classes Sociais* e II volume *Evolução Política*, ambos publicados pela Difusão Europeia do Livro em sua coleção Corpo e Alma do Brasil, respectivamente em 1970 e 1971, e ao estudo de BÓRIS FAUSTO, *A Revolução de 1930 (Historiografia e História)*, Editôra Brasiliense, 1970".

106. Nos referimos a Emília Viotti da Costa, *Da Senzala à Colônia*, São Paulo, Difusão Europeia do Livro, 1966; e *Da Monarquia à República. Momentos Decisivos*, São Paulo, Livraria Editora de Ciências Humanas, 1977. Viotti publica sua tese de livre-docência em 1966 se aproximando das questões republicanas e, nos anos seguintes, escreve trabalhos significativos sobre a transição do regime político e formação do Estado brasileiro, publicados no livro de 1977. Emília Viotti cursou a faculdade entre 1951-1954. Depois de graduada, trabalhou na cátedra de História da Civilização Moderna e Contemporânea (1960-1961), deixando-a em seguida para fazer sua tese na Cátedra de História da Civilização Brasileira. Ela se tornará professora assistente de Introdução aos Estudos Históricos (1961-1969).

A urgência em se aproximar do presente, ou de novos eventos que pudessem ajudar em sua compreensão, se impunha como questão coletiva a ser tratada pelas diferentes gerações de intelectuais na medida de sua experiência, formação e propósitos. De modo geral, o diagnóstico de Carlos Guilherme Mota, sobre o pós-Golpe Militar como a Época das Revisões Radicais (1965-1969)[107] parece definir bem a nova perspectiva para o trabalho dos historiadores e intelectuais brasileiros. O passado colonial fora objeto de diversas interpretações do Brasil até aquele momento, e ainda contribuía, no entanto caberia ao passado recente, talvez, a tarefa de atualizar ou complementar as concepções anteriores.

Diante disso, Edgard Carone inova, mas não está sozinho. Retomando a ideia de *salto geracional* que o levou de volta à universidade, considera-se que se desenvolveu uma relação complexa entre instituição e indivíduo e, dele, com a perspectiva intelectual de sua geração e as novas demandas político-intelectuais que emergem nos anos 1960. Ao mesmo tempo em que se manteve próximo dos amigos, do debate e de uma concepção de engajamento que permaneceram ativos na academia desde os anos 1940, Carone não foi disciplinado dentro dos moldes que a instituição ia se consolidando. Estas duas dimensões de sua formação contribuíram de formas diferentes para que ele construísse uma perspectiva própria para trabalhar com a história e de seu percurso incomum resulta um projeto político-intelectual. Elas também trarão os desafios e desafetos de sua inserção tardia nos ritos acadêmicos e de uma postura rígida em relação às suas referências teórico-metodológicas e as transformações reivindicadas pelas novas gerações com as quais irá trabalhar, como veremos.

De toda forma, Edgard Carone volta ao "jogo institucional" com uma clareza e certo pragmatismo sobre o trabalho que pretendia desenvolver ao longo de anos. Postura que seus contemporâneos de tese e os mais jovens que viriam a trabalhar sobre a República talvez não pudessem adotar de antemão ao estarem comprometidos com as etapas da carreira, subordinados à hierarquia das cátedras etc.

---

107. Carlos Guilherme Mota, *Ideologia da Cultura Brasileira (1933-1974)*, pp. 203-258.

FUNDAÇÃO DE AMPARO À PESQUISA DO ESTADO DE SÃO PAULO
Av. Paulista, 352 - 14. andar - São Paulo

TERMO DE OUTORGA E ACEITAÇÃO DE AUXÍLIO

PROCESSO: **história   66/331**
OUTORGANTE: Fundação de Amparo à Pesquisa do Estado de São Paulo.
OUTORGADO: **EDGARD CARONE - brasileiro, casado, Professor.**

INSTITUIÇÃO: **-**

RESIDÊNCIA: **Rua Homem de Melo 62 - apto. 2.111 - Capital**

IMPORTÂNCIA: **CR$.1.500.000 (hum milhão e quinhentos mil cruzeiros)**

PROJETO: **Projeto: "Estrutura político-social da primeira República"**

DURAÇÃO: **-**

DISCRIMINAÇÃO: **Discriminação: Microfilmes e Expedições científicas (viagens ao Rio de Janeiro e manutenção)**

(Os microfilmes serão de propriedade da FAPESP)

PRESTAÇÃO DE CONTAS- data: **Março de 1967.**
(com devolução de saldo, se houver)

Em **24/6/66**   , o Conselho Técnico Admi
nistrativo da Fundação de Amparo à Pesquisa do Estado de São Paulo, de
signada simplesmente OUTORGANTE, usando das atribuições que lhe con
fere o artigo 14, letra "b", da Lei Estadual n. 5.918, de 18 de outubro de
1960, defere ao OUTORGADO, um auxílio de acôrdo com a especificação
acima, e sob cláusulas e condições seguintes:

I

O pagamento será feito de acôrdo com o plano de aplicação apresentado
pelo OUTORGADO; com ou sem modificações feitas pela OUTORGANTE;

II

O auxílio deferido em hipótese alguma poderá ser destinado, ainda que par
cialmente, a fins diversos dos indicados no preâmbulo dêste Têrmo; desta
forma, o OUTORGADO fica pessoalmente responsável pela perfeita aplica
ção do auxílio, de acôrdo com a sua finalidade;

Termo de outorga para as pesquisas que dariam origem ao doutoramento de Edgard Carone.

EDGARD CARONE E A IDEIA DE REVOLUÇÃO NO BRASIL

FUNDAÇÃO DE AMPARO Á PESQUISA DO ESTADO DE SÃO PAULO

(Criada pela Lei n.º 5.918 de 18 10 1 960)

Av. Paulista,352 — 14ºAndar — Fone 31 6938 —— São Paulo

Of. 848/69 DC

S.Paulo, 11 de Setembro de 1969

Ilmo.Sr. Prof.
Edgard Carone
R. Homen de Mello, 629 aptº 2111
Nesta

Prezado Sr.Carone:

Atendendo ao seu pedido estamos prorrogando por mais um ano a sua Bôlsa de Pesquisa junto a esta Fundação, a partir de 1º de Outubro de 1969.

Transcrevemos a seguir parte do parecer de nossa assessoria e sôbre o qual aguardamos a sua resposta:

"Somos de opinião que o Prof. Carone deva terminar sua licenciatura em Historia e trabalhar diretamente para a conquista de um Doutorado. No momento existem tôdas as condições para tal completação e reaproveitamento das tarefas da bolsa da FAPESP com vistas diretas ao Doutoramento".

Atenciosamente,

Oscar Sala
Diretor-científico

cc:
Prof. A.C.Mello e Souza

Parecer da Fapesp quanto ao andamento da pesquisa sobre a República Velha. Demonstra a posição particular do historiador, entre a licenciatura e o doutoramento direto, que é recomendado pelo parecerista.

FUNDAÇÃO DE AMPARO À PESQUISA DO ESTADO DE SÃO PAULO

(Criada pela lei n.º 5.918 de 18-10-1.960)

Av. Paulista, 352 — 14.º Andar — Fone: 287-8123 — São Paulo

São Paulo, 29 de Outubro de 1.971.

Sr.
Edgard Carone
Capital

Prezado Bolsista,

Recebemos o seu relatório de Final o qual foi examinado pelos assessores, tendo recebido o seguin te parecer:

" Tendo acompanhado tôdas as etapas do trabalho do pesquisador E.Carone, posso afiançar que o relató- rio final encaminhado sob a forma de uma tese de Doutorado - em redação definitiva - é o que de me lhor a FAPESP poderia esperar, em termos do inves- timento que realizou no bolsista, por alguns anos. Isso é tanto mais significativo quando o trabalho apresentado tem um excelente nível científico, no campo da Historiografia moderna e dentro do setor das ciências do Homem. Cumprimentos ao Orientador e ao Bolsista, por parte de quem Assessorou a FA- PESP, durante todo o tempo da duração da bôlsa em questão. "

Atenciosamente.

Parecer final.

EDGARD CARONE E A IDEIA DE REVOLUÇÃO NO BRASIL

Quadro 5. PUBLICAÇÕES (1964-2001)[108].

Data de Publicação	Título	Tipo de publicação	Imprenta
1965	*Revoluções do Brasil Contemporâneo*	Livro	Buriti
1969	*A Primeira República: Texto e Contexto*	Livro	Difel
1970	*República Velha: Instituições e Classes Sociais*	Livro	Difel
1971	*União e Estado na Vida da Primeira República*	Tese	USP
1971	Gilberto Freyre, *Novo Mundo dos Trópicos*	Resenha	*Revista de Administração de Empresas*
1971	Sérgio Buarque de Holanda et al., *História do Brasil*	Resenha	*Revista de Administração de Empresas*
1971	Roberto Mendes Gonçalves, *Um Diplomata Austríaco na Corte de São Cristóvão*	Resenha	*Revista de Administração de Empresas*
1971	Von Leithold e Von Rango, *O Rio de Janeiro Visto por Dois Prussianos em 1871*	Resenha	*Revista de Administração de Empresas*
1971	Luchino Visconti, *Os Deuses Malditos*	Resenha	*Revista de Administração de Empresas*
1971	Gabriel Soares de Souza, *Tratado Descritivo do Brasil em 1587*	Resenha	*Revista de Administração de Empresas*
1971	*República Velha*, vol. 2, *Evolução Política*	Livro	Difel
jul.-set. 1971	"Coronelismo: Definição Histórica e Bibliográfica"	Artigo	*Revista de Administração de Empresas*
out.-dez. 1971	"Roberto Simonsen e Sua Obra"	Artigo	*Revista de Administração de Empresas*
jan.-mar. 1972	"Oligarquias: Definição e Bibliografia"	Artigo	*Revista de Administração de Empresas*
1972	Afonso Arinos de Melo Franco, *Desenvolvimento da Civilização Material no Brasil*	Resenha	*Revista de Administração de Empresas*
1972	Rodrigues Pereira, *Cartas ao Irmão*	Resenha	*Revista de Administração de Empresas*
1972	Ludwig & Briggs, *Lembranças do Brasil*	Resenha	*Revista de Administração de Empresas*

108. Sistematização realizada a partir de: Edgard Carone, *Memorial para o Concurso de Professor Titular*.

1972	Amorim, *Tradições Comerciais da Bahia: Primeiro Quartel do Século XX*	Resenha	*Revista de Administração de Empresas*
1973	Juarez Távora, *Uma Vida e Muitas Lutas*	Resenha	*Revista de Administração de Empresas*
1973	*A Segunda República: Documentos*	Livro	Difel
1974	Américo Jacobina Lacombe, *Introdução ao Estudo da História do Brasil*	Resenha	*Revista de Administração de Empresas*
1974	*República Nova (1930-1937)*	Livro	Difel
1974	Hélgio Trindade, *O Integralismo: O Fascismo Brasileiro da Década de Trinta*	Resenha	*Opinião*
1975	"Notícias sobre Brasilianas"	Artigo	*Revista Perspectiva* (Unesp Araraquara)
1975	"Luta contra o Estado Novo (1937-1945)"	Artigo	*Opinião* (162)
1975	*O Tenentismo*	Livro	Difel
1976	"Usina de Salto: Um Exemplo Esclarecedor"	Artigo	*Opinião* (174)
1976	"As Classes Sociais no Estado Novo"	Artigo	*Opinião* (178)
1976	*A Terceira República*	Livro	Difel
1976	*O Estado Novo*	Livro	Difel
1976	Capistrano de Abreu, *Ensaios e Estudos*	Resenha	*Opinião*
1976	Noam Chomsky, *Banhos de Sangue*	Resenha	*Opinião*
1976	Maria Victória de Mesquita Benevides, *O Governo Kubitschek: Desenvolvimento Político e Estabilidade Política*	Resenha	*Movimento*
1976-1977	"O Pensamento Industrial no Brasil"	Artigo(s)	*Opinião* (212-223)
1977	"A Luta Contra o Estado Novo"	Artigo	*Revista Perspectiva* (2)
1977	*Pensamento Industrial no Brasil*	Livro	Difel
1977	Hélio Silva, 1945, "Por que Depuseram Vargas?"	Resenha	*Gazeta Mercantil*
1977	Leôncio Basbaum, *Uma Vida em Seis Tempos*	Resenha	*Gazeta Mercantil*

1978	Leôncio Basbaum, *Reflexões Sobre 1930*	Resenha	*Gazeta Mercantil*
1978	*O Centro Industrial do Rio de Janeiro e a sua Participação na Economia Nacional*	Livro	Cátedra – CIRJ
1980	*A Quarta República (1945-1964)*	Livro	Difel
1981	*Movimento Operário no Brasil*	Livro	Difel
1982	*O PCB (1922-1943)*	Livro	Difel
1982	*O PCB (1943-1964)*	Livro	Difel
1982	*O PCB (1964-1982)*	Livro	Difel
1984	*Movimento Operário no Brasil*	Livro	Difel
1985	*A República Liberal I (1945-1964)*	Livro	Difel
1985	*A República Liberal II (1945-1964)*	Livro	Difel
1985	"Paulo Emílio Salles Gomes, Homenagem no Décimo Aniversário de sua Morte".	Artigo	*Folha de S.Paulo*
1985	"A História Imediata da Revolução Bolchevique"	Artigo	*Pau-Brasil* (nº. 8)
1986	*O Marxismo no Brasil (das Origens a 1964)*	Livro	Dois Pontos
1986	"A Trajetória do Manifesto Comunista no Brasil"	Ensaio	*Pau-Brasil* (nº. 10, ano 2)
1988	"A Trajetória do Manifesto Comunista no Brasil"	Ensaio	*Novos Rumos*
1988	"Literatura e Público"	Ensaio	*Novos Rumos* (nº. 8-12, ano 3)
1988	"O 1º de Maio"	Artigo	*Revista do IEB* (nº. 30)
1989	*Classes Sociais e Movimento Operário*	Livro	Ática
1989	"Simonsen, O Pensador da Indústria Brasileira".	Artigo	*O Estado de S. Paulo*
1990	"Madame Pomery LTDA"	Ensaio	Análise e Conjuntura (vol. 5, nº. 2)
1990	"Inquérito Sobre a República"	Artigo	*Resgate*, Unicamp
1991	*Brasil: A Era da Crise (1930-1945)*	Livro	Ática
1991	*Da Esquerda à Direita*	Livro	Oficina de Livros
1991	*Memórias da Fazenda Bela Aliança*	Livro	Oficina de Livros

1991	"Seleção de Textos de Marx sobre a Comuna de Paris"	Artigo	*Princípios* (nº. 21)
1991	"A II Internacional e seus Congressos (1889-1891)"	Artigo	*Princípios* (nº. 20)
1991	"A II Internacional e seus Congressos (1893-1896)"	Artigo	*Princípios* (nº. 20)
1991	"A II Internacional e seus Congressos (1900)"	Artigo	*Princípios* (nº. 22)
1991	"A II Internacional e seus Congressos (1904)"	Artigo	*Princípios* (nº. 22)
1991	"A II Internacional e seus Congressos (1907)"	Artigo	*Princípios* (nº. 23)
1991	"Homenagem a Caio Prado Júnior"	Artigo	*Revista do IEB* (nº. 32)
1993	*A II Internacional pelos seus Congressos (1889-1914)*	Livro	Anitta/Edusp
1996	*Anarquismo e Socialismo no Início do Século*	Livro	Vozes
1996	"Os Primórdios do Movimento Operário no Brasil"	Artigo	*Novos Rumos*
2001	*A Evolução Industrial de São Paulo, 1889-1930*	Livro	Senac

De 1969 a 1985, Carone publica sua série sobre o Brasil republicano, seguindo com outros trabalhos até o início dos anos 2000. Ele irá seguir temáticas subjacentes ao período, tais como: industrialização, tenentismo, movimento operário, história do PCB, marxismo no Brasil etc. Os volumes da *História da República* irão consolidar sua posição como historiador. No ano de 1970, iniciou suas atividades como professor universitário na Fundação Getúlio Vargas e na Universidade Estadual Paulista Júlio de Mesquita Filho (Unesp), *campus* de Araraquara, até ser concursado na Universidade de São Paulo em 1976, onde defendera sua livre-docência alguns anos antes.

Os livros serão *best-sellers* à época de sua publicação: em 1976, o autor registrou uma vendagem superior a cinquenta mil exemplares[109]. Eram leituras obrigatórias nos anos 1970, e por uma ou duas décadas ainda foram livros de

---

109. Edgard Carone, "A República em Capítulos", p. 7.

referência para dentro e fora da universidade[110]. Sua proposta de periodização era relativamente inédita e o formato da publicação dividida entre um livro de documentos e outro de análise davam suporte a todos os que quisessem se aventurar sobre o período, fosse para desenvolver novos objetos ou somente para compreender a sua dinâmica geral[111].

A importância do conjunto não se deu sem as contradições do choque geracional ao qual nos referimos anteriormente. Ele o assimila em alguns aspectos, mas não em outros. Entre os alunos, o professor Carone era bastante criticado: seus métodos de exposição e tratamento dos objetos às vezes eram tidos como ultrapassados. Ao mesmo tempo, era uma referência por sua famigerada biblioteca, onde muitos alunos tiveram a oportunidade de pesquisar, ler, encontrar fontes. Era generoso e atento aos alunos com iniciativa de pesquisa e estudo[112].

O desenvolvimento de sua obra se dará entre estas resistências à mudança, o uso de seu acervo e um estilo próprio de elaboração. E nesse processo sua produção foi recebida como parte do embate entre as correntes teóricas que disputavam a historiografia à época. Primeiramente, dentro do próprio marxismo que ganha força na academia nos anos 1960, mas com um tratamento filosófico[113] que por princípio desejava se distinguir das concepções consideradas ortodoxas, leia-se partidárias. Embora não fosse militante do PCB, como vimos, Edgard Carone teve sua formação e atuação bastante próxima ao Partido. Isso implicou, é claro, uma forma de tratar o materialismo histórico e definiu as referências de um momento específico da difusão das ideias de Marx e seus seguidores pelo mundo. O que não significa que os trabalhos de Carone seguissem uma linha de interpretação correlata às posições do Partido[114]. De toda maneira, no bojo das críticas ao marxismo partidário, sua obra será tratada como fruto de uma leitura mecanicista, etapista, de todos os "istas" que pejorativamente construíram uma ideia de ortodoxia ideológica.

---

110. Entrevista com Tania Regina de Luca, realizada em 10.11.2014.
111. Contribuições das quais trataremos no Capítulo 3.
112. Entrevista com Tania Regina de Luca concedida à autora.
113. Paulo Arantes, *Um Departamento Francês de Ultramar: Estudos sobre a Formação da Cultura Filosófica Uspiana. Uma Experiência nos Anos 60*, São Paulo, Paz e Terra, 1994.
114. Discussão apresentada na Parte II do trabalho.

Carone reconhecia esse conflito geracional e de modo um tanto inflexível, defendia-se em suas concepções:

Eu sou de uma geração para a qual o marxismo aparecia como uma teoria crítica. Eu acho o marxismo um instrumento fundamental para a análise e um grande instrumento de crítica que até hoje não foi superado. Porém, eu não tenho capacidade analítica no sentido filosófico para discutir muito. Apesar de ler muito sobre o marxismo[115].

Acrescenta sobre a renovação do marxismo:

Sim da Inglaterra... Eu li, mas... não que eu seja conservador... É que participar desses processos ficou muito difícil pra mim. Por outro lado, eu vejo muitos colegas passando de um lado para outro, de uma teoria para outra. [...] Eu faço o que sei fazer, se não sei não faço, se eu for fazer coisa diferente, farei mal, não é mesmo?[116]

De outro lado, correntes não marxistas e, às vezes, antimarxistas, ganhavam espaço organizados como uma nova fase da escola dos *Annales* na França, dando outra perspectiva, inclusive, para este que fora o grupo intelectual em contato direto com a formação da FFCL. A força da denominada Nova História não foi incorporada em seus trabalhos, conforme ele reconhece:

Dei aulas e tive muitos orientandos que fizeram um pouco de História Política, outros não. História Política não é coisa que apaixona muito as pessoas. Ainda é vista como história política tradicional dos governos. Mas ela representa uma forma de análise bastante interessante e profunda. Mas hoje todo mundo quer estudar o cotidiano, uma dessas pragas atuais[117].

Esses fatores parecem ter sido decisivos para que os livros de Edgard Carone perdessem força em seu campo. Apesar disso, deixaram as marcas de uma análise inovadora, pois ainda hoje, mesmo passados tantos anos e com o grande desenvolvimento das pesquisas sobre a república, nenhum outro trabalho se propôs à tarefa de fazer uma análise totalizante do período ou pretendeu elaborar uma nova divisão para as "fases da República".

---

115. Edgard Carone, "Entrevista", em José Geraldo Vinci de Moraes e José Márcio Rego, *Conversas com Historiadores Brasileiros*, p. 55.
116. *Idem*, p. 60.
117. *Idem*, p. 59.

Concordando ou não com o caráter e com a importância de determinados processos, permanecemos com as referências daquilo que aconteceu na República Velha, no Estado Novo, na República Nova etc. Talvez só fosse possível fazer um trabalho com essa pretensão naquele momento em que a historiografia republicana era um campo inexplorado academicamente.

***

Através da biografia de Edgard Carone pudemos conhecer a formação de um historiador e a concepção de uma obra que estabeleceram um marco para o desenvolvimento de nossa historiografia, particularmente, para a História da República.

Em um momento específico da história nacional e do desenvolvimento de suas instituições intelectuais, este personagem se beneficiou de determinadas condições, subjetivas e objetivas, e estabeleceu desafios para eleger um grande tema e conceber um sentido ao seu trabalho intelectual. Estes contemplavam os princípios de sua formação e expectativas profissionais em um plano de ação que consideramos como um projeto político-intelectual de interpretação da realidade nacional.

Esta representação só pôde ser compreendida como fruto dos aspectos sociais e institucionais que incitaram as transformações na produção intelectual e no pensamento brasileiro da segunda metade do século xx. E também nos apresentou às experiências geracionais que emergiram deste contexto, sendo elas responsáveis pela criação de demandas coletivas de reflexão, pela mobilização de repertórios teóricos e, sobretudo, pela consolidação de que a atividade intelectual, e universitária podemos acrescentar, deveria estar alinhada com uma perspectiva de engajamento.

Passaremos agora para a análise das principais obras que dão vida ao seu projeto republicano.

2. *Revoluções do Brasil Contemporâneo*: Embrião de um Projeto Político-Intelectual

A partir de sua biografia, vimos que Edgard Carone possuiu uma obra fundadora para o desenvolvimento de sua produção acadêmica, o livro *Revoluções do Brasil Contemporâneo*, publicado em 1965. O livro não era fruto de uma atividade formalmente ligada à universidade, no entanto, ela se realiza através de um convite feito por Antonio Candido, um intelectual que consolidava seu espaço como catedrático da Universidade de São Paulo e conduzia iniciativas importantes em outros meios culturais e intelectuais, como o próprio mercado editorial, que o projetavam para o cenário brasileiro. Portanto, Carone aceita uma tarefa de escrita como um exercício para suas elaborar sobre seus materiais de estudo e pesquisa independente e, mesmo que não o fizesse com total consciência, terá a oportunidade de apresentar um trabalho inovador para o circuito universitário no qual Candido e outros amigos de sua geração intervinham.

Diante disso, o presente capítulo irá apresentar algumas questões da concepção editorial, analisando a estrutura e o conteúdo da obra de modo a compreendermos com um pouco mais de profundidade o significado desta produção no processo de amadurecimento da trajetória de Edgard Carone. Ao mesmo tempo, discutiremos quais elementos de análise e dos temas sobre os quais ele irá discorrer se conectam com a questão política daquele momento e se eles permitem considerarmos o livro como um elemento de

88   EDGARD CARONE E A IDEIA DE REVOLUÇÃO NO BRASIL

sensibilização do autor sobre a sua realidade, determinando segundo suas memórias a sua decisão de voltar à formação acadêmica na USP com o objetivo de cumprir com um programa de estudos de longo prazo – um projeto político-intelectual para a República, como temos definido.

Por fim, também apresentaremos alguns aspectos de recepção da obra que permitem visualizarmos como, apesar de não ser fruto de uma pesquisa estritamente universitária, de pertencer a uma coleção de bolso, com obras de síntese e um caráter didático, *Revoluções do Brasil Contemporâneo* atingirá o debate historiográfico que passava pela institucionalização da disciplina naquele campo intelectual.

Revolução, Revoluções: Um Conceito e seus Múltiplos Significados

O livro *Revoluções do Brasil Contemporâneo* foi escrito por Edgard Carone a pedido de Antonio Candido para ser um volume da Coleção Buriti, da qual este fora organizador. A coleção era voltada para obras paradidáticas, em formato de bolso, sendo assim, a proposta não visava à elaboração de um trabalho acadêmico, em sentido estrito. Mesmo assim, ela marca a trajetória do historiador e nos interessa por dois motivos: em primeiro lugar, por ser a primeira produção de Carone sobre o Brasil republicano. Em segundo, porque o livro, mesmo sem ter sido escrito sob os critérios e pretensões acadêmicas, inseriu o historiador nos meios intelectuais da época.

Para compreendermos sua importância, começaremos nossa análise explorando sua estrutura interna e conteúdo. O propósito geral da obra, a organização do livro e os temas abordados por ele revelam a necessidade do autor, e daqueles que conceberam a Coleção Buriti, em discutir temas contemporâneos, pouco debatidos até aquele momento e que se colocavam como essenciais para se entender fenômenos do presente que inquietavam a intelectualidade de seu tempo.

No Prefácio, o autor anuncia: "Este livro foi concebido como fundo histórico para a compreensão do pensamento conservador e antirrevolucionário dos anos 1920 e 1930[1]. Temos aí uma questão pertinente à geração

---

1.   Edgard Carone, "Prefácio", *Revoluções do Brasil Contemporâneo*, p. xv.

que viveu o Estado Novo e desejava compreender as raízes desse regime autoritário, ao qual tivera de resistir, para, então, formular as mudanças de um futuro em construção. Em sua elaboração, Carone voltava-se ao passado, não tão distante, e aos movimentos de tensão social que, de alguma forma, se ligavam àquele momento.

Os estudos históricos sobre o período eram quase inexistentes, havendo apenas registros de caráter memorialístico ou de análise política daqueles que viveram o período. Nesse sentido, *Revoluções do Brasil Contemporâneo* pretendia tirar a história recente do país do plano da memória e trazê-lo para o plano historiográfico, como ressaltam os editores da coleção:

> O autor denota grande conhecimento dos dados, cuja riqueza dá um sólido aspecto documentário ao livro. Dados raros, dispersos, que já não pertencem à memória das gerações atuais, ou que não haviam sido estudados de modo conveniente, se ordenam aqui para revelar o longo esforço de transformação política e social do Brasil[2].

A apresentação fala do "aspecto documentário" do livro, expressão que, a nosso ver, tem como objetivo ressaltar a adoção de um método que confere cientificidade à obra, distinguindo-a da bibliografia disponível que analisava os processos em questão por meio do testemunho, de relato das experiências ou debates animados por seus integrantes no curso dos acontecimentos. Deste modo, o autor é destacado como pessoa capaz de manejar os dados e dar conta desta elaboração.

Feitas essas observações, Carone inicia sua análise com um capítulo introdutório, que delimita essas transformações a partir da perspectiva econômica e da realidade das classes sociais no país. A Primeira Guerra Mundial é tomada como fator de crescimento do capitalismo industrial, que até aquele momento se desenvolvia de modo lento, enfrentando a resistência do agrarismo defendido e aplicado pelas classes dominantes brasileiras. Para Carone, somente em 1930 o industrialismo iria vencer entre as elites dirigentes e se aplicar como um conjunto de medidas governamentais para a transformação da economia.

Essa alteração de prioridades se dará em consonância com a dinâmica da economia mundial. Ou seja, na medida em que o Brasil se molda aos

---

2. "Apresentação dos Editores", em Edgard Carone, *Revoluções do Brasil Contemporâneo*, p. XIII.

Capa e folha de rosto da primeira edição de Revoluções do Brasil Contemporâneo. *A Coleção Buriti tinha livros em formato 18 x 13 cm, com capas de Alceu Saldanha Coutinho. Não encontramos muitos títulos, mas os que pudemos consultar indicam que ela deva ter atingido, no mínimo, dezenove volumes. A identidade visual remetia à bandeira do Brasil, delimitando os objetivos da coleção em criar um repertório de síntese sobre temas nacionais. Vejamos que o nome da coleção também é sugestivo, pois o buriti é um fruto de uma palmeira nativa do cerrado que nasce nas veredas, ou seja, no curso dos rios criando caminhos curtos para a exploração da região. Diz-se que era o trajeto utilizado pelos bandeirantes em suas viagens, então a coleção adquire um sentido "desbravador", abrindo pequenos atalhos para o conhecimento do país. As veredas do buriti também são o abrigo preferido das araras canindés, pois o fruto é o seu principal alimento e quando seco utilizado para fazer ninhos. Conhecidas como arara-azul-amarela, estas aves extremamente valorizadas na cultura indígena local e sua imagem é bastante representativa do cerrado.*

interesses externos, a sociedade se torna mais complexa. A questão da mão de obra, desde o fim da escravidão, irá trazer consequências determinantes nesse processo, contribuindo para o crescimento populacional e o engrossamento de camadas médias em nossa pirâmide social.

Sendo assim, segundo o autor, o século XX assiste à proliferação de contradições de um país agrário, dirigido por elites arcaicas, em franco processo de dinamização econômica e socialmente convulsionado. Dentro dessa realidade, ele define as classes sociais do país e seu aparecimento como agentes políticos.

Para ele, o movimento operário "[...] é uma força que se manifestou de modo lento. De origem agrária, logo se avoluma com a imigração e desenvolve uma consciência política de tradição europeia"[3]. A pequena-burguesia é retratada como uma classe citadina precoce em suas reivindicações: "[...] uma inquietude renovadora de grande intensidade. Originária principalmente da burocracia civil, comerciantes, pequenos industriais e militares"[4]. De tal modo que ele divide esse setor entre uma burguesia civil e outra militar. A primeira seria mais inconsistente ideologicamente, enquanto a segunda era fortemente influenciada pelo positivismo que irradiava da Escola Militar da Praia Vermelha.

As classes dominantes são definidas nesse texto inicial como oligarquias, as quais Edgard Carone subdivide entre dominantes e dissidentes. O setor oligárquico agrário, sobretudo ligado ao café, seria o dominante. As dissidências, segundo o autor, surgiriam nas disputas estaduais de forma oportunista, sem consciência de classe.

As oligarquias agrárias, isto é as do café, dominam a república até 1930. [...] o predomínio político das oligarquias rompe-se em alguns estados graças a divergências que resultaram na formação de oposições dentro delas próprias. [...] nunca a consciência de classes. [...] As dissidências agem somente como oposição e tentativa de obter oportunidades no sistema vigente[5].

Apenas a dissidência em São Paulo se daria de modo mais complexo, dando origem a uma corrente liberal burguesa que seria seguida em outras

3. Edgard Carone, *Revoluções do Brasil Contemporâneo*, p. 8.
4. *Idem*, p. 11.
5. *Idem*, pp. 13-17.

partes do país: "A dissensão de São Paulo, opondo-se à Política dos Governadores, é a mais complexa delas, pois anuncia o início de uma cisão da classe latifundiária e o aparecimento de uma corrente liberal burguesa"[6].

Esta caracterização sumária das classes sociais introduz o texto principal, que é dividido em três eixos: "A Revolução Ascendente", "A Revolução Triunfante" e "A Revolução Descendente", sendo que cada um deles se subdivide em dois capítulos, conforme o quadro que segue:

Quadro 6. ESTRUTURA DE REVOLUÇÕES DO BRASIL CONTEMPORÂNEO

I.	**A REVOLUÇÃO ASCENDENTE**
1.	De Epitácio à Revolução de 1922
2.	De Artur Bernardes à Coluna Prestes
II.	**A REVOLUÇÃO TRIUNFANTE**
3.	De Washington Luís a Outubro de 1930
4.	De 1930 à Revolução de 1932
III.	**A REVOLUÇÃO DESCENDENTE**
5.	De 1932 à Revolução Comunista de 1935
6.	De 1935 ao Golpe de Estado de 1937

Dessa estrutura apreendemos uma questão interessante que deve nos acompanhar na reflexão sobre seu conteúdo. Se o título nos diz que o livro irá abordar as revoluções – no plural – do Brasil, a sua divisão em três partes, utilizando o termo no singular, faz parecer que o autor fala de uma única revolução, um processo com momentos distintos, que se desenrola entre 1922 e 1937. Seria este um recurso do autor para mostrar a sua concepção política dos fatos históricos apresentados?

A chamada "Revolução Ascendente" vai do governo de Epitácio Pessoa, 1919, à Coluna Prestes, de 1924-27. No primeiro item, intitulado "De Epitácio à Revolução de 1922", Edgard Carone afirma que a eleição do presidente representará de início um alívio para o país com a "desmilitarização" do corpo de governo. Contudo, a reação que se organizará em torno dele "abrirá a era dos conflitos armados"[7].

6. *Idem,* p. 15.
7. *Idem,* p. 26.

A instabilidade se inaugura a partir de um recuo nas medidas econômicas para favorecimento das elites do café e se agrava com o descontentamento militar nas nomeações de civis nos ministérios ligados aos militares. Traçando um contexto de crise entre as oligarquias dos Estados, no qual se insere a questão da sucessão presidencial, articulam-se militares e oligarquias dissidentes contra a posse de Artur Bernardes. Nesse contexto, nasce o movimento tenentista que, para o autor, está relacionado ainda com os problemas da classe média, setor social de origem da maior parte do exército: "num país em que as oportunidades de vida eram difíceis [...] o Exército continuava a ser o refúgio de uma classe sem recursos"[8]. Sem programa e identidade de classe, a Revolução de Outubro de 1922 fora somente militar, com levantes organizados em todo o país. A desorganização e a repressão do Estado levam a uma aparente vitória dos reacionários. Aparente, pois eles "continuavam a fermentar os mesmos problemas"[9].

Entrando no item "De Artur Bernardes à Coluna Prestes", Carone irá traçar as continuidades e redefinições dos movimentos de oposição, tanto das oligarquias dissidentes, quanto dos setores do Exército. O novo governo se inicia sob estado de sítio, revelando o momento de tensão e movimentação política em que estava inserido, o qual aparentemente se resolve com negociações nos Estados.

O historiador concebe os levantes que se seguem até 1927 como "revoluções", dentro de um movimento mais geral chamado tenentismo: "[...] fazem-se com uma formulação caótica e vaga, acompanhando as circunstâncias históricas e representando a 'ideologia' das classes médias"[10].

Em 1924, explodem as revoluções em São Paulo e no Rio Grande do Sul, os primeiros ficam acuados em seu território, seguindo para o Paraná, os outros conseguem vitórias e avançam ao encontro dos paulistas, no qual irá se conformar a Coluna Miguel Costa-Luís Carlos Prestes. Para Edgard Carone, a decisão de combater em nível nacional, pela primeira vez, "faria vibrar a expectativa popular. [...] A esperança tornou-se nacional"[11]. Nesse processo de organização das colunas, o autor também avalia uma evolução

8. *Idem,* p. 29.
9. *Idem,* p. 42.
10. *Idem,* p. 43.
11. *Idem,* p. 59.

programática dos tenentistas que, em dez de julho de 1924, em São Paulo, lançam o primeiro manifesto com a definição de sua revolução. Declaram sua ambição em derrubar o governo sem qualquer pretensão de tomarem o poder sozinhos. Na verdade, o conteúdo do documento, para Carone, era um chamado de apoio à burguesia paulista, que se nega a apoiar.

É interessante observar que ele reforça diversas vezes a inconsistência ideológica e a ausência de um programa tenentista coeso. No entanto, reconhece na revolução paulista de 1924 ações momentâneas de identidade com a burguesia, ou dissidência de São Paulo, o que faz através de documentos que, inclusive, tentam afastar os revolucionários de qualquer ligação com o movimento operário e o anarquismo.

O terceiro capítulo, intitulado "De Washington Luís a Outubro de 1930", inicia o que o autor chamou de "Revolução Triunfante". Segundo Edgard Carone, nesse momento, o movimento tenentista se dispersa e seus integrantes começam a definir seus posicionamentos políticos distintos. A organização do Partido Comunista do Brasil e do Partido Democrático Nacional é destacada pelo autor como as duas forças que irão aglutinar as classes sociais em agitação e revolta diante da hegemonia política das velhas oligarquias do café. O PCB será fruto da reorganização do movimento operário e o PD organizará os setores da burguesia e pequena-burguesia – com a "pobreza ideológica frequente dos programas da burguesia"[12].

A classe operária será silenciada por sucessivas leis e repressão do Estado. O PC terá dois momentos de legalidade até 1930, um em 1922 e outro em 1927. Já a burguesia do PD estará muito subordinada às relações com as oligarquias, aguardando os momentos oportunos de se fazer oposição. Luís Carlos Prestes é procurado pelos dois partidos enquanto estava no exílio, fato que, segundo a narrativa do livro, revela a disputa pelos rumos do que fora o movimento tenentista até aquele momento.

De certo modo, a Revolução de 1930 é colocada pelo autor como parte de um processo que se iniciou em 1922. Não é diretamente fruto do tenentismo, mas é uma oportunidade que se abre historicamente a partir da instabilidade política que permeou os anos 1920 e é aproveitada pelas elites dissidentes em aliança com os revoltosos.

12. *Idem*, p. 76.

Novamente, a disputa sucessória presidencial será alvo de conflitos entre os Estados. A cisão das oligarquias dominantes possibilitou a formação da Aliança Liberal, colocando Minas Gerais ao lado das oligarquias dissidentes do Rio Grande e da Paraíba. Carone identifica a formação desta aliança como "uma cristalização paradoxal das oposições"[13] sem precisão ideológica. A problemática vitória de Júlio Prestes, o candidato do governo – leia-se, São Paulo – não é aceita pela oposição de maneira tranquila. As tentativas de acordos para a estabilização das forças políticas para a posse do novo presidente fracassam.

A Aliança como um todo não se encontra convencida da necessidade de uma revolução que derrubasse o eleito. Setores se articulam apoiados pelos líderes tenentistas, que buscam armamentos e tentam iniciar o movimento revolucionário que só se concretiza em 3 de outubro: "a revolução será empurrada pelo grupo tenentista e pelos exaltados da dissidência"[14]. A situação se torna insustentável, especialmente depois da Revolta da Princesa na Paraíba e a morte de João Pessoa.

Segundo Carone, o clima de insurreição tomava conta do país, "governo e povo estavam informados"[15]. Os líderes tenentistas iniciam os levantes militares, em alguns Estados a adesão do povo era espontânea. Entre 3 e 24 de outubro o país foi tomado por levantes e combates militares, até a entrada de tropas rebeldes na Capital Federal. Para o autor, "A Primeira República acabava marcada por uma atitude viril, embora vazia de senso histórico"[16]. Ele delimita aqui a existência de uma Primeira República e o seu fim, e a nós fica a pergunta: qual seria o sentido histórico que faltou à Revolução de 1930?

O quarto capítulo se intitula "De 1930 à Revolução de 1932" e será concebido pelo autor como o momento em que as contradições do país estarão mais expostas. Serão anos de um processo de "ofensiva" e "contraofensiva" das partes envolvidas, já que "a unidade era superficial, a realidade violentamente contraditória"[17]. Os reflexos da crise de 1929 se estendiam aos 1930 e, após a revolução, uma série de greves começa a despontar, es-

13. *Idem*, p. 80.
14. *Idem*, p. 93.
15. *Idem, ibidem.*
16. *Idem*, p. 96.
17. *Idem, ibidem.*

pecialmente em São Paulo. Para os cafeicultores, a situação também não era confortável e eles lançam o Manifesto da Lavoura Paulista, em 17 de janeiro de 1930.

As discordâncias entre dissidentes e tenentes se revelam desde os primeiros atos políticos, à exceção da postura que deveriam adotar contra o operariado: controle e repressão. A nomeação dos interventores estaduais e a posse legal de Getúlio foram objeto de intensa disputa. Os tenentes viam que "a revolução tem direitos"[18], ou seja, questionavam a aplicabilidade das leis anteriores e a necessidade de se empossar um presidente nos velhos termos. Para Carone, Vargas representava "a ascendência da velha oligarquia". No entanto, diante da falta de unidade ideológica e política foi necessário aos revolucionários buscar apoio nessa figura, que substitui a Junta Militar em 4 de novembro.

Então, segundo a análise, num primeiro momento, essa ação demonstra a força do setor dos tenentes, então apoiados pelo novo presidente, na nomeação de interventores militares nos Estados. A substituição dos governadores também gerou atritos locais, com as dissidências e também com as oligarquias derrotadas, e a Revolução de 1932 teria sido o principal evento proveniente deste embate de poder: "A luta tenentismo-oligarquia se tornou aguda em Minas e São Paulo, onde a solução foi mais drástica, levando à guerra civil"[19].

Ao final de alguns desentendimentos entre os tenentes sobre quem assumiria o governo de São Paulo, tem-se a seguinte composição: João Alberto, interventor, e um secretariado pertencente, em sua maioria, pelo Partido Democrático. Após o contentamento da classe média e do operariado com a deposição de Washington Luís, inicia-se um período de insatisfação popular, devido à crise econômica, com reivindicações trabalhistas, greves e manifestações. A contragosto dos democratas, o governo estadual toma uma postura de mediar a situação, reprimindo o movimento operário, mas também concedendo algumas exigências, de modo "paternalista".

Para as oligarquias do PD essas concessões pareciam uma ameaça, especialmente diante de rumores sobre a organização do PC na ilegalidade.

18. *Idem*, p. 110.
19. *Idem*, p. 200.

Começam um movimento de pressão sobre o interventor e o secretaria-do, pressionando para desestabilizar o governo. Diante de certo isolamento João Alberto acaba cedendo momentaneamente.

A partir daí há uma ruptura entre esses setores e a reação tenentista é quase imediata. No entanto, os ânimos continuam acirrados, inclusive com levantes dentro da Força Pública Estadual. Desse acirramento, os tenentes sofrem a sua primeira derrota com a demissão de João Alberto. Além da disputa estadual, a oligarquia paulista descobre ser necessário travar uma luta também em âmbito federal. Juntamente com Minas e Rio Grande, iniciam uma movimentação que pressiona o governo provisório com o cha-mado à Constituinte. Do outro lado, "[...] uma comissão do Clube Três de Outubro procura Getúlio em Petrópolis e pede a manutenção do Governo Provisório e o repúdio à Constituinte"[20].

A conspiração armada vai tomando forma na medida em que os te-nentistas se fortalecem, irradiando suas premissas por todo o Exército, que passa a agir como corpo político. A defesa de um programa de moralização administrativa e ações de caráter nacionalista vão alimentando a oposição – daqueles que foram seus aliados.

Em meio a tentativas de acordo com o governo federal, os dissidentes de São Paulo se convencem cada vez mais da necessidade da revolução, que será deflagrada com o apoio de Minas Gerais. No entanto, o apoio externo aos paulistas não se efetiva. As tropas federais avançam sobre o Estado. Os constitucionalistas resistem, mas não será o suficiente para evitar a derrota militar, após três meses de guerra civil.

Para Carone, "A oligarquia, aparentemente vencida, iria tirar de sua derrota, da derrota de São Paulo, o *leitmotiv* para prosseguir na luta contra o tenentismo"[21]. É assim que o autor encerra a segunda parte do livro, "A Revolução Triunfante". Se no início ela representara uma vitória "vazia de senso histórico", o seu fim se dá por uma derrota militar que concretiza uma cisão dos setores que se aliaram e venceram em 1930.

O período "De 1932 à Revolução Comunista de 1935" encerra o quinto capítulo de *Revoluções do Brasil Contemporâneo*. Carone identifica como

20. *Idem*, p. 113.
21. *Idem*, p. 122.

98 EDGARD CARONE E A IDEIA DE REVOLUÇÃO NO BRASIL

um momento de maior pressão pela volta à constitucionalidade, em que as disputas entre as oligarquias e os tenentistas se aprofundam.

A Constituinte representa para o autor "o marco da decadência de uma revolução que se desintegrava"[22]. Os tenentes que tiveram no ápice de sua atuação a vitória de 1932 passam a se diluir enquanto grupo, fruto de sua incapacidade organizativa, inconsistência ideológica e após sucessivas derrotas no processo constitucionalista. Getúlio vai se constituindo como uma figura catalisadora de diversos grupos, mas sua eleição apoiada "no auxílio oligárquico significava o retorno à velha política"[23].

Dentro disso, surgem "ameaçadoramente novas forças"[24] provenientes de uma tomada de consciência de setores médios e do operariado. Assim, Carone irá descrever o surgimento da Aliança Nacional Libertadora (ANL) e da Ação Integralista (AI), únicos partidos verdadeiramente nacionais, expressão de um momento de polarização social e política. A primeira se forma como uma frente de esquerda com um programa amplo: anti-imperialista modernizador e em defesa das liberdades constitucionais. E, a segunda, pela reorganização de parte de setores do tenentismo e civis na defesa de um Estado forte, centralizado e do anticomunismo.

No processo eleitoral que segue a Constituinte, as oligarquias saem fortalecidas. A nomeação de Armando de Salles Oliveira à frente do governo paulista coroa a segunda vitória desse setor, inclusive em aliança com o governo federal. O tenentismo entra em franco declínio e o contexto internacional colabora para um clima de polarização em torno do comunismo.

São os rumos tomados pela ANL que encerram este capítulo. O seu fechamento compulsório faz com que os comunistas prevaleçam na organização, dada a sua preparação para a ilegalidade. Prestes já consolidado como líder, chega ao Brasil em abril de 1935, sob a expectativa de um "clima revolucionário"[25]. Assim, a revolução é organizada e após um dilema sobre a data de eclosão das ações, no dia 23 de novembro, em Natal, seguindo-se em Pernambuco e Rio de Janeiro. Com uma repressão violenta, os levantes

22. *Idem*, p. 125.
23. *Idem*, pp. 130-131.
24. *Idem*, p. 136.
25. *Idem*, p. 141.

revolucionários foram derrotados em poucos dias. Carone atribui esse fato a inúmeros problemas, incluindo a análise distorcida dos líderes, há muito fora do país, sobre o seu contexto de atuação. Após este fato, o "motivo" da perseguição comunista se tornou algo concreto para todos aqueles que a temiam e mesmo para os céticos.

O período "De 1935 ao Golpe de Estado de 1937" encerra para o autor o período da "Revolução Descendente". Getúlio Vargas intensifica a repressão sob o regime de estado de sítio, e sua imagem fica cada vez mais fortalecida por conta do combate ao comunismo. Ao mesmo tempo, o presidente toma medidas de alteração na Lei de Segurança Nacional, das quais se seguem suspensões de direitos constitucionais, prisões de deputados etc. Todas essas arbitrariedades são fruto de uma crescente confiabilidade nessa figura política, que vai articulando os setores políticos da legalidade em seu benefício e também setores militares que poderiam apoiá-lo: o clima de golpe é instaurado com base no medo do comunismo e na repressão.

Getúlio e seu "gabinete", em aliança com o integralismo, tramam o estopim do golpe, dando-lhe caráter de legítimo e necessário com o falso plano de golpe comunista – Plano Cohen. Como escreve o autor: "na aparência da transição se faz um trauma"[26]. O golpe se concretiza em dois de dezembro de 1937, com a extinção dos partidos e a queima das bandeiras estaduais.

No epílogo do livro, o historiador faz uma avaliação geral dos processos expostos, com destaque para os fatos que levam ao início do Estado Novo. Coloca mais centralidade para a figura de Vargas como expressão deste momento histórico e de seu oportunismo político, em que diversos setores da sociedade viam necessidade de representação e, para tal, nele "se apoiam". É como se este indivíduo tivesse catalisado politicamente os anseios dispersos desta sociedade em transformação, apoiado em um contexto mundial favorável de ascensão das ideologias fascistas na Europa, aliadas ao medo do comunismo.

Neste ponto, vemos que ele tira conclusões para tentar cumprir com o objetivo enunciado no Prefácio da obra, relacionando o desfecho das revoluções à ação das ideologias reacionárias e antirrevolucionárias que atuam nos e contra os processos e à ascensão política de um regime autoritário, o Estado Novo.

26. *Idem*, p. 147.

***

Assim, podemos nos perguntar por que Edgard Carone se utiliza do conceito de revolução ao tratar dessa história? E, ao adotar tal chave de interpretação, qual, ou quais, os sentidos que ele desejava imprimir a esses processos?

Observa-se que o autor explora a questão da ideologia na consciência e organização das classes sociais do país como elementos determinantes na definição de uma ação social, muito provavelmente buscando definir os movimentos de 1922 a 1937. Ao traçar as revoluções do Brasil nesse período, ele parece não enxergar uma classe social coesa que fosse capaz de levar até o fim os processos históricos que dessem conta da transformação econômica e política de que o país necessitava, mesmo dentro da própria ordem capitalista. Contra as oligarquias dominantes do café se juntaram setores diversos, apoiados na força militar do baixo e médio escalão do exército que se revoltava com determinadas questões da política e da vida urbana da qual eram parte.

As vitórias parciais desses opositores não estavam calcadas em um projeto de nação radicalmente diferente, já que os dissidentes ainda conformavam um setor oligárquico, arraigado nos valores e privilégios sociais sustentados pela lógica arcaica na qual a sociedade se reproduzia. O historiador não consegue encontrar a burguesia no sentido clássico das revoluções europeias e nem mesmo os seus ideais parecem estar de fato presentes nos anseios da elite brasileira. O liberalismo e a democracia acabam se colocando no mesmo lado do comunismo, que deveria ser combatido. As oligarquias aburguesadas não se dão conta de que alimentam essa situação extrema que leva ao golpe de 1937.

De toda maneira, Edgard Carone não nega o caráter revolucionário dos processos que se desenrolaram nesse período de quinze anos. Ao contrário, como observamos no início, ele organiza o livro com base em uma estrutura que sugere dois planos diferentes de interpretação para o conceito. Adota as revoluções do plural, ao mesmo tempo em que constrói a narrativa de uma revolução, singular – Ascendente, Triunfante e Descendente.

Na estrutura do sumário o autor classifica como revolução os processos de 1922, 1932 e 1935. Ao longo do texto, os processos de 1924 e 1930 também serão tratados sob o conceito de revolução, mas aparentam uma continuidade do que fora inaugurado em 1922.

A situação social e política do país totalmente em crise concorreu para uma situação de disputa pelo poder que, em alguns momentos, colocou em descrédito os governos que acabaram sendo derrubados ou, ao menos, tiveram seus rumos alterados.

A emergência de uma economia industrial e a decadência da base agrícola do país iniciam a problemática do livro. Logo, a disputa de poder nessas revoluções é colocada na existência de classes sociais no país. Não parece que Edgard Carone enxergue uma revolução burguesa no Brasil, apesar de identificar elementos que poderiam definir o conteúdo de classe dessas revoluções.

Iniciando pelo movimento tenentista de 1922, Carone coloca a perspectiva de uma movimentação revolucionária a partir do enfrentamento entre um setor militar e as oligarquias tradicionais, que até então dominavam a política brasileira. Os tenentes, para ele, vitoriosos em 1930, em momento algum são colocados como representantes de uma burguesia nacional. Avalia-se, inclusive, sua inconsistência ideológica e programática como um dos motivos de sua posterior derrota. O autor chega a afirmar que os eventos de 1930 eram viris, mas estavam vazios de senso histórico.

No momento da "Revolução Triunfante", ele considera apenas a Revolução de 1932, justamente aquela que sob o viés constitucionalista tenta reivindicar a velha estrutura política do país, e reconhece a direção das oligarquias dissidentes nesse processo. Ao longo do livro, os dissidentes são caracterizados de modo diferente das oligarquias tradicionais e, em alguns momentos, são chamados de burguesia. Contudo, Carone aponta que não tinham direcionamento ideológico radicalmente diferente da elite agrária tradicional. Inclusive, em 1932, eles não a enfrentam diretamente, pois este novo setor reivindica o poder baseado em suas velhas práticas políticas, e seu triunfo momentâneo se relaciona diretamente com os processos seguintes, que o historiador define como "Revolução Descendente".

Entre as revoluções abordadas pelo historiador, apenas uma é definida com um adjetivo que permite qualificar o seu caráter ideológico, de classe. Passando por 1922, 1924, 1930 e 1932, o autor expõe os processos, seus marcos históricos e suas datas. Porém, ao apresentar a revolução de 1935, ele fala em "revolução comunista de 1935".

Esta revolução, filha também do tenentismo e da reorganização do movimento operário no Brasil, concretiza no fundo o grande medo da oligarquia, dominante ou dissidente, e da pequena-burguesia ao tomarem para si uma revolução que fosse até as últimas consequências. Com essa especificidade, Carone parece desenvolver, na verdade, os vários momentos na história que alimentavam a verdadeira ação revolucionária, a única possível num país em que os setores de elite não possuíam um programa claro pelo qual pudessem arriscar e transformar a sociedade.

A revolução de 1935 dura apenas alguns dias, mas apareceem sua elaboração como a síntese do verdadeiro temor do sistema capitalista como um todo: o comunismo. A partir daí, os setores mais reacionários da política nacional passam a se articular em torno de uma doutrina política clara, que ganhava força no mundo: o fascismo. Os setores mais aburguesados em sua fragilidade alimentaram essas ideias que se viabilizaram a partir da política varguista que vinha buscando espaço desde os anos 1920.

Desta maneira, a ideia de revolução, para Edgard Carone, se constrói no livro a partir de dois planos, um no singular e outro no plural. Este último definia os levantes e conflitos superficiais de grupos no poder, enquanto aquele consistia na verdadeira revolução brasileira, que só poderia ser levada adiante pela única classe revolucionária daquela realidade: o operariado.

O Contexto Político
e Intelectual de Revoluções do Brasil Contemporâneo

Não é novidade que o conceito de revolução é associado normalmente às tradições políticas de esquerda e que sua definição é bastante polêmica dentro desse mesmo espectro político. No entanto, os grupos de direita também se apropriam da definição em suas análises e nos processos que protagonizam, a exemplo da chamada Revolução de 1964 pelos militares brasileiros[27]. De modo muito superficial, o que se apreende em comum das

---

27. Carlos Guilherme Mota, *A Ideia de Revolução no Brasil e Outras Ideias*, São Paulo, Globo, 2008. Em seu trabalho sobre os movimentos sociais da colônia do Brasil entre 1789-1801,

utilizações do termo revolução é a necessidade de exprimir um processo de transformação política profunda.

Edgard Carone se formou dentro de uma tradição de esquerda, a qual se delineou a partir da trajetória política do irmão e da aproximação com seus amigos, como vimos. Com o fim do Estado Novo, organizou-se no Partido Socialista (PS), juntamente com parte de sua geração, mas nunca foi um militante, como ele mesmo afirmava. Não deixa claro o porquê de não ter entrado no Partido Comunista, do qual se aproximou politicamente durante a Ditadura Militar e com o qual sempre foi relacionado intelectualmente. Apenas sugere as questões históricas mais gerais que o levaram a ingressar no PS quando ainda era jovem, em 1947:

> Quando acabou a ditadura em 1945, a solução que parecia era a seguinte: o processo histórico ainda estava ligado àqueles fatores anteriores à guerra. A mudança que se queria era o socialismo democrático, que na verdade não funcionou. O grande problema da luta política é a organização[28].

Carone coloca o fim da Segunda Guerra e do Estado Novo como a marca de uma época, dando vazão a uma série de questões sobre os rumos da sociedade brasileira. Ele se inclui entre aqueles que almejavam um socialismo democrático, que se via fora do PCB, diante das disputas e críticas à União Soviética e ao stalinismo que tomavam força. Em entrevistas, Antonio Candido também cita esse fato, apontando as questões mais gerais de se localizar com os intelectuais de sua afinidade no Partido Socialista[29]. Cumpre observar ainda que, além da questão da filiação partidária, a fala de Edgard Carone levanta os elementos de conteúdo que instigavam a política e a jovem inte-

---

Carlos Guilherme Mota constata: "Não parece haver muitas dúvidas de que o conceito de revolução foi mais bem elaborado pela reação" (p. 27), uma ideia interessante para refletirmos ao longo deste trabalho. A partir desta afirmação podemos apreender a complexidade da aplicação deste conceito na história brasileira, nos processos em curso, mas também seu uso pela historiografia. O debate sobre a ideia de revolução é marcante para gerações de intelectuais. Em nota, neste mesmo livro, Carlos Guilherme Mota comenta sobre as ocupações de seu "grupo geração", colocando centralidade para a questão nacional num contexto de descolonização no terceiro mundo. Estas ideias deverão seguir vivas para as próximas etapas de análise deste trabalho.

28. Edgard Carone, "Entrevista", em José Vinci de Moraes e José Márcio Rego, *Conversas com Historiadores Brasileiros*, p. 49.

29. Entrevista com Antonio Candido. Ver Anexo 2.

lectualidade. A história do Brasil encerrava um ciclo, em consonância com o restante do mundo, e as perspectivas de um futuro melhor deveriam ser buscadas na elaboração deste passado, uma espécie de acerto de contas para que não voltasse a ocorrer.

Em 1947, Carone ainda era um jovem estudante, seus colegas também estavam no início de uma trajetória acadêmica na universidade. Mas entendemos que é esse debate formador, como vimos, de seu percurso intelectual que se concretizará em *Revoluções do Brasil Contemporâneo*. Durante toda a década de 1950, a abertura democrática do regime brasileiro cria um ambiente favorável e, no geral, otimista para pensar a nação e reformulá-la. Este contexto irá fundamentar um espectro amplo de interpretações e proposições políticas para o país. Com a democracia vem a ideia de desenvolver a nação:

> Finda a Segunda Guerra, a boa consciência liberal se reforça pela certeza de não ter aderido ao Estado Novo. O caminho da burguesia, culta ou inculta, conhecerá então um novo ídolo: o desenvolvimentismo. O par de opostos fundamental passa a ser subdesenvolvimento/desenvolvimento, não só no Brasil como em toda América Latina e nos países egressos dos impérios coloniais. O modelo, a rigor neocapitalista, vai arrastando quase todas as frentes até mesmo intelectuais radicais esperam os benefícios de uma "revolução burguesa"[30].

A necessidade de superação do atraso econômico e das desigualdades sociais é colocada na ordem do dia, sob o debate mais profundo acerca do caráter da transformação pela qual o país deveria passar nesse novo período de sua história.

O desenvolvimentismo acabou se consolidando como um ideário comum de transformação da sociedade brasileira para um amplo espectro de grupos de esquerda. Apesar de ter se desenvolvido dentro de diferentes linhas teóricas e políticas[31], todos pareciam concordar sobre a necessidade

---

30. Alfredo Bosi, "Prefácio: Um Testemunho do Presente", em Carlos Guilherme Mota, *Ideologia da Cultura Brasileira (1933-1974)*, p. IV.

31. Ver Ricardo Bielschowsky, *Pensamento Econômico Brasileiro 1930-1964: O Ciclo Ideológico do Desenvolvimento*, Rio de Janeiro, Contraponto, 2004. Neste livro, Bielschowsky sistematiza as diversas linhas de interpretação sobre o desenvolvimento no Brasil. Sua análise tenta buscar as raízes do pensamento econômico no Brasil e corrobora com a ideia de que, apesar

de fortalecer o setor produtivo no país como base para a modernização industrial, para consequente modernização da sociedade. Os temas inevitáveis sobre esse processo eram o nacionalismo, o subdesenvolvimento, a independência econômica e, sem sombra de dúvidas, a recorrente polêmica da esquerda: reforma × revolução.

O clima geral de abertura para uma sociedade democrática e próspera entusiasmava a reflexão – e a prática – sobre um processo liberal, à brasileira, que desenvolvesse uma revolução no país, a partir dos parâmetros históricos do centro do capitalismo, especialmente a chamada revolução burguesa. Tentava-se identificar como esse processo poderia se desenvolver no Brasil, um país de passado colonial e que conservava ainda uma estrutura arcaica.

Esse ponto de partida em comum, ao longo da década, foi se desmembrando em polêmicas. De modo geral, era necessário pensar sobre as classes sociais do país. Desenvolver-se acabava significando fortalecer-se. Para alguns, significava ainda criar um setor social de elite: a burguesia. Nacional, é claro, pois deveria beneficiar a nação de forma independente para superar o seu atraso e a sua desigualdade interna. Mas era preciso combinar esse fortalecimento com o benefício de outra classe social, mais explorada e desfavorecida: a classe trabalhadora. As divergências residiam justamente nos meios de avançar nessa relação de classes.

A história do Brasil passa a ser objeto de intensa reflexão dentro de uma perspectiva que buscava conhecer a alma dos dominados e, ao mesmo tempo, revelar as características da descolonização, e o caráter nacional das ex-colônias[32].

Se fizermos uma análise temporal de publicações importantes do período, podemos observar que nas décadas de 1940 e 1950 o pensamento crítico recorre ao tema da "formação brasileira" para tentar compreender o caráter nacional. Nesse sentido, Caio Prado Júnior inaugura uma atualização sobre a história do país com *Formação do Brasil Contemporâneo*, voltando-se para o passado e formulando a ideia de sentido da colonização – objeto de

---

de diferenças de concepção, poucos foram os grupos políticos e intelectuais que passaram imunes ao desenvolvimentismo nas décadas de 1950 e 1960.

32. Alfredo Bosi, *op. cit.*, p. v.

exaltação e crítica. Dois outros clássicos do pensamento brasileiro seguem a mesma perspectiva: o de Celso Furtado, *Formação Econômica do Brasil*, e o de Antonio Candido, *Formação da Literatura Brasileira*[33].

No alvorecer dos anos 1960, o termo formação começa a ser substituído pelo de revolução, e a "revolução brasileira" passa a ser objeto de crítica e análise social. Em 1958, Nelson Werneck Sodré, intelectual comunista alinhado com as diretrizes teóricas hegemônicas do Partido, publica sua *Introdução à Revolução Brasileira*[34]. Ele organiza o livro de modo a elaborar uma análise histórica das classes sociais, da economia, da política, da cultura e de outros aspectos da "evolução"[35] nacional, encerrando com capítulos com um anúncio das perspectivas de transformações sociais que ele via para aquele momento. Em seguida, já nos marcos do pós-1964, Caio Prado Júnior inaugura um novo momento de polêmicas sobre o tema com *A Revolução Brasileira*[36], em diálogo direto com o presente histórico, pós-Golpe Militar, e o debate desenvolvimentista, especialmente aquele que permeava a política do PCB. Posteriormente, vemos trabalhos importantes como os de Florestan Fernandes[37], que, embora não tratem da revolução no título, estão voltados para uma análise das classes sociais no Brasil como sujeitos históricos, numa perspectiva revolucionária, até que ele publique o seu *A Revolução Burguesa no Brasil*[38]. A obra de Florestan é apresentada com ele como "uma resposta intelectual à situação política que se criara com o regime instaurado em 31 de março de 1964", uma publicação que ele começara a escrever no mesmo ano do ocorrido, mas que por motivos acadêmicos e políticos só sairia dez anos mais tarde. Os três autores representam diferentes visões sobre a ideia de revolução brasileira, divergindo

33. Caio Prado Júnior, *Formação do Brasil Contemporâneo: Colônia*; Antonio Candido, *Formação da Literatura Brasileira: Momentos Decisivos*, São Paulo, Martins, 1959; Celso Furtado, *Formação Econômica do Brasil*, Rio de Janeiro, Fundo de Cultura, 1959.
34. Nelson Werneck Sodré, *Introdução à Revolução Brasileira*, Rio de Janeiro, Livraria José Olímpio, 1958.
35. Termo utilizado por ele nas denominações das partes do livro, como "Evolução da Sociedade", "Evolução da Economia" etc.
36. Caio Prado Júnior, *A Revolução Brasileira*, São Paulo, Brasiliense, 1966.
37. Apesar de não possuir em seu título as palavras formação ou revolução, as obras de Florestan Fernandes, *A integração do Negro na Sociedade de Classes* (1964) e *Sociedade de Classes e Subdesenvolvimento* (1968), são expressões diretas do mesmo debate.
38. Florestan Fernandes, *A Revolução Burguesa no Brasil*, Rio de Janeiro, Zahar, 1974.

entre si e com outros contemporâneos, e no debate intelectual que, a nosso ver, reorienta as interpretações do Brasil para esta chave interpretativa.

O livro de Edgard Carone, sem dúvida, está imerso nas mesmas problemáticas colocadas por Nelson Werneck, Caio Prado e Florestan. Dentro do debate historiográfico, irá falar da(s) revolução(ões), impactado pela surpresa do golpe.

Ao localizarmos esses dois momentos, podemos dizer que o processo de transformação e superação de um passado arcaico passava necessariamente por revisitar a história e identificar os elementos fundadores da nossa sociedade, os quais sobreviviam até aquele momento, impedindo-a de avançar. O retorno ao período colonial foi inevitável para se compreender a formação social, a composição das classes, a estruturação da economia, das instituições etc. Sedimentado esse debate, fazia-se necessário refletir sobre a história mais recente da nação. Nesse sentido, a dicotomia entre reformar ou revolucionar a sociedade permeou o debate intelectual e político, fosse entre as tradições de pensamento liberais ou socialistas.

Apesar do aparente isolamento de Carone em sua fazenda, vimos que este se manteve em contato com o debate da época e, ao mesmo tempo, ao sair de São Paulo se aproximou pela primeira vez da realidade deste Brasil arcaico que tanto se queria superar. Com uma rotina própria de estudo, ele conviveu de perto no processo de elaboração do clássico de Antonio Candido, *Os Parceiros do Rio Bonito,* o qual, justamente, discutia os impactos da modernização do país na cultura caipira. A troca entre os amigos não devia ser pequena e quando Candido convida Carone para escrever *Revoluções do Brasil Contemporâneo*, está em jogo uma relação de construção intelectual.

Nesse momento, mais precisamente em novembro de 1963, o clima de euforia será substituído por uma constante tensão e se chocará com a política reacionária, com auge no Golpe Militar alguns meses mais tarde. Ao lado do Brasil desenvolvimentista ocorriam processos mais intensos no chamado mundo subdesenvolvido: América Latina, África e Ásia entravam em convulsão revolucionária.

Ao escrever sua primeira análise sobre a história brasileira, em condições de um iniciante, Edgard Carone não tinha pretensões de um debate teórico sobre o desenvolvimento do Brasil, ou o seu subdesenvolvimento. No entanto, *Revoluções* repercutiu de forma importante no contexto da his-

108   EDGARD CARONE E A IDEIA DE REVOLUÇÃO NO BRASIL

toriografia do período, pois o livro de Carone carregava com ele a bagagem que alimentava este debate, no que diz respeito ao período e às temáticas da história contemporânea. Além disso, a produção historiográfica ainda carecia trabalhos sobre o período em questão.

A apresentação demonstra como o livro se inseria no debate acalorado da época:

> Este livro, sem equivalente em nossa bibliografia, narra a história dos movimentos revolucionários que, entre 1922 e 1938, [...] exprimem as crises de desenvolvimento do Brasil contemporâneo. [...] procura captar o sentido histórico dos fatos, contribuindo para conhecer a nossa história recente com uma lucidez e uma informação que [...] nos darão pela primeira vez o panorama íntegro das revoluções que, entre as duas guerras, traçaram o destino do Brasil de hoje[39].

Nas palavras dos editores da Coleção Buriti transparece uma intenção coletiva do por que compreender o Brasil e sua história. Se a discussão sobre a formação e revolução brasileiras se ancorou no passado colonial nos 1940 e 1950, chegava aos anos 1960 entrando, ainda que de maneira tímida, nos temas da história recente do país. O período entre-guerras, anterior ao fechamento do Estado Novo, carregava os enigmas, ou os exemplos históricos, que pareciam essenciais para as reflexões daquele presente.

As *Revoluções do Brasil Contemporâneo* inauguram um campo fértil de trabalho para os historiadores e intelectuais em geral. Daí nos parecem vir o sentido que o historiador se apoio no conceito de revolução para desenvolver sua obra. Essa era uma questão essencial para aqueles que pretendiam compreender o país e contribuir para reconstruí-lo. A produção intelectual mais uma vez se apresenta como tarefa política de sua geração. Apesar de não estar entre os quadros de destaque, nesse momento Carone desenvolve sua análise no bojo do debate e das pretensões do grupo com o qual se formou e que o convidara para compor a Coleção Buriti.

As interpretações sobre a realidade brasileira aprofundam-se na medida em que o país começa a apresentar elementos de uma nova dinâmica social. Se o caráter político do fim do Estado Novo e a Guerra Fria impactavam

---

39. "Apresentação dos Editores", em Edgard Carone, *Revoluções do Brasil Contemporâneo*, p. XIII.

com o clima de liberdade e democracia, no decorrer da década de 1950 as mudanças econômicas apresentarão os problemas da urbanização intensa, da industrialização e ocupação de novas áreas no país. Todas essas mudanças não eram apenas objeto de reflexão, mas sim fruto da relação entre a intelectualidade, as instituições do Estado e as políticas governamentais.

O Golpe Militar de 1964 vem como um novo divisor de águas na história, impactando a todos que, em menor ou maior grau, dentro do espectro político de esquerda, embarcaram no desenvolvimentismo. Edgard Carone não se isentou desta realidade, pois toda a expectativa sobre a consolidação da democracia no país e do desenvolvimento econômico progressista foi colocada em xeque. E, além disso, os golpistas também reivindicavam a sua suposta revolução.

O panorama das questões políticas que estavam em jogo nos ajuda a refletir como Edgard Carone estruturou seu primeiro livro, aquele que tomamos como gérmen de uma vasta obra que se debruçará sobre o período republicano como um projeto de respostas políticas à história do país. Dentro disso, é possível considerar *Revoluções do Brasil Contemporâneo* como um pequeno passo a frente no debate intelectual que por décadas se motivou a investigar, quase que exclusivamente, o passado colonial. Chegava a hora de refletir sobre os processos mais próximos e de enfrentar a história contemporânea do país.

Aproximações Teóricas e Categorias de uma Análise Marxista

O uso da ideia de revolução para uma análise histórica pode ter diversos parâmetros teóricos e concepções políticas. Mesmo dentro do marxismo o uso deste conceito é muito discutido e adquire características próprias nos diferentes contextos em que é utilizado, por isso tem também sua historicidade. A obra que inicia Edgard Carone ao seu projeto de pesquisa sobre a República se faz diante diante de alguns debates marxistas ou vindos do marxismo não apenas pela intelectualidade brasileira, mas também por pensadores do restante da América Latina que, como o Brasil, enfrentaram regimes ditatoriais a partir dos anos 1960.

Entre as obras de Marx que discutem e analisam processos revolucionários, destaca-se o livro *O 18 Brumário de Luís Bonaparte*[40], no qual apresentam-se, para o autor, questões sobre o caráter dos regimes políticos que se instalam na França desde a Revolução Francesa, passando pela farsesca ascensão do sobrinho de Napoleão ao poder. Para essa análise, Marx se vale de caracterizações da sociedade francesa e suas classes sociais – que são descritas de modo bastante detalhado e criterioso, servindo de referência para seus leitores. A ideia de revolução acaba sendo tratada de forma comparativa e em perspectiva histórica nos diferentes momentos políticos daquele país.

Tomamos esta referência, primeiramente, porque encontramos alguns paralelos do repertório conceitual que ele produziu nessa obra, e a elaboração que Edgard Carone faz sobre a história do Brasil e suas revoluções. Em segundo lugar, o chamado *bonapartismo*[41] e a complexidade das relações entre suas características autoritárias e o apelo popular de suas lideranças é tido como referência dos estudos sociológicos contemporâneos às pesquisas de Carone, que construíram a ideia de *populismo*[42]. Ou seja, considerando as discussões daquele momento histórico, a leitura de *O 18 Brumário* estaria na pauta da intelectualidade de esquerda que se voltava aos problemas do continente e seus respectivos Estados nacionais. Nesse momento de sua obra, Carone não discute o conceito de populismo, mas ao se voltar para a formação da República e

---

40. Karl Marx, *O 18 Brumário de Luís Bonaparte e Cartas a Kugelmann*.
41. A ideia de bonapartismo é aplicada à realidade latino-americana, primeiramente, em uma análise de Leon Trotsky sobre em seu exílio no México, nos anos 1930 – Leon Trotsky, "La Industria Nacionalizada y la Administración Obrera", *Escritos Latinoamericanos*, 2ª. ed., Buenos Aires, Centro de Estudios, Investigaciones y Publicaciones León Trotsky (CEIP León Trotsky). Trotsky parte da elaboração de Marx para criar a categoria de *bonapartismo sui generis*. Ao tentar compreender a realidade de países de industrialização atrasada, ele identifica certa autonomização do Estado frente à sociedade e as próprias classes sociais, possibilitando ao governante uma forte centralização do poder, com variações no caráter democrático dos regimes, e a mediação entre a burguesia nacional fraca, o proletariado relativamente forte e o capital internacional. A elaboração de Trotsky fala em *bonapartismo sui generis*, por identificar as particularidades desses estados e a manifestação de tipos de governo.
42. Alguns estudiosos relacionam a origem da produção latinoamericana sobre o populismo na elaboração anterior de Trotsky e, consequentemente, em sua leitura de *O 18 Brumário* – Felipe Abranches Demier, "Leon Trotsky e os Estudos sobre o Populismo Brasileiro", *Revista Outubro*, nº. 13, 2005. Sobre o populismo, ver Francisco Weffort, *Classes Populares e Política: Contribuição ao Estudo do Populismo*, São Paulo, USP, 1968; Otávio Ianni, *A Formação do Estado Populista na América Latina*, Rio de Janeiro, Civilização Brasileira, 1975.

perceber suas condições e tendências autoritárias ele acabava participando do debate coletivo de seu tempo e a obra clássica do marxismo pode ser um dos fatores de mediação de suas relações e inserção intelectual de época.

***

Em *Revoluções do Brasil Contemporâneo*, o autor estruturou "a revolução" brasileira, entre anos 1920 e 1930, a partir de três categorias: a "Revolução Ascendente", a "Revolução Triunfante" e a "Revolução Descendente"[43]. A terminologia "ascendente" e "descendente" é também utilizada por Marx para definir as diferenças entre a Revolução Francesa de 1789 e a Revolução de 1848. Citamos:

> Na primeira Revolução Francesa o domínio dos constitucionalistas é seguido do domínio dos girondinos e o domínio dos girondinos, pelo dos jacobinos. Cada um desses partidos se apoia no mais avançado. Assim impulsiona a revolução mais além. [...] A revolução move-se, assim, ao longo de *uma linha ascensional*. Com a Revolução de 1848 dá-se o inverso. [...] Cada partido ataca por trás aquele que procura empurrá-lo para frente e apoia pela frente aquele que pretende empurrá-lo para trás. [...] A revolução move-se, assim, *em linha descendente*[44].

Marx explica a dinâmica de cada revolução para compreender os seus respectivos desfechos, da primeira com Napoleão Bonaparte, e da segunda com seu sobrinho, Luís Bonaparte. A ideia que fundamenta essa comparação é a célebre frase do autor, em referência a Hegel, de que os acontecimentos e personagens importantes da história aparecem duas vezes: "a primeira vez como tragédia, a segunda como farsa"[45]. Dessa comparação, Marx avalia os dois processos revolucionários e o fato de que, embora carreguem uma aparência comum e possam ser definidos a partir do mesmo conceito, caminharam por sentidos opostos.

Essa leitura da ideia de revolução apresentada em *O 18 Brumário* se aproxima da construção feita por Edgard Carone, primeiramente, porque Marx

---

43. Edgard Carone, "Prefácio", *Revoluções do Brasil Contemporâneo*, São Paulo, Desa, 1965.
44. Karl Marx, *O 18 Brumário de Luís Bonaparte e Cartas a Kugelmann*, pp. 46-47.
45. *Idem*, p. 21.

não define um processo revolucionário a partir de seu desfecho, mas sim das ações que levam à disputa pelo poder e à instabilidade do regime. Desse modo, ele abre a possibilidade para que uma leitura marxista entenda processos protagonizados por classes sociais e organizações políticas distintas como revolucionários. Karl Marx também apresenta a ideia de que a reação à radicalidade desses processos pode ter como resultado a trágica ou farsesca ascensão de um líder político, ou de formas políticas, centralizadores e autoritários.

Nesse sentido, Edgard Carone denomina diversos processos políticos do país como revolucionários desde a Proclamação da República até a formação do Estado Novo, mesmo que neles não se veja a hegemonia das classes baixas ou a ação consciente do proletariado. Uma vez que se instala o regime, as oligarquias se veem diante de maiores oportunidades em disputar o poder. E disputam. No entanto, agem de forma a desestabilizar a proposta de regime que supostamente sustentaram para entrar nessa disputa, radicalizam quando necessário, e ameaçam a própria possibilidade de ação. Nesse caso, consideramos que a análise de Carone vê a essência revolucionária da ação oligárquica, por exemplo, na recorrência e na proporção tomada pelas rixas políticas locais que vão se tornando cada vez mais importantes, na medida em que a estrutura política federal não consegue absorver as demandas de parte significativa das oligarquias dominantes nos Estados – que está excluída das decisões.

A essas disputas Edgard Carone coloca um caráter de classe, caracterizando, como vimos, as oligarquias no Brasil como uma classe heterogênea nos marcos do capitalismo e, portanto, burguesa, ou agrário-burguesa, como o historiador preferia definir. Em paralelo, vemos que, em vários trechos, Marx tenta definir em sua obra as disputas da classe dominante e suas diferentes posições em relação à monarquia e à república. Ao distinguir os dois grupos monárquicos, polarizados entre a casa Bourbon e Orléans, ele faz uma análise sobre seu caráter burguês:

> Sob os Bourbons governava a grande propriedade territorial com seus padres e lacaios; sob os Orléans a alta finança, a grande indústria, o alto comércio, ou seja, o capital, com seu séquito de advogados, professores e oradores melífluos. [...] O que separava essas facções, portanto, não era nenhuma questão de princípios, eram suas condições materiais de existência. [...] Sobre as diferentes formas de propriedade, sobre as condições sociais, maneiras de pensar e concepções de vida distintas e peculiarmente constituídas. [...] Se cada lado desejava levar a cabo a restauração de sua própria casa real, contra a

outra, isto significava apenas que cada um dos dois grandes interesses em que se divide a burguesia – o latifúndio e o capital – buscavam restaurar sua própria supremacia [...][46].

Certamente, Carone não discutia a disputa entre duas casas reais, pois a realidade brasileira sempre seria muito diferente da europeia do século XIX, mas ele capta e ressignifica a caracterização de Marx sobre como, em diferentes formas de regime, a permanência de estruturas aristocráticas e de origem feudal não anulavam o caráter burguês das frações da classe dominante.

Com particularidades entre si, ambos pertenciam a uma mesma classe, dos possuidores capitalistas. Essa complexidade do capitalismo e de sua constituição social, formulada por Marx, parece refletir na obra de Edgard Carone quando ele trabalha com as contradições da sociedade brasileira, a partir do desenvolvimento do capitalismo e não de uma leitura mecânica de oposição entre feudalismo e capitalismo. Para ele, a oposição se dá entre campo e cidade e duas formas de propriedade e suas relações sociais. Nesse sentido, Marx apresenta uma análise elucidativa ao estudioso do caso brasileiro:

> [...] era o velho contraste entre a cidade e o campo, a rivalidade entre capital e latifúndio. [...] Falamos em dois interesses da burguesia, porque a grande propriedade territorial, apesar de suas características feudais e de seu orgulho de raça, tornou-se completamente burguesa com o desenvolvimento da sociedade moderna[47].

***

O historiador considera essa movimentação ao lado de outras que irão ocorrer pela força política de outros setores sociais: as classes médias urbanas, a pequena-burguesia militar e o proletariado. As classes sociais e os processos políticos que levam adiante interagem com uma movimentação de características nacionais, ainda que estas sejam precárias. É por isso que entendemos a leitura diacrônica de interação entre as revoluções e a revolução brasileira. O historiador define, portanto, essas etapas com base na leitura marxista, da seguinte maneira: o período da "Revolução Ascendente" vai da eleição de Epitácio Pessoa, passando pela revolução tenentista de

46. *Idem*, p. 31.
47. *Idem, ibidem.*

1922, chegando à Coluna Prestes; a "Revolução Triunfante" irá do governo Washington Luís, passando pela Revolução de 1930 até a Revolução de 1932; e a "Revolução Descendente" irá de 1932 à Revolução Comunista de 1935, chegando até o golpe de 1937.

A curva ascendente considera a vitória dos civis – apoiados pelo florianismo, ou jacobinismo – contra os deodoristas, passando por todos os processos mais intensos de radicalização dos tenentes. O período triunfante é justamente aquele em que vence a aliança revolucionária dos setores republicanos dissidentes aliados à pequena-burguesia urbana radical; e a partir dessa vitória tentam se enfrentar até certo limite com as antigas oligarquias dominantes (1932). A partir daí, "cada partido ataca por trás aquele que procura empurrá-lo para frente e apoia pela frente aquele que pretende empurrá-lo para trás"[48]: as velhas oligarquias paulistas conseguem uma vitória política em 1932, mesmo sendo derrotados do ponto de vista militar, e passam a se apoiar em Getúlio, que, por sua vez, se apresenta como figura dialogável e passível de confiança. Todos, setores oligárquicos e tenentes, unem-se contra o inimigo maior, que poderia empurrar a revolução mais adiante, e juntos retrocedem ainda mais, derrotando a Revolução Comunista de 1935. A curva descendente se confirma com o Golpe de Estado de 1937 e, por que não, com a subida de um Bonaparte, aclimatado às condições políticas brasileiras.

Esta fase possui, para o autor, um componente essencial que não existia nas anteriores: a organização de um processo revolucionário ligado à organização da classe operária, através de seu partido. Em 1935, a presença do Partido Comunista imprime um caráter distinto a esta revolução e, portanto, uma ação a ser combatida por todas as outras classes sociais. Essa é uma discussão essencial para a análise marxista e que aproxima, mais uma vez, a obra de Carone e as discussões de O 18 Brumário.

Ao tratar comparativamente do caráter de classe das revoluções de 1789 e 1848, Karl Marx constata as suas diferenças: para ele, a primeira é burguesa, e as revoluções burguesas clássicas "avançam rapidamente de sucesso em sucesso [...], mas essas revoluções têm vida curta"[49]; já as revoluções do XIX, proletárias, "[...] se criticam constantemente a si próprias, interrompem continuamente

48. *Idem*, p. 47.
49. *Idem*, p. 25.

seu curso"[50]. Ou seja, a burguesia precisa destruir todos os resquícios da estrutura e superestrutura feudal, nesse momento suas frações estão unidas e dispostas a fazer as alianças necessárias entre partidos e outras classes sociais, a burguesia só faz esse processo avançar de acordo com seus interesses, e consegue demonstrar que o fim do sistema anterior é feito em benefício de todos.

Quando chega a uma maior radicalização, a burguesia busca as formas de controle e uma forma para alcançar o desfecho necessário de garantias e convivência "harmônica" da nova ordem burguesa – nesse caso, república ou monarquia poderiam ser formas diferentes para o exercício do poder desta mesma classe. Mas na medida em que aparecem divergências internas, abre-se novamente a possibilidade de desestabilidade do regime. Em 1848, um setor da burguesia, excluído do poder na monarquia, disputa o poder, pedindo reformas em nome da república burguesa:

O objetivo inicial das jornadas de fevereiro era uma reforma eleitoral pela qual seria alargado o círculo de elementos politicamente privilegiados da própria classe possuidora e derrubando o domínio exclusivo da aristocracia financeira. Quando estalou o conflito de verdade, porém, quando o povo levantou barricadas [...], a República pareceu ser a consequência lógica. [...] Tendo-a conquistado de armas na mão, o proletariado imprimiu-lhe sua chancela e proclamou-a uma república social. Indicava-se assim, o conteúdo geral da revolução moderna [...][51].

Nesse caso, não era possível uma aliança de classes ascendente, pois o proletariado entra em cena e só poderia chegar até as últimas consequências na defesa de seus interesses, acabando com a ordem burguesa. Isso não era de interesse nem da burguesia republicana, nem dos monarquistas, burgueses ou aristocratas. Sendo assim, todos se unem contra uma classe, indo cada vez mais atrás nas alianças e na própria condução do regime, caindo nas mãos farsescas de Luís Bonaparte.

O paralelo entre a análise de Marx e de Edgard Carone seria que para o historiador, no Brasil, enquanto o proletariado não esteve organizado a altura de se incorporar aos processos revolucionários da Primeira República, foi possível se constituir alianças policlassistas que avançassem na mo-

50. *Idem, ibidem.*
51. *Idem*, p. 28.

dernização do Estado nos marcos da ordem burguesa, mas no sentido de ampliar as possibilidades de sua superação. Quando essa classe protagoniza o processo revolucionário, todas as outras se unem contra ela e o retrocesso é inevitável. Pois apenas esse sujeito social poderia encabeçar a superação total das contradições dessa sociedade. É por isso que a revolução brasileira em seu sentido único e verdadeiro – socialista, segundo suas convicções – descende após 1935. O governo ditatorial é fruto e, ao mesmo tempo, uma medida preventiva da reação.

Ao propor uma leitura da história brasileira entre 1922-1938, Carone mobiliza um repertório que lhe interessava e que estava suscitando interesse e debate de seus contemporâneos. A geração a qual pertencia via nascer mais uma ditadura, era preciso lidar com ela, refletir sobre suas origens e efeitos.

Uma Revolução em Seus Estudos. Uma Contribuição Inovadora à Historiografia Brasileira

Uma vez definido o contexto em que *Revoluções do Brasil Contemporâneo* foi publicado, este item irá desenvolver como o livro impactou, ao mesmo tempo, a trajetória intelectual de Edgard Carone e a produção historiográfica da época, a qual dava novos passos para o estudo do Brasil.

Quando tratamos do historiador e sua obra, vem sempre à mente, mesmo daqueles que possam ser seus críticos mais convictos, uma inegável e imensa produção bibliográfica. Apenas sobre o período republicano contam-se doze volumes, seguidos ano a ano por novas publicações, em média uma por ano: "[...] em trinta anos eu fiz 27 publicações. Quase uma por ano! E fazia porque queria, não por obrigação burocrática imposta pela universidade. [...] Eu passava o ano lendo e escrevendo, fazendo o que eu queria"[52].

Mesmo em tempos de metas, *rankings* e pontuações, o volume de livros, organização de documentos e textos escritos por Carone sobressalta aos olhos. Em condições muito mais rudimentares de pesquisa e sem um vínculo

---

52. Edgard Carone, "Entrevista", em José Vinci de Moraes e José Márcio Rego, *Conversas com Historiadores Brasileiros*, p. 60.

direto com o ambiente acadêmico por cerca de uma década, o historiador conseguiu desenvolver uma grande produção. Desse modo, é importante resgatar as raízes dessa prática sistemática de estudo e escrita que permitiu ao historiador a construção de uma obra que, em seu conjunto, adquire certo sentido para a historiografia, conforme temos tentado demonstrar, e deixa uma contribuição importante para as gerações seguintes.

Até os anos 1960, quando sai da fazenda e vai morar em Botucatu, Carone apresenta uma forma muito descompromissada de relacionar suas leituras com uma produção escrita, não se importando muito em formular o que estudava. Mas é interessante compreender que essa liberdade de ação, que ele mesmo descreve, não se deu ao acaso. Ao longo de sua trajetória, como vimos anteriormente, diversas foram as situações e condições de vida que delimitaram o seu campo de interesse, e outras que o "obrigaram" a produzir.

Desde cedo, foi fascinado por sebos, onde se dedicava a buscar novos títulos com temas variados. Quando de sua aproximação com a vida política do irmão e com o seu círculo de amigos, passou a educar-se numa tradição mais engajada, o que despertou seu interesse por leituras socialistas. Além disso, um elemento social mais amplo o forjou sob o espectro de uma geração para quem o intelectual deveria cumprir um papel consciente de ação sobre a realidade brasileira e a sua cultura: transformá-la e livrá-la de certos princípios arraigados na historiografia das classes sociais dominantes aristocráticas e de mentalidade colonial.

Nesse sentido, aproximou-se cada vez mais da história do Brasil e das teorias socialistas, ao mesmo tempo em que se afastou do ambiente universitário, que será o lugar de vazão das ideias de todo esse grupo com o qual conviveu durante sua juventude. Esse afastamento não impediu que continuasse a se relacionar com essas figuras e a participar do debate. No entanto, ele o realocou no ambiente intelectual da época, pois não fora disciplinado na lógica da universidade que se cristalizava, em certo grau, entre os colegas que lá ficaram e, principalmente, entre as novas gerações formadas.

Na fazenda fazia o que queria, como faz questão de reforçar em todos os seus depoimentos e entrevistas, desenvolvendo seus interesses e reflexões livremente. No entanto, é preciso considerar que essa autoproclamada liberdade foi marcada por um elemento mediador muito importante, um verdadeiro elo entre a sua vida no campo e aquela que deixara para trás, na cidade.

O amigo Antonio Candido, em suas diversas visitas à Bela Aliança, esteve sempre atento e em sintonia com o interesse de Carone pelos estudos, pelos livros e pelo Brasil. Sempre o incentivou a sistematizar e praticar a escrita, pois para ele, Edgard era muito esforçado e estudioso, mas escrevia mal[53], então se preocupava em estimular que superasse essa dificuldade e contribuísse com uma produção ao público – jornais, revistas, periódicos etc. O primeiro canal de publicações que Edgard Carone acessa através de Candido é o *Suplemento Literário* de *O Estado de S.Paulo* – para o qual escreveu as resenhas registradas no Quadro 1 – e, finalmente, o amigo lhe apresenta a proposta de redação do livro, no ano de 1963 – que virá a ser *Revoluções do Brasil Contemporâneo*:

> Já se falava muito também sobre o Tenentismo. E eu ia comprando tudo sobre esses temas nos sebos. [...] Nessa mesma época, aqui em São Paulo, um grupo de professores universitários resolveu fazer uma coleção chamada Buriti. O Antonio Candido fazia parte desse grupo, e como nós falávamos muito da Revolução de 1924, de 1932, ele indicou meu nome e o tema da revolução tenentista para a coleção. Ele foi a Botucatu para me avisar, no dia do assassinato do Kennedy, novembro de 1963. Eu esfriei, porque só tinha escrito até então artigos, resenhas, mas não um livro[54].

Carone já não vivia mais na Bela Aliança, como sabemos. Ainda trabalhava por lá, mas estava em um processo de retorno à vida urbana, sobretudo pelo crescimento dos filhos. Levava consigo a bagagem de livros que crescera ao longo dos anos, desde sua saída de São Paulo.

Suas memórias revelam que o interesse pelo período que trataria em *Revoluções do Brasil Contemporâneo* estava inserido nos debates com os colegas da época, tornando-se uma expressão pública, editorial, destas preocupações de grupo, ou geracionais. Não podemos ignorar o fato de que o tenentismo deveria encantar o imaginário de um homem que nasceu alguns

---

53. Entrevista com Antonio Candido.
54. Edgard Carone, "Entrevista", em José Geraldo Vinci de Moraes e José Rego, *Conversas com Historiadores Brasileiros*, pp. 51-52.

meses antes da Revolução de 1924 que incendiou a cidade de São Paulo, liderada por Isidoro Dias Lopes. Também não é menor o fato de ter vivido a Guerra Civil de 1932 quando era criança e que os amigos, alguns anos mais velhos, já com seus dezesseis ou dezoito anos chegaram a lidar diretamente com ela. Azis Simão, por exemplo, posicionou-se contrariamente à revolta quando militava na Federação Operária de São Paulo.

Portanto, é com entusiasmo que Carone aceita o convite, apesar de não estar convicto de que poderia executar a tarefa de modo satisfatório. Ele a encarou como um desafio que ele teria de enfrentar recorrendo às fontes de sua biblioteca e aos debates com os colegas.

As dificuldades do campo e sua dinâmica de franco desmantelamento da vida tradicional do caipira estão diretamente ligadas aos signos históricos da dinâmica de classes da sociedade brasileira dos anos 1950, com origens nesse passado. Começam a emergir elementos que deveriam ser compreendidos para a construção de um futuro diferente, uma perspectiva muito presente no modo de pensar de um velho "assistente de militante".

***

O livro foi escrito entre 1963 e 1965. Nesses dois anos foram idas e vindas para o levantamento de materiais e para que a redação tomasse ritmo. Em diversas declarações afirma a dificuldade encontrada com as fontes, especialmente fontes primárias, o que o coloca diante da necessidade de recorrer aos jornais da época:

> Se os jornais eram o material que os historiadores, naquela hora, utilizavam para seus estudos do período da Independência e da Regência, por que eles não poderiam ter a mesma função no meu caso? [...] a análise que faço dos anos de 1932 a 1937 se baseia quase totalmente em jornais da época, tendo eu posto de lado, naturalmente, o preconceito e o *parti-pris* de cada um deles[55].

Além disso, a falta de experiência com a escrita colocou dificuldades:

> Nos meses seguintes, reuni os meus livros que tratavam do tema, fiz as leituras necessárias, organizei as anotações em fichas e iniciei a redação. No começo, a tarefa

---

55. Edgard Carone, "A História da República: Escritos Autobiográficos", p. 157.

pareceu pesada e cheguei a gastar uma montanha de papel. [...] Só após longo prazo é que o escrito tomou forma e continuidade[56].

Foi um momento de aprendizado em que uma série de experiências concorreram para o seu reencontro com um ofício. O uso dos jornais, por exemplo, será um recurso que Carone carregará para o restante de suas publicações[57].

O livro não possui notas de rodapé. É um paradidático simples que não segue normas, mas conta com a apresentação de uma bibliografia básica que revela traços importantes para se compreender esta obra como o marco que foi para a formulação do projeto intelectual posterior[58]. A base teórica do livro, segundo esta referência, se divide em sete eixos temáticos: *1.* Estudo Econômico; *2.* História da República; *3.* Tenentismo; *4.* Oligarquias; *5.* Depois de 1930; *6.* Comunismo e Aliança Nacional Libertadora; *7.* Integralismo. Os dois primeiros são de caráter mais geral, e as referências colocadas dentro deles se apresentam como bases teóricas para a elaboração do contexto econômico, político e social. Os outros cinco temas demonstram as referências que o estudo desenvolve dentro do período escolhido.

As histórias econômicas de Caio Prado Júnior e Celso Furtado[59] mostram que Carone considerou as contribuições de um debate central sobre o caráter da economia brasileira e os rumos que tomou desde o fim da colônia. São obras que debatem o Brasil estruturalmente, uma referência claramente marxista e outra mais voltada para um revisionismo desenvolvimentista. O trabalho de Nícia Vilela Luz[60] demonstra a referência na Universidade de São Paulo, pela *Revista de História*, e o elemento ideológico, presente no desenvolvimento econômico, como subsídio à análise dos processos sociais revolucionários.

---

56. *Idem, ibidem.*
57. A questão das fontes deverá ser abordada ao longo da pesquisa, quando avançar para as publicações sobre a República Velha.
58. Neste item não interessará analisar a estrutura do livro. Isso será feito no item seguinte.
59. Caio Prado Júnior, *História Econômica do Brasil*, São Paulo, Brasiliense, 1945; Celso Furtado, *op. cit.*
60. Nícia Vilela Luz, "Aspectos do Nacionalismo Econômico Brasileiro", *Revista de História da Universidade de São Paulo*, 1959.

A história da República de Sertório de Castro[61], que também consta na lista, é de extrema importância quando consideramos que, em seguida, Carone irá estudar o período de maneira sistemática. E os temas mais específicos estão baseados em uma produção de caráter ensaístico de figuras públicas, políticos e jornalistas de época. São referenciais bibliográficos que poderiam ser considerados também como fontes, pois retratam a história a partir dos fatos vividos, em alguns casos, com a intenção autobiográfica, como o livro de Agildo Barata[62].

Desse modo, a bibliografia geral nos permite identificar que o então despretensioso estudo estava, por um lado, calcado num debate econômico muito atual no momento da redação e, por outro lado, entrava num terreno muito pouco, ou quase nada explorado pela historiografia. Apesar de existirem diversos livros sobre os temas que Carone iria desenvolver em seu trabalho, poucos deles davam conta de uma análise que se distanciasse dos fatos vividos e tratasse os processos como objeto da história.

A compreensão desses fenômenos políticos e sociais do Brasil se colocava como uma necessidade no debate contemporâneo sobre os rumos do país. E, portanto, o estudante desanimado com a universidade, reprovado em Tupi, que fora buscar uma atividade totalmente diversa para ganhar a vida, pôde enfim se redescobrir como historiador e, especialmente, como intelectual engajado.

Este fato interrompeu, literalmente, aquilo que fazia até então. Era um grande evento num Brasil que parecia seguir os rumos do desenvolvimento econômico e de sua consolidação democrática. O regime de liberdades era instável na história da república brasileira, o último momento de abertura fora inaugurado pelo fim da Segunda Guerra Mundial, e possuía menos de vinte anos.

Um golpe mais uma vez tomava o poder no Brasil, mais uma vez militar, no entanto possuía características muito distintas de outros do passado. Foram alguns meses de reflexão, sobre o presente, mas também sobre o passado, e a chamada Revolução de 1964 se confrontou com as revoluções sobre as quais escrevia. "O golpe de 1964 me fez interromper a sua redação,

---

61. Sertório de Castro, *A República que a Revolução Destruiu*, Edição Particular, 1932.
62. Agildo Barata, *Vida de um Revolucionário*, s. l. p., Melo, s. d.

voltando a trabalhar a partir de setembro de 1964. [...] *Revoluções do Brasil Contemporâneo* sai em 1965"[63].

Voltar-se para o passado para enfrentar as contradições do presente. Uma concepção sobre o papel do historiador frente à história da sociedade brasileira, que revela os traços de sua formação, com base na problemática da geração de 1945, que denunciava o papel do intelectual na sociedade diante da política e das classes sociais, de suas aproximações com a esfera política de esquerda mantida pelo PCB e certamente por uma referência historiográfica fundamental do século XX, Marc Bloch, para quem o ofício do historiador estava inevitavelmente ligado ao presente[64]. Orientações que perpassam sua trajetória e que o impulsionam à atividade intelectual com a energia de um ativista. De um homem que nunca se considerou parte de uma militância organizada coletiva, mas que reivindicou um papel político às interpretações que assumira diante da história.

Ao se dedicar à escrita de *Revoluções do Brasil Contemporâneo*, Carone acaba se aprofundando em questões sobre o Brasil e é motivado a tentar concretizar respostas para o presente. Esse é um elemento essencial para concebermos a obra posterior como um projeto político-intelectual.

***

Se individualmente o pequeno livro das *Revoluções* promoveu uma grande reviravolta em sua atividade intelectual, coletivamente, no curso da historiografia brasileira, o mesmo trabalho irá repercutir de modo significativo. O arquivo pessoal do autor permite mapear a repercussão deste livro como obra inédita bastante procurada por pesquisadores, inclusive de fora do país[65].

Em carta datada de trinta de maio de 1967[66], o filósofo João Cruz Costa[67] convida Carone para uma reunião em sua casa com Thomas Skidemore[68].

---

63. Edgard Carone, "Escritos Autobiográficos".
64. Marc Bloch, *Apologia da História ou O Ofício do Historiador*, Rio de Janeiro, Zahar, 2001.
65. Arquivo disponível no acervo do Museu Republicano "Convenção de Itu" – USP. A autora realizou visitas, fotografou e realizou um levantamento do conteúdo dos anos de 1945 a 1985.
66. Carta disponível no acervo do Museu Republicano "Convenção de Itu" – USP. A autora realizou visitas, fotografou e realizou um levantamento do conteúdo dos anos de 1945 a 1985.
67. João Cruz Costa (1904-1978) filósofo brasileiro, catedrático na Universidade de São Paulo.
68. Thomas Elliot Skidmore, nascido em dois de julho de 1932, é um historiador norte-americano

REVOLUÇÕES DO BRASIL CONTEMPORÂNEO: EMBRIÃO... 123

Diz que o pesquisador estadunidense gostou do trabalho, comprou diversos exemplares e gostaria de conversar com ele sobre o livro e os temas de que trata. Além disso, pede auxílio para referências bibliográficas sobre o integralismo para Michel Debrun[69].

John D. Wirth[70], professor em Stanford e pesquisador da política econômica da Era Vargas 1930-1954, entra em contato com Edgard Carone no mesmo ano[71]. Elogia o trabalho de *Revoluções do Brasil Contemporâneo* e faz um convite para encontrar com Carone e trocarem ideias sobre o tema. Uma nova carta, escrita em fevereiro de 1968, revela que não se encontraram. De todo modo, Wirth elogia o livro, envia um artigo e comenta sobre a intenção de conversarem ainda sobre a história do Brasil. Uma terceira carta[72] que faz menção a *Revoluções do Brasil Contemporâneo* é remetida a Carone por Orlando Magalhães de Carvalho[73], solicitando um exemplar do livro que não conseguia mais encontrar. Menciona que teve contato com o livro no gabinete de um professor na Columbia University.

Esses documentos são algumas evidências do ineditismo do trabalho de Edgard Carone para a historiografia e, ao mesmo tempo, demonstram como a história do Brasil contemporâneo começava a suscitar profundo interesse entre os pesquisadores no plano internacional. É muito interessante observar outra questão que permeia o percurso editorial de *Revoluções do Brasil Contemporâneo*: a sua repercussão internacional. Esse fato não pode ser considerado apenas como consequência única da qualidade e ineditismo do trabalho. É preciso dar o devido destaque ao papel e ao interesse das instituições e pesquisadores estrangeiros na produção sobre história do Brasil. Não é possível neste trabalho desenvolver a fundo o papel dos brasilianis-

conhecido por seus estudos sobre história do Brasil – *brazilianist*. Seu principal trabalho é sobre o governo de Getúlio Vargas, fruto de um pós-doutorado realizado na Universidade de Harvard. Fez sua carreira como professor na Universidade de Wisconsin, Madison.

69. Michel Debrun (1921-1997) foi um intelectual francês licenciado em filosofia pela Sorbonne, e na área de política e finanças públicas pela École Libre des Sciences Politiques. Foi professor na Universidade de Paris. Radicou-se no Brasil em 1956, onde atuou politicamente no Ministério da Educação e realizou livre-docência pela Unicamp.

70. John Wirth (1936-2002) formou-se em história na Universidade de Harvard e realizou doutorado sobre o Brasil na Universidade de Stanford.

71. Arquivo do Museu Republicano, "Convenção de Itu" – USP.

72. *Idem.*

73. Professor na UFMG e fundador da *Revista Brasileira de Estudos Políticos*.

tas, principalmente estadunidenses, na história de nossa historiografia. No entanto, pode-se constatar que estavam interessados na história contemporânea do país que vivia em regime ditatorial – sob influência política e econômica do vizinho imperialista.

Num campo pouco explorado pelos historiadores, Carone pôde se destacar com um trabalho de pequenas proporções, mas que envolvera um esforço de levantamento documental e elaboração inéditos. A velha paixão pelos sebos e sua bibliofilia iniciaram o desbravamento de um tema de pesquisa e possibilitaram a ele se apropriar de materiais de pesquisa e de um referencial teórico mínimo.

Desse modo, ele gestou um projeto individual de pesquisa sobre a República e também levantou questões referenciais para o desenvolvimento da historiografia brasileira no século xx. O historiador acaba se destacando naquele momento ao sistematizar documentação e a literatura já produzida a partir de um olhar acadêmico/científico. Nestas cartas citadas, e em outras que constam em seu arquivo, são recorrentes os pedidos de ajuda, indicação bibliográfica, documental etc. A disponibilidade de Carone em atender aos pedidos de seus alunos, ou de outros interessados, e até mesmo em oferecer ajuda é recorrentemente lembrada por aqueles que conviveram com ele[74].

E também é procurado pelos colegas brasileiros. Só pelas cartas que se referem a *Revoluções do Brasil Contemporâneo*, temos três remetentes diferentes: Gadiel Perruci, pernambucano, Orlando M. de Carvalho, mineiro, e João Cruz Costa, paulista. Além deles, no conteúdo das missivas são citados Emília Viotti da Costa, Jorge Nagle e Odilon Nogueira. Nas outras cartas estudadas, encontram-se: José Rodrigues Amaral Lapa e Hélio Trindade.

A partir dessa obra, Edgard Carone se insere na produção do pensamento brasileiro da segunda metade dos anos 1960. Como expressão deste momento singular e de renovação historiográfica, mas localizado na vanguarda do processo ao lado de outros colegas.

Os estudos de pesquisadores brasileiros se cruzam, inevitavelmente, com a visão de fora. Para Carone esse não é um fato menor, e não passa despercebido. Nas cartas citadas foram contatos de, ao menos, três estudiosos: Tho-

---

74. Entrevista com Carlos Guilherme Mota, realizada em 24 de novembro de 2014.

mas Skidmore, John Wirth e June Hahner, com destaque para o primeiro, que terá suas obras consagradas como referência na historiografia sobre o Brasil.

Em sua entrevista para as páginas amarelas da revista *Veja*, Edgard Carone comenta o livro de Skidmore e a situação dos estudos brasilianistas:

> *VEJA*: A propósito, como encara o trabalho dos *brazilianists*?
>
> CARONE: Nada tenho contra eles, mas lamento a falta de recurso à disposição dos pesquisadores nacionais. Os *brazilianists* encontraram aqui vastas possibilidades de análise histórica. Apesar de seus trabalhos não obedecerem a um planejamento global, com o correr do tempo acabarão abrangendo toda a nossa história. A nós, brasileiros, só restará, quando quisermos estudar a realidade nacional, recorrer à literatura americana. E esta, infelizmente, tende a oferecer em geral uma visão liberal e em grande parte falsa do passado brasileiro, o que deturpa irremediavelmente o verdadeiro sentido de nossa história[75].

Apesar de iniciar com tom cordial, ao fim coloca uma crítica contundente ao trabalho destes pesquisadores estrangeiros e ao papel que cumpriam ao realizar a interpretação de nossa história a partir de uma matriz teórica e ideológica que, segundo Carone, afetaria o "[...] verdadeiro sentido de nossa história"[76].

Dessa forma, *Revoluções do Brasil Contemporâneo* se insere não apenas em uma rede de relações e troca intelectuais, mas também em um debate no qual o confronto de ideias é inevitável, especialmente quando se tratava de interpretar um passado polêmico e ainda muito vivo. No momento da entrevista, em 1976, Carone já havia publicado boa parte de seus estudos sobre a República, mas é possível notar que as incursões do circuito de recepção das *Revoluções* compõem um quadro de debate historiográfico de seu projeto republicano desevolvido posteriormente.

---

75. Edgard Carone, "A República em Capítulos", p. 6.
76. *Idem*, p. 6.

3. Corpo e Alma do Brasil: Edgard Carone e a História da República nas Publicações da Editora Difusão Europeia do Livro (Difel)

Uma vez estabelecidas as condições sobre as quais Edgard Carone decide voltar à universidade e desenvolver um trabalho intelectual sistemático como historiador, partiremos agora para uma análise geral de sua série de livros sobre a História da República.

Iniciaremos o capítulo tratando das novas relações e redes intelectuais nas quais Carone irá se integrar quando de seu retorno à USP e das interferências do contexto político, que ele reivindica como motivador de seu trabalho. O principal recurso para reconstituirmos este contexto serão os livros publicados pelo historiador, os quais conformam uma "série republicana" dentro de uma coleção de estudos brasileiros chamada Corpo e Alma do Brasil. Eles serão analisados em dois momentos: primeiro como parte da coleção, cujas características nos permitem mapear a nova realidade intelectual e institucional que o historiador encontrará em seu retorno à universidade em fins dos anos 1960; em segundo lugar como conjunto relativamente autônomo que materializa as intenções e o trabalho de pesquisa de Edgard Carone, propondo uma nova interpretação sobre o Brasil diante da historiografia do período.

A questão política e as implicações da Ditadura Militar sobre o projeto político-intelectual desenvolvido permearão os diferentes momentos da

128 EDGARD CARONE E A IDEIA DE REVOLUÇÃO NO BRASIL

análise, permitindo que possamos compreender outras faces do engajamento que Edgard Carone reivindicava para o seu ofício.

Pensamento Brasileiro e Produção Intelectual Universitária: Alguns Apontamentos sobre a Coleção Corpo e Alma do Brasil

O mercado editorial trabalha nas dimensões da produção e circulação de ideias e suas atividades são capazes de congregar diversos agentes intelectuais, culturais e econômicos. As iniciativas propostas por uma editora podem ser reveladoras dos processos de transformações da esfera intelectual, da formação de grupos de afinidades e de suas disputas internas. Assim consideramos a Coleção Corpo e Alma do Brasil, como um projeto editorial motivado por novos sujeitos da intelectualidade brasileira, mediados por uma instituição que disputava o campo para consolidar seus trabalhos e métodos como legítimos, a universidade.

Não existe nenhum estudo aprofundado sobre a Coleção Corpo e Alma do Brasil, tampouco sobre a editora responsável por ela, a Difusão Europeia do Livro. O que se sabe sobre a sua fundação é o apresentado por Laurence Hallewell, no estudo clássico sobre a história do livro no Brasil: "O ano de 1951 marcou também a constituição da Difusão Europeia do Livro, de capital suíço e português, cuja sigla Difel foi posteriormente utilizada pela Difusão Editorial s.a. e é hoje um selo da Editora Record"[1].

Hallewell apresenta a Difel no capítulo sobre a entrada de multinacionais no mercado editorial brasileiro, nos anos 1950, pois ela será fundada por uma sociedade entre brasileiros e franceses, em um momento desfavorável

---

1. Lawrence Hallewell, *O Livro no Brasil: Sua História*, São Paulo, Edusp, 2012, p. 756. A partir da elaboração deste capítulo a autora passou a trabalhar com a história da editora Difusão Europeia do Livro em seu projeto de doutorado, intitulado *Paul Monteil e Difel: Edição e Difusão do Pensamento Universitário Brasileiro (1947-1973)*, financiado pela Fundação de Amparo à Pesquisa do Estado de São Paulo (processo: 2017/20206-3), que deverá ser defendido ao final do ano de 2023. O breve comentário de Hallewell sobre a Difel contém alguns erros. A empresa foi criada em uma sociedade que envolveu investidores franceses e brasileiros: Marcel Didier, livreiro-editor parisiense; Livraria Bertrand, empresa com sede em Portugal, mas que à época possuía capital majoritariamente francês; e Paul-Jean Monteil, francês naturalizado brasileiro, proprietário da Livraria Francesa de São Paulo, fundada em 1947.

CORPO E ALMA DO BRASIL: EDGARD CARONE E A HISTÓRIA... 129

para a produção de livros no Brasil. Naquela época, o mercado importador havia retomado seu protagonismo através das medidas de subsídio adotada pelo governo central: "Durante toda a década de cinquenta era mais barato comprar livros importados do que comprar papel para produzir nacionalmente"[2].

Nesse cenário, os importados impactavam significativamente o setor técnico e científico, dificultando o desenvolvimento da produção desse tipo de publicações nas principais editoras do país:

> Até 1958, essas empresas não tinham muito incentivo para fazer mais do que distribuir os produtos de suas matrizes. O mercado de ciências e tecnologia no Brasil ainda era muito pequeno e, graças ao subsídio à taxa de câmbio para importados, estes eram mais baratos do que se fossem produzidos no Brasil[3].

De fato, a participação de estrangeiros na fundação da Difel contribui para a superação das dificuldades do setor, com recursos vindos de fora, no entanto, o empreendimento não deixava de ser arriscado para os seus investidores, sobretudo para o editor Paul-Jean Monteil, que será o sócio responsável pela gestão cotidiana da empresa e por seu programa de publicações. Sendo assim, indo contra os elementos desfavoráveis daquele contexto, o editor buscará um nicho para atuar com maior segurança.

Além de ter traduzido títulos da literatura francesa, a Difel se destacou no mercado por suas coleções especializadas de arte e, principalmente, aquelas voltadas ao conhecimento científico: Coleção Terras e Povos, Coleção Corpo e Alma do Brasil, Coleção Saber Atual, Biblioteca do Economista, Clássicos Garnier, História Geral das Civilizações, Coleção Novela Brasileira, Memória e Sociedade, História Geral da Civilização Brasileira, Biblioteca Breve, Coleção Poesia Sempre, Que Sais Je?, Enigmas de Todos os Tempos, História Mundial da Arte, Enciclopédia de Bolso Difel e História Geral das Ciências. Todas elas voltadas para a difusão de um conhecimento especializado, porém de amplo acesso, à literatura, às ciências e à arte.

Alguns desses projetos eram reproduções de publicações francesas, como a Coleção Saber Atual – tradução da Que Sais Je?, da Presses Univer-

---

2. *Idem*, p. 572.
3. *Idem*, p. 590.

sitaires de France (PUF). Outros como a História Geral da Civilização Brasileira e a Corpo e Alma do Brasil surgem nos planos da editora por volta de 1957. Eles serão projetos inéditos voltados à divulgação de autores nacionais e trabalhos dedicados a temas brasileiros nas áreas de ciências humanas.

Ou seja, pelo perfil das coleções, traduzidas ou não, é possível entender que a Difel inicia sua atuação junto a um público que adquiria uma dinâmica próspera no período, os autores e leitores universitários. O ensino superior que vinha se reorganizando desde a década de 1930, chega aos anos 1950 num processo de expansão em todo o país:

> A USP sobreviveu, embora até 1941 os diplomados em humanidades e ciências não totalizassem uma centena. As perspectivas melhoraram com o estabelecimento da República Populista, em 1945: vários outros Estados criaram universidades, havendo também muitas iniciativas da Igreja e de entidades privadas no ensino superior. Em 1950, o número de estudantes matriculados duplicou, em âmbito nacional, chegando a 44 097. A expansão realmente significativa teve início com o governo Kubitschek. O envolvimento do governo federal aumentou: de uma única universidade em 1945, a Universidade do Brasil, alcançou toda uma rede de instituições centralmente financiadas [...][4].

Na segunda metade do século, esses números crescem de modo ainda mais acelerado[5], fazendo com que, no médio prazo, o processo de expansão desse sistema envolva significativamente o seu mercado livreiro. Primeiramente, porque ele cria um público leitor inédito em termos quantitativos dentro do próprio processo de formação, que exigia a produção de materiais didáticos e paradidáticos. Em seguida, os leitores se tornam leitores especializados, dinamizando, por fim, a produção de conhecimento, seja porque parte deles segue na vida acadêmica ou porque suas atividades profissionais demandem essa ligação com a universidade.

De modo geral, esse quadro pressiona positivamente o comércio de livros e o setor produtivo, pois essa nova realidade cria demanda e, ao mesmo

---

4. Laurence Hallewell, *O Livro no Brasil*.
5. Hallewell menciona, ainda, o crescimento, durante os anos 1960 e 1970, tanto de universidades, como também do número de escolas técnicas, totalizando, ao fim da década de 1980, 1.5 milhão de estudantes universitários e mais de um milhão em nível técnico, escolas de comércio e normalistas. O ensino em pós-graduação passou de 1 983 no ano de 1959, para cerca de vinte mil em 1979.

CORPO E ALMA DO BRASIL: EDGARD CARONE E A HISTÓRIA... 131

tempo, forma intelectuais e pesquisadores – autores em potencial para um novo nicho de publicações. As diferentes regiões do país manifestam esse desenvolvimento de modo particular e em ritmo próprio. Em São Paulo, a situação é precoce, como vimos no histórico da USP, e é nesse local que a editora Difusão Europeia do Livro inicia suas atividades.

Não se pretende discutir a política editorial da Difel em seu conjunto, mas é perceptível pelos títulos de suas coleções como seus livros dialogam com a necessidade de especialização do público leitor nas áreas científicas e de humanidades. A Coleção Corpo e Alma do Brasil, na qual Edgard Carone irá publicar seus trabalhos, atende a esse público e, ainda, carrega consigo os movimentos de transformação dos métodos de pesquisa e elaboração intelectual que, nesse momento, consolidavam-se na profissionalização da carreira acadêmica.

***

Antes da Difel, outras editoras lançaram coleções de pensadores e obras sobre o Brasil que marcariam a produção livreira e acadêmica no país. As mais conhecidas e já trabalhadas em pesquisas de referência foram a Coleção Brasiliana e a Documentos Brasileiros, editadas, respectivamente, pela Companhia Editora Nacional, em 1937, e pela Editora José Olympio, em 1936[6].

Ambas são fruto das primeiras ações que colocam em marcha a reforma e ampliação do sistema de ensino a partir da Revolução de 1930, carregando em sua concepção a necessidade de reunir obras que contribuíssem para a construção histórica de uma interpretação sobre o Brasil. Através destas coleções, a produção de livros passa a dialogar com a nova "consciência nacional que despontava" e a alimentar a formação de novas gerações de intelectuais.

Em diversas esferas da vida intelectual do país, desenvolviam-se ações de inovação e de certa ruptura com a tradição bacharelesca que estruturou

6. Fábio Franzini, *À Sombra das Palmeiras: A Coleção Documentos Brasileiros e as Transformações da Historiografia Nacional (1936 – 1959)*, São Paulo, USP, 2006; Gustavo Sorá, *Brasilianas: José Olympio e a Gênese do Mercado Editorial Brasileiro*, São Paulo, Com-Arte/Edusp, 2010; Heloisa Pontes, "Retratos do Brasil: Um Estudo dos Editores, das Editoras e das Coleções Brasilianas, nas Décadas de 1930, 40 e 50", *Revista Brasileira de Informação Biobliográfica em Ciências Sociais*, vol. 26, pp. 56-89, 1988.

o ensino superior até aquele momento[7]. No que diz respeito ao mercado editorial, isso significava romper com a hegemonia literária na produção e circulação de impressos. Desse modo, no ano de 1931, a Coleção Brasiliana, dirigida por Fernando Azevedo, inaugura um novo ramo de publicações: "A Brasiliana pode, de fato, ser encarada como uma das primeiras manifestações do novo interesse pelo Brasil e por sua herança despertada com a Revolução de 1930. Posteriormente, ela foi lisonjeada com a imitação por várias outras [...]"[8].

O primeiro volume desta coleção foi *Figuras do Império*, de Antonio Baptista Pereira[9]. Com a pretensão de se tornar um verdadeiro veículo de divulgação de história e interpretação do Brasil, como se tornou, além de seu caráter organizador da memória nacional, a Brasiliana carregava o ânimo daquele momento histórico. Por isso, fala-se em imitações desse projeto que, na verdade, podem também ser vistos como expressão coletiva de um pensamento de época. Entre elas, ainda nos anos 1930, é lançada a Documentos Brasileiros, dirigida por Gilberto Freyre.

Esses projetos compartilhavam, assim, uma diretriz: a necessidade de se pensar a nação de modo totalizante, considerando todos os seus aspectos geográficos, culturais, políticos etc. Contudo, apesar do espírito comum, havia algumas diferenças entre as coleções. A Documentos Brasileiros é lida como um fenômeno editorial com algumas características mais modernas em relação à sua predecessora[10]. A direção de Gilberto Freyre, um ícone da renovação de intérpretes do Brasil no período, e o volume inaugural da coleção, o livro *Raízes do Brasil*, de Sérgio Buarque de Holanda, representavam o movimento de adoção da escrita ensaística como um gênero inédito para interpretar a realidade nacional e com referenciais metodológicos inovadores frente à historiografia consolidada até então. As obras da Brasiliana ainda estavam mais próximas desta tradição, mesmo que Fernando Azeve-

---

7. Fernando Azevedo mostra como a formação em Ciências Jurídicas ainda se vinculava ao tradicionalismo das universidades portuguesas, como Coimbra (ver Fernando Azevedo, *op. cit.*).
8. *Idem* e Lawrence Hallewell, *O Livro no Brasil: Sua História*, p. 420.
9. Antonio Baptista Pereira, *Figuras do Império e Outros Ensaios*, São Paulo, Companhia Editora Nacional, 1931.
10. Fábio Franzini, *À Sombra das Palmeiras: A Coleção Documentos Brasileiros e as Transformações da Historiografia Nacional (1936-1959)*.

do, seu diretor, estivesse à frente das novas diretrizes nacionais da educação superior e da cultura pós-1930. O intelectual tinha uma visão modernizadora para a nação, porém, carregava consigo as marcas de uma formação e de um repertório historiográfico mais consolidado, e isso influenciava nas escolhas da coleção.

De todo modo, com as chamadas *brasilianas* o mercado editorial passa a compor e a contribuir para as transformações dos meios intelectuais no Brasil que envolviam-se estreitamente com a política nacional. Nascidas no calor de um debate liberal-revolucionário sobre os rumos do país, ressalta-se que para garantir sua existência, ambas tiveram de lidar com os mecanismos de controle do Estado Novo. De forma contraditória, o caráter inovador desses empreendimentos editoriais e dos grupos que representavam, em nenhum momento, se propuseram ao enfrentamento direto com o regime vigente e seu projeto de desenvolvimento[11]. A opção por publicações de fontes documentais e títulos clássicos sobre o Brasil condizia com a nova atmosfera intelectual e, concomitantemente, adaptava-se ao crivo ideológico e ao exercício da censura em vigor.

Essas coleções sobreviveram, diferentemente de outras surgidas também no início da década de 1930, cujo teor político era mais explícito. Foi o caso da Coleção Azul, publicada pela editora Schmidt: "A Coleção Azul (direção de Augusto Frederico Schmidt) pretende ser um instrumento de análise e orientação ideológica da pequena-burguesia. Delineiam-se as tendências que passam a dividir esta classe: liberal-reformista, e a de direita, integralista"[12].

Fruto desse mesmo contexto de efervescência cultural e política, a chamada Coleção Azul expressou a necessidade de um setor da elite dissidente de copilar e tornar público o debate político sobre a história e também sobre os rumos do Brasil. Mesmo com um perfil conservador, ela não subsiste, por seu caráter político. Antes de lançar a Documentos Brasileiros, a casa José Olympio propôs-se a uma coleção de embate político-ideológico chamada Problemas Políticos Contemporâneos, lançada em 1934. Esta aparentemente

---

11. Laurence Hallewell, *O Livro no Brasil*, p. 422.
12. Edgard Carone, "Coleção Azul: Uma Crítica Pequeno-Burguesa à Crise Brasileira de 1930", *Revista Brasileira de Estudos Políticos*, n°. 25/26, pp. 249-290, 1968/1969, Belo Horizonte (Separata).

se aproximava mais da proposta da Azul, no entanto, com o fechamento do regime em curso, a coleção não prosseguiu.

Ou seja, diante dessa conjuntura em que rapidamente crescem o acirramento político e o controle ideológico, os estudos brasileiros passarão a ter maior interesse do público letrado e, ao mesmo tempo, deverão se conter dentro de um espectro sutil de crítica social. Nesse sentido, as coleções que se consagram atendem à necessidade de divulgação de clássicos sobre o passado e de "modernas" leituras sobre o caráter nacional que não se chocavam com o espírito entusiasta das possibilidades do progresso e modernização. Essa dupla condição contribuia para que as coleções e seu sentido modernizador formassem novas gerações mais críticas e radicais.

***

O histórico das primeiras coleções de história e interpretação do Brasil, consagradas sob o termo brasiliana, oferece-nos uma base para tentarmos analisar a criação da Coleção Corpo e Alma do Brasil no final dos anos 1950 e seu desenvolvimento ao longo das décadas posteriores, quando os livros de Edgard Carone serão publicados.

Segundo o historiador Laurence Hallewell, a Corpo e Alma do Brasil seria mais uma das imitações que lisonjearam a coleção pioneira da CEN[13]. Em termos gerais, no que diz respeito à concepção do projeto editorial, é possível definir a coleção da Difel como uma brasiliana, carregando consigo o sentido de suas congêneres na busca por uma sistematização de análises sobre o país em uma perspectiva totalizante. Entretanto, acreditamos que ela não pode ser tomada como simples imitação, pois o projeto da Difusão se desenvolve em um contexto editorial, político e intelectual diferente daquele em que se realizaram suas congêneres.

O fim do Estado Novo, que coincide também com o fim da Segunda Guerra, abre espaço para atuação de algumas casas progressistas e engajadas politicamente. "A chamada República 'Populista' (1945-1964), particularmente em seus últimos anos, foi um período em que se destacaram muitas

---

13. Laurence Hallewell, *O Livro no Brasil*, p. 420.

editoras de posições progressistas. [...] inclusive as que tinham vínculos diretos com o comunismo ortodoxo [...]"[14].

Com ligações mais ou menos diretas com partidos políticos, intelectuais e militantes de esquerda, destacam-se no campo das editoras progressistas a Civilização Brasileira, dirigida por Ênio Silveira, a Brasiliense (1943), pertencente a Caio Prado Júnior, e a Zahar Editores (1947), de Jorge Zahar. Cabe ainda lembrar a Editora Vitória, ligada ao Partido Comunista Brasileiro (PCB), fundada em 1943. A Difusão Europeia do Livro (1951) pode ser considerada como parte desse conjunto de empresas progressistas que surgem no período, e a Corpo e Alma do Brasil traz uma marca essencial de seu posicionamento nesse campo político-editorial.

A coleção foi dirigida por Fernando Henrique Cardoso, jovem professor assistente da Faculdade de Filosofia da USP que estava em vias de concluir sua tese de doutoramento. Orientado por Florestan Fernandes, ele representa, como diretor, a figura expoente de um novo grupo de intelectuais que se forma na capital paulista a partir da consolidação da vida universitária. Ou seja, a geração seguinte àquela formada nas primeiras turmas da FFCL no início dos anos 1940, pois além de Florestan, Antonio Candido, Asis Simão e outros membros do grupo foram seus professores.

As brasilianas anteriores são um projeto editorial moderno para os anos 1930 e dialogam com a criação das universidades, mas ainda publicavam autores clássicos vindos da tradição bacharelesca da produção dos institutos históricos ou, ainda, viajantes estrangeiros e autores do período colonial. Mesmo Sérgio Buarque ou Gilberto Freyre, que traziam o ensaio para dentro do pensamento social brasileiros, não eram filhos destas instituições nacionais, embora passassem a colaborar com elas.

Sendo assim, os primeiros frutos da universidade como um novo lugar da produção de conhecimento vem ao público, de modo organizado, através da Corpo e Alma do Brasil e de outras coleções dos anos 1960, tais como Retrato do Brasil, da Civilização Brasileira, ou Biblioteca de Ciências Sociais, da Zahar. Se a reorganização e a expansão do ensino nacional trouxeram a ampliação do público leitor, conforme já se apresentou, quando observamos de perto o lugar do nível superior e, sobretudo, do desenvolvimento da pesquisa e

---

14. *Idem*, p. 592.

da pós-graduação, criavam-se novos autores, acadêmicos profissionais ou que, ao menos, desejavam se profissionalizar. O mercado editorial, mais uma vez, integra-se e alimenta esse processo de transformação na esfera intelectual, das disputas e da atuação política dessa produção no espaço público. A universidade precisava colocar seus trabalhos em circulação para legitimar-se social e politicamente, assim como os sujeitos envolvidos em seu funcionamento.

As duas primeiras publicações da Corpo e Alma do Brasil são dos professores franceses vindos na chamada missão que fundou a Universidade de São Paulo. O primeiro volume é de Pierre Monbeig, *Novos Estudos de Geografia Humana Brasileira*, publicado em 1957[15]. O volume seguinte é de Roger Bastide, intitulado *Brasil, Terra de Contrastes*, de 1959[16]. Esses lançamentos dialogam diretamente com o processo de formação institucional da USP e parecem marcar as bases, ou o a marca de origem, da escola representada pelas publicações seguintes.

Se admitirmos que as coleções têm um caráter de divulgação e formam uma espécie de vitrine editorial, é preciso ressaltar a importância que se atribui às suas obras fundadoras. O tratamento dado à Documentos Brasileiros e à Brasiliana, especialmente quando se faz uma análise comparativa, sempre destaca a escolha de seus títulos inaugurais. Vale então refletir comparativamente com relação à Corpo e Alma. Ela será inaugurada pelos mestres franceses da FFCL e, em seguida, publicará os trabalhos das primeiras gerações de professores brasileiros e seus orientandos.

Nesse ponto, pode-se retomar um pouco a questão geracional que marca a Corpo e Alma do Brasil e aproxima Edgard Carone e seu trabalho da coleção. Os jovens intelectuais uspianos da década de 1940, que haviam se formado através da leitura de *Casa-Grande e Senzala* e *Raízes do Brasil*, buscavam dar passos independentes em relação ao conservadorismo ainda presente na produção desses intelectuais, chamando a intelectualidade a uma atuação assumidamente política. Antonio Candido e Florestan Fernandes são os intelectuais universitários que se destacam neste processo.

---

15. Pierre Monbeig, *Novos Estudos de Geografia Humana Brasileira*, São Paulo, Difusão Europeia do Livro, 1957.
16. Roger Bastide, *Brasil, Terra de Contrastes*, São Paulo, Difusão Europeia do Livro, 1959.

CORPO E ALMA DO BRASIL: EDGARD CARONE E A HISTÓRIA...   137

Àquela altura já tinham diversos trabalhos publicados, mas não haviam se expressado editorialmente em um projeto do tipo proposto pelas consagradas brasilianas.

Quando observamos a sequência de títulos publicados na Corpo e Alma, vemos um projeto universitário vir a público neste mercado.

Quadro 7. TÍTULOS DA COLEÇÃO CORPO E ALMA DO BRASIL, EDITORA DIFUSÃO EUROPEIA DO LIVRO[17]

Ano	Volume	Obra	Autor
1957	1	Novos Estudos de Geografia Humana	Pierre Monbeig
1959	2	Brasil, Terra de Contrastes	Roger Bastide
1960	3	Mudanças Sociais no Brasil	Florestan Fernandes
1961	4	Uma Vila Brasileira: Tradição e Transição	Emílio Willems
1961	5	A Luta pela Industrialização no Brasil (1808-1930)	Nícia Vilela Luz
1962	6	Aspectos Fundamentais da Cultura Guarani	Egon Schaden
1962	7	As Metamorfoses do Escravo: Apogeu e Crise da Escravatura no Brasil	Octavio Ianni
1962	8	Capitalismo e Escravidão no Brasil Meridional: O Negro na Sociedade Escravocrata do Rio Grande do Sul	Fernando Henrique Cardoso
1962	9	Panorama do Teatro Brasileiro	Sabato Magaldi
1963	10	Grandezas e Misérias do Ensino Brasileiro	Maria José Garcia Werebe
1963	11	Organização Social dos Tupinambá	Florestan Fernandes
1964	12	O Índio e o Mundo dos Brancos: A Situação dos Tukúna do Alto Solimões.	Roberto Cardoso de Oliveira
1964	13	Empresário Industrial e Desenvolvimento Econômico no Brasil	Fernando Henrique Cardoso
1964	14	Sociedade Industrial no Brasil	Juarez Rubens Brandão Lopes
1965	15	Estratificação Social no Brasil: Suas Origens Históricas e Suas Relações com a Organização Política do País	João Camilo de Oliveira Torre

17. A pesquisa foi realizada no Sistema Integrado de Bibliotecas da Universidade de São Paulo (Dedalus-USP).

1965	16	*São Paulo Metrópole 65*	Jorge Wilheim
1965	17	*Trabalho e Desenvolvimento no Brasil*	Luiz Pereira
1966	18	*Conflito Industrial e Sindicalismo no Brasil*	Leôncio Martins Rodrigues
1966	19	*Da Senzala à Colônia*	Emília Viotti da Costa
1967	20	*Crise do Brasil Arcaico*	Juarez Rubens Brandão Lopes
1967	21	*Índios e Castanheiros*	Roque de Barros Laraia e Roberto da Mata
1968	22	*Lavoura Canavieira em São Paulo: Expansão e Declínio (1765-1851)*	Maria Thereza Schorer Petroni
1968	23	*Brasil em Perspectiva*	Carlos Guilherme Mota (org.)
1968	24	*Sindicato e Desenvolvimento no Brasil*	José Albertino Rodrigues
1968	25	*Desenvolvimento e Crise*	Paul Singer
1968	26	*Petróleo e Nacionalismo*	Gabriel Cohn
1969	27	*Mudanças Sociais na América Latina*	Fernando Henrique Cardoso
1968	28	*A Colonização Alemã no Espírito Santo*	Jean Roche
1969	29	*A Primeira República: Texto e Contexto*	Edgard Carone
1970	30	*Formação Histórica de São Paulo*	Richard Morse
1970	31	*A República Velha I (Instituições e Classes Sociais)*	Edgard Carone
1971	32	*Fórmulas Políticas no Brasil Holandês*	Mário Neme
1971	33	*A Industrialização de São Paulo*	Waren Dean
1971	34	*A República Velha II (Evolução Política)*	Edgard Carone
1972	35	*O Modelo Político Brasileiro e Outros Ensaios*	Fernando Henrique Cardoso
1972	36	*O Negro no Mundo dos Brancos*	Florestan Fernandes
1973	37	*A Segunda República*	Edgard Carone
1973	38	*Sociedade e Política no Brasil: Desenvolvimento, Classe e Política Durante a Segunda República*	Gláucio Ary Dillon Soares
1974	40	*A República Nova (1930-1937)*	Edgard Carone
1974	40	*Integralismo: O Fascismo Brasileiro na Década de Trinta*	Hélgio Trindade
1975	42	*Revoluções do Brasil Contemporâneo*	Edgard Carone
1975	42	*São Paulo e o Estado Nacional*	Simon Schwartzman
1975	43	*O Tenentismo: Acontecimentos, Personagens e Programas*	Edgard Carone

1975	43	*Brasil, Política 1964-1975*	Fernando Pedreira
1976	44	*A Terceira República*	Edgard Carone
1976	45	*Educação e Dependência*	Manfredo Berger
1976	45	*Capitalismo Autoritário e Campesinato: Um Estudo Comparativo a Partir da Fronteira em Movimento*	Otávio Guilherme Velho
1977	46	*Trabalho Urbano e Conflito Social (1890-1920)*	Boris Fausto
1976	47	*O Estado Novo*	Edgard Carone
1975	53	*Raízes da Concentração Industrial em São Paulo*	Wilson Cano
1977	54	*O Pensamento Industrial no Brasil*	Edgard Carone
1978	55	*O Minotauro Imperial: A Burocratização do Estado Patrimonial Brasileiro no Século XIX*	Fernando Uricoechea
1979	56	*O Movimento Operário no Brasil (1945-1964)*	Edgard Carone
1979	57	*Intelectuais e Classes Dirigentes no Brasil*	Sergio Miceli
1980	58	*A Quarta República*	Edgard Carone
1984	59	*O Movimento Operário no Brasil (1964-1984)*	Edgard Carone
1982	60	*O PCB – vol. 1*	Edgard Carone
1982	61	*O PCB – vol. 2*	Edgard Carone
1982	62	*O PCB – vol. 3*	Edgard Carone
1984	63	*Médicos e Curandeiros: Conflito Social e Saúde*	Maria Andrea Loyola
1974	-	*Centro e Periferia no Desenvolvimento Brasileiro.*	Jorge Balán (org.)
1979	56	*O Movimento Operário no Brasil (1877-1944)*	Edgard Carone
1985	-	*A República Liberal I*	Edgard Carone
1985	-	*A República Liberal II*	Edgard Carone
1974	-	*O Continente Brasileiro*	Jean Demangeot
1984	-	*Estado e Cultura no Brasil*	Sergio Miceli
1988	-	*A Elite Eclesiástica Brasileira*	Sergio Miceli
1988	-	*Os Deserdados da Terra: A Lógica Costumeira e Judicial dos Processos de Expulsão e Invasão da Terra Camponesa no Sertão de Minas Gerais*	Maria Margarida Moura

O terceiro volume é a primeira edição de *Mudanças Sociais no Brasil*, de Florestan Fernandes[18]. Às marcas da Missão Francesa, segue-se uma obra e seu autor, um intelectual decisivo para a renovação do pensamento históri-

---

18. Florestan Fernandes, *Mudanças Sociais no Brasil*, São Paulo, Difel, 1960.

co e sociológico brasileiro e a formação do grupo paulista. O livro traz, justamente, o diálogo com a crítica de sua geração sobre o papel da escravidão e a incorporação do negro na sociedade brasileira. Esse era o tema geral que norteou a pesquisa de seu grupo de orientandos, considerando a relação desses processos com o desenvolvimento das classes sociais e do capitalismo no país, de forma muito diferente dos ensaios freirianos. Outros dois livros seus serão publicados na Corpo e Alma: *Organização Social dos Tupinambá*[19], *O Negro no Mundo dos Brancos*[20].

Especialmente o primeiro e o último nos levantam a possibilidade de enxergar esse projeto editorial da Difel como um espaço de contraposição, ou de confronto das tradições intelectuais que se expressavam nas coleções anteriores. A Brasiliana e a Documentos Brasileiros cumpriram um papel muito importante à sua época, e se consolidaram através de um objetivo claro na sistematização do pensamento sobre o Brasil. Em um momento posterior, a Corpo e Alma do Brasil parece apropriar-se destes modelos para dialogar com eles em outro sentido: o da renovação interpretativa – que de algum modo expressa também uma renovação institucional nos meios intelectuais.

Na coleção, a geração "missionária" é seguida da *novíssima*. Os outros títulos pertencem às gerações seguintes, formadas por Florestan, Antonio Candido e outros. Além de Fernando Henrique Cardoso, podemos identificar Octavio Ianni, Emília Viotti da Costa, Carlos Guilherme Mota, Paul Singer, como jovens frutos da incipiente tradição universitária no Brasil. O historiador Edgard Carone está entre eles, considerando sua condição particular, como já definimos: ele se encontra entre as duas gerações universitárias: a dos professores, seus colegas dos anos 1940, e dos novos pesquisadores e doutores formados por eles, com quem ele oficialmente se torna um historiador.

***

---

19. Florestan Fernandes, *Organização Social dos Tupinambá*, São Paulo, Difusão Europeia do Livro, 1963.
20. Florestan Fernandes, *O Negro no Mundo dos Brancos*, São Paulo, Difusão Europeia do Livro, 1972.

A ideia de um salto geracional na formação de Edgard Carone o favorece, naquele momento, a ocupar uma posição de vanguarda na produção universitária no que diz respeito aos debates sobre a nação brasileira. E ele integra a coleção como espaço comum a esse corpo de intelectuais que pretendiam inovar o conteúdo e a forma com as quais se pensava o país e afirmar sua identidade universitária.

O desenvolvimento da Corpo e Alma do Brasil se insere, ainda, em um momento histórico de virada, no qual o espírito liberal e progressista, que contagiou o mercado editorial com novas empresas engajadas, vai sendo substituído pelo tensionamento político e pelo espectro golpista que se realiza no ano de 1964. Como se viu, Edgard Carone inicia sua produção intelectual marcado por esse processo e, em especial, pelo Golpe Militar. Desse modo, as publicações de seu trabalho na Difel carregam esse sentido e se encaixam na coleção, por partilhar sua perspectiva politizada.

O próprio contexto editorial dos anos 1960 inaugura uma certa disputa entre projetos nacionais e estrangeiros no que diz respeito às publicações acadêmicas. O Grupo Executivo da Indústria do Livro (GEIL), criado no fim dos 1950, transforma-se ao longo da Ditadura Militar. Além de se responsabilizar pelo incentivo à indústria, também possuía responsabilidade sobre a regulamentação em relação ao conteúdo daquilo que deveria circular no mercado editorial brasileiro. Isso foi feito em parceria com a agência norte-americana de informação, atualmente USIS (United States Information Service), através do que ficou conhecido como USIA Book Program.

A USIA (United States Information Agency) fornecia, normalmente, o texto original, ou pelo menos, orientava sua seleção. Comumente, ficava a seu cargo a obtenção dos direitos de tradução e, muitas vezes, pagava parcial ou integralmente os direitos de autores norte-americanos[21].

A GEIL impactou, sobretudo, a política de incentivo de manuais universitários e a publicação de livros de política e economia, colocando em prática um conjunto de ações editoriais, influência política e econômica estadunidense a partir de bens culturais e referências intelectuais. Os estudos sobre a

---

21. Laurence Hallewell, *O Livro no Brasil*, p. 574.

América Latina e, particularmente, sobre o Brasil, começam a despontar nas universidades norte-americanas em institutos, fundações e departamentos.

Essa era uma questão que preocupava os intelectuais brasileiros da época que discutiam a necessidade de uma produção autônoma e crítica[22]. De um lado, o acesso à documentação de nossa história estava aberto aos pesquisadores vindos dos EUA, como parte de uma política de boa vizinhança do regime; de outro, o incentivo à importação abria o nosso mercado e colocava os livros estrangeiros em condição favorável para formar as novas gerações.

As publicações da Corpo e Alma do Brasil intervêm nesse contexto, que contava, inclusive, com o avanço na dominação ideológica colocada pelo imperialismo *yankee*. Propor-se a criar um "corpo" de publicações que refletisse o Brasil através de uma matriz renovada, debruçando-se sobre os problemas do desenvolvimento, da indústria e das questões sociais era uma tarefa bastante ousada que parecia cumprir um papel de disputa frente a essa realidade.

Edgard Carone foi um intelectual que deixou explícita a intenção de engajamento e atuação política através de sua produção intelectual. Assim também podemos identificar o trabalho de boa parte do grupo, representado pela direção de Fernando Henrique Cardoso. Todos, em menor ou maior grau, fizeram trabalhos críticos à formação social e econômica do Brasil e, na medida em que se acirravam os nervos políticos, envolveram-se na crítica ao regime e à submissão do país ao imperialismo.

Isto é, a Corpo e Alma do Brasil expressa os anseios da intelectualidade progressista que se afirma no período da República Liberal (1945-1964), e que irá resistir nos anos de chumbo. E o projeto político-intelectual de Edgard Carone se encaixa nos seus propósitos e perspectivas de atuação dos universitários neste período.

A História da República como Inovação Universitária

No último livro publicado, *A República Liberal (1945-1964)*[23], Carone apresenta uma pequena nota introdutória em que reafirma seus anseios na realização e na conclusão de um projeto:

---

22. *Idem.*
23. Edgard Carone, *A República Liberal (1945-1964)*, São Paulo, Difel, 1985.

Com a República Liberal (1945-1964), termino meu trabalho sobre a História da República. A ideia nasceu no momento do golpe de 1964, na hora em que as pessoas se interrogavam sobre o papel, na nossa história, dos militares, da burguesia e dos capitais estrangeiros. Esta é uma das razões que me fez buscar a origem destes e de outros problemas da nossa formação republicana. O que não esperava era levar quinze anos para realizar a tarefa e nem que a obra pudesse ampliar-se nos diversos volumes que compõem a História da República[24].

A declaração demonstra que persistiu, até o último volume, a ideia de elaborar uma análise que resgatasse as origens do sistema político e da estrutura socioeconômica do país, atingidos pelo Golpe Militar, que naquele momento já ultrapassava uma década. Nota-se, também, o fato de que não se pretendia necessariamente chegar tão longe ou, ao menos, Edgard Carone não esperava de antemão constituir uma obra tão vasta, sobre a qual se dedicaria ao longo de tantos anos.

Como já foi apresentado, esse projeto de estudo surgiu durante a redação de seu primeiro livro, *Revoluções do Brasil Contemporâneo*, que se restringia aos anos de 1922 a 1937. Voltar-se para o início da República no ano de 1889 foi a primeira tarefa a qual o historiador se deu, quando se deparou com mais uma intervenção militar na história de nossa jovem República. Desde então, foi avançando nos estudos e na própria consolidação tardia de sua carreira acadêmica: "Eu calculava que para escrever a história da República, de 1889 a 1964, precisaria de um volume – acabei escrevendo dez volumes"[25].

No entanto, esse avanço não foi casual. Ainda que não tivesse a dimensão exata de qual seria o caminho a percorrer e o quanto isso custaria em termos de tempo e volume de trabalho, Carone sabia que ao retornar à universidade, redicionaria sua dedicação à vida intelectual como uma profissão.

A extensão do trabalho dependia do espaço que ele conseguiria conquistar na universidade e em outras instituições que garantiriam material e simbolicamente a realização de seu projeto. Ele precisaria viabilizar sua vida como professor e pesquisador o que, no contexto da Ditadura Militar, significava estar respaldado apesar dos discursos que ele fazia, das atividades

---

24. Edgard Carone, "Nota Introdutória", *A República Liberal (1945-1964)*, p. 7.
25. Edgard Carone, "Entrevista", em José Vinci de Moraes e José Márcio Rego, *Conversas com Historiadores Brasileiros*.

144 EDGARD CARONE E A IDEIA DE REVOLUÇÃO NO BRASIL

políticas que participava. Para tanto, não bastava afirmar que fazia política com seus livros, este poderia ser inclusive um limitador de sua ação. O historiador precisava respaldar seu trabalho como uma contribuição historiográfica, em diálogo com tradições anteriores e com as inovações que a perspectiva universitária poderia lhe proporcionar.

Em outras palavras, a elaboração histórica tinha que hierarquizar seu engajamento. Nesse sentido, a estrutura que ele propõe para desenvolver o que consideramos ser seu projeto político-intelectual, foi também um bom plano de trabalho, de médio-longo prazo, para que Carone obtivesse recursos para garantir o respaldo institucional e profissional necessário à realização de uma obra.

Quadro 8. A HISTÓRIA DA REPÚBLICA DE EDGARD CARONE

Período	Títulos
1889-1930	A Primeira República: Texto e Contexto
	República Velha: Instituições e Classes Sociais
	República Velha: Evolução Política
1930-1937	A Segunda República: Documentos
	República Nova
1937-1945	A Terceira República
	O Estado Novo
1945-1964	A Quarta República
	A República Liberal I
	A República Liberal II

***

Atualmente, quando olhamos o conjunto da obra de Edgard Carone sobre a República brasileira, a divisão dos períodos parece óbvia, quase natural: *1.* 1889-1930; *2.* 1930-1937; *3.* 1937-1945; *4.* 1945-1964. No entanto, devemos refletir que os marcos históricos traduzidos nestas datas não existiam *a priori*. Eles se consolidam na historiografia, enquanto tal, a partir de um processo de debate e amadurecimento da intelectualidade e, particularmente, dos historiadores – seus meios e instituições de construção do saber.

É possível afirmar que a obra de Carone é pioneira em apresentar essa divisão e, de certo modo, consolidá-la na historiografia. Para avaliarmos essa afirmação, é preciso mencionar algumas obras que o antecederam na tentativa de compreender a história da República de um modo totalizante.

A primeira fora escrita por José Maria Bello, com edição datada de 1940: *História da República: 1889-1902*[26]. O período de análise se estende em segunda edição[27], chegando ao ano de 1930 e, novamente, em terceira, que vai de 1930 a 1945, sendo definitivamente publicada uma edição póstuma, em 1972, *História da República 1889-1954 – Síntese de Sessenta e Cinco Anos de Vida Brasileira*[28], a qual consolida a análise do autor. Outra, chamada *História Sincera da República*[29], escrita pelo médico de formação e militante do PCB Leôncio Basbaum. Esta possui quatro volumes, escritos entre 1956 e 1968, os quais fazem uma análise que se inicia ainda no Império, no momento em que ele considera as origens da República e vai até o ano de 1967.

Partimos de uma consideração importante: ambos os autores não são historiadores formados na tradição universitária, o que de maneira nenhuma invalida ou diminui a importância de seus trabalhos, mas determina de alguma forma a sua localização na historiografia e isso nos importa para esta reflexão.

José Maria Bello era um bacharel em direito e atuou na política ocupando cargos de deputado e senador. Vemos refletir em sua obra a marca de sua necessidade em organizar documentos e, sobretudo, em registrar os fatos da história vivida. Não se trata de um trabalho memorialístico, mas o autor reforça a todo o momento sua autoridade enquanto político e sua responsabilidade em não deixar sem registro esse período da história e a interpretação de alguém que esteve ali. Também declara sua pretensão em demarcar a importância da história republicana em relação ao período anterior, expressando certo ufanismo com a contemporaneidade e com os feitos dos quais participou.

---

26. José Maria Bello, *A História da República, Primeiro Período: 1889-1902*, Rio de Janeiro, Civilização Brasileira, 1940.
27. José Maria Bello, *A História da República, 1889-1930*, Rio de Janeiro, Simões, 1952.
28. José Maria Bello, *A História da República 1889-1954 – Síntese de Sessenta e Cinco Anos de Vida Brasileira*, São Paulo, Companhia Editora Nacional, 1964.
29. Leôncio Basbaum, *História Sincera da República: Das Origens a 1889*, Rio de Janeiro, São José, 1957. O segundo volume saiu pela mesma editora em 1958. Em 1962 há uma publicação com os três volumes pela Editora LB de São Paulo.

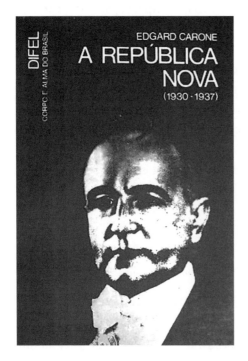

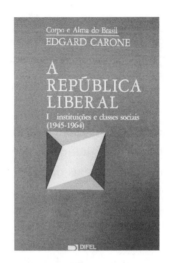

Série História da República de Edgard Carone na Coleção Corpo e Alma do Brasil. As capas acompanham as mudanças no projeto gráfico da coleção ao longo dos anos.

Às desvantagens tão alegadas da história contemporânea, opõem-se naturalmente incontestáveis vantagens. O escritor não precisa fazer difícil transposição psicológica para ambientes de passados mortos. Evoca um mundo que foi seu, que diretamente pôde conhecer, figuras que acotovelou ou que cuja passagem ainda se assinalavam vestígios [...]. Se me permitem falar de mim mesmo, fui realmente "político-militante" na chamada Velha República[30].

Do ponto de vista do método, é notável a presença da história política tradicional, pautada pela divisão de mandatos presidenciais, a descrição das atividades e decretos desses grandes homens. Não há categorias explicativas e conceitos como classes sociais ou economia. A preocupação em declarar neutralidade científica é recorrente.

Hoje, como ontem, esforço-me por ser sincero e objetivo, esquecendo as minhas possíveis paixões, aversões e simpatias, e tendendo sempre, no julgamento dos homens, à benevolência, que é uma das raras lições colhidas no trato de uma vida já bem vivida, e numa época de tão trágicas surpresas e tão brutais ameaças[31].

Ao contrário, Leôncio Basbaum inicia sua obra com uma epígrafe bastante incisiva: "Os historiadores têm, até aqui, interpretado o Brasil de várias maneiras. Trata-se agora de transformá-lo"[32]. Uma referência direta a Karl Marx, que caracteriza a produção intelectual como instrumento de intervenção na realidade. Para ele, uma interpretação da história da República brasileira se apresentava a serviço de sua transformação.

A estrutura do livro é bastante diferente daquela apresentada por José Maria Bello. Voltando ao Império, Basbaum se preocupa com o desenvolvimento do capitalismo no Brasil, o desenvolvimento das relações de dominação dos países centrais após o fim da colônia; o imperialismo. O papel da escravidão, o desenvolvimento do mercado de trabalho, do mercado interno, das classes sociais etc. O elemento econômico permeia o debate político e o autor apresenta nos quatro volumes um item de conclusão em que expressa seu ponto de vista sobre o desenvolvimento da sociedade e os

---

30. José Maria Bello, "Prefácio à Terceira Edição", *A História da República: 1889-1954 – Síntese de Sessenta e Cinco Anos de Vida Brasileira*.
31. *Idem*.
32. Leôncio Basbaum, *História Sincera da República: Das Origens a 1889*.

CORPO E ALMA DO BRASIL: EDGARD CARONE E A HISTÓRIA... 149

rumos que toma ao longo do processo histórico. Pelo atributo presente no título, com o adjetivo "sincera", vê-se que, enquanto historiador, Leôncio Basbaum não faz questão de ser isento em suas paixões na interpretação sobre a realidade, embora deixe claro que estas não deveriam interferir no compromisso com a documentação e a bibliografia disponíveis.

É necessário mencionar a referência à importante obra de Charles Seignobos, *Histoire Sincère de la Nation Française*[33], reforçando, nesse caso, a defesa de uma concepção de atividade intelectual, especialmente, dos historiadores diante dos fatos.

O título incomum e um tanto ridículo dado a esta obra... significa que eu exponho o passado com sinceridade, sem reticências, sem qualquer consideração pelas opiniões recebidas, sem consideração pelas propriedades oficiais, sem respeito por pessoas famosas e autoridades estabelecidas. [...] historiadores renomados dos primeiros dois terços do século XIX trabalharam em condições que os impediam de descrever o passado com total sinceridade[34].

O comum entre essas obras é o fato de terem sido publicadas em coleções vindas da tradição que se inaugurou na década de 1930. A de José Maria Bello fez parte da Biblioteca do Espírito Moderno, da Companhia Editora Nacional – que se inicia em 1938; a de Basbaum integrou a Biblioteca Alfa Ômega de Ciências Sociais. Nesse caso, há um aspecto comum do ponto de vista editorial entre as duas "histórias da república" antecessoras àquela escrita por Edgard Carone e, desse modo, vemos um caráter comum entre elas, de estarem inseridas em projetos mais amplos de interpretação sobre o Brasil e difusão do conhecimento.

Em seu conteúdo, verifica-se que nas duas obras já estão contidos os temas que se apresentam também nos livros de Carone: a questão militar e a Proclamação da República, o Tenentismo, a Coluna Prestes, a Revolução de 1930, a permanência de Getúlio Vargas no poder etc. Ou seja, já havia na

33. Charles Seignobos, *Histoire Sincère de la Nation Française*, Paris, Rieder, 1933.
34. Citação retirada de Leclère L. Seignobos (Ch.), "Histoire Sincère de la Nation Française", *Revue Belge de Philologie et d'Histoire*, t. 12, fasc. 4, pp. 1167-1170, 1933. Neste artigo, Leclère debate justamente a ideia de "sinceridade" nas diferentes concepções de história. No caso, esta reivindicada por Seignobos, no século XX, e a criticada por ele, dos historiadores do século XIX.

intelectualidade a necessidade de avaliar esses processos, movimentos e fatos da história brasileira. Edgard Carone não descobre a história, podemos falar, talvez, em uma redescoberta inovadora. A novidade de seu trabalho reside na forma como irá desenvolver a pesquisa e concretizar uma interpretação da história nos diferentes aspectos: documentação, periodização e metodologia.

É inegável a influência desses autores para Edgard Carone. Ele faz referência a elas ao longo de seu texto e na bibliografia dos volumes. No entanto, o fato de não integrarem uma tradição historiográfica universitária coloca suas interpretações em posições específicas como interpretações do Brasil. No que diz respeito a Bello, sua produção intelectual ainda está ligada à tradição autodidata e bacharelista; Basbaum se coloca à serviço de um ativismo político. Na verdade, a história da República nos anos 1960 ainda envolvia processos recentes e esse fato acalorava o debate e o relegava, de modo geral, às memórias e ao espaço político.

Naquele momento, a incorporação de métodos e teorias acadêmicas à historiografia brasileira estava muito restrita ao período colonial. A renovação dos métodos na pesquisa em história se debruçaram profundamente sobre a colônia e a formação nacional e se traduziram na ensaística de um Sérgio Buarque, ou na dialética de um Caio Prado Júnior. Com essas referências, a intelectualidade universitária permeneceu apegada aos temas mais distantes da nossa história, ainda que quisessem compreender o presente de nossa sociedade. Havia muitos motivos para isso, desde a disponibilidade das fontes até o caráter eurocêntrico da formação intelectual e do quadro de professores "missionários". No entanto, há que se considerar a dificuldade do historiador em lidar com um período tão próximo de seu presente, em enfrentar essa realidade ainda viva em personagens e acontecimentos.

A série de livros de Carone sobre a República se coloca, então, de um lado, como continuadora desse movimento de renovação historiográfica que pretendia buscar a essência da nossa formação nacional, mas que ainda se detinha fundamentalmente na análise do processo de colonização; de outro lado, ela rompe com a necessidade de um extremo distanciamento histórico, colocando-se a serviço da contemporaneidade, ou melhor, de um trabalho que desse conta de identificar as consequências e as novas questões históricas para um período mais recente.

Devemos lembrar que no mesmo ano também é realizada a defesa de tese de Boris Fausto[35], fato que corrobora para a ideia de que Edgard Carone compunha um contexto intelectual amplo de transformações, no qual a República emerge como tema importante para um conjunto de pesquisadores tanto da geração com a qual ele se formou quanto daquela com quem ele passou a conviver em seu retorno à universidade. Logo, oficialmente, no ano de 1971, a defesa das duas teses marca esse movimento em curso no departamento da USP.

As diferentes perspectivas de abordagem que os autores irão seguir em suas pesquisas expressam o percurso de suas formações e as possibilidades de abordagem teórico-metodológicas abertas pelos respectivos pertencimentos geracionais. De alguma maneira, a tese de Carone já repercutia como o trabalho de um historiador mais experiente, pois, como sabemos, antes de seu doutoramento ele já havia publicado três livros e era conhecido nos veículos de debate intelectual incentivados pelos intelectuais universitários de sua geração. Esta condição nem sempre seria recebida como algo positivo, Carlos Guilherme Mota, estudante à época, relembra que a tese de Carone foi apresentada em formato de livro, editada para publicação, fato que gerou desconforto entre os membros da banca.

Entre a tradição historiográfica existente e das possibilidades abertas pela pesquisa universitária, podemos entender que a obra de Edgard Carone constituirá uma referência à época. As inovações que ele incorpora em sua concepção, estrutura e narrativa estão ligados às correntes modernizadoras do pensamento brasileiro com as quais ele teve contato em sua trajetória pouco comum, e intergeracional, como passamos a analisar.

Uma Nova Interpretação do Brasil: Os Períodos da República

A série de livros de Edgard Carone reflete a introdução das principais correntes de pensamento que forjaram as primeiras gerações de intelectuais universitários no Brasil. Em primeiro lugar, a tradição francesa dos *Annales* fica evidente na organização de todos os livros, através da relação "ruptura x continuidade", da ideia de processo histórico, das temporalidades do fato,

---

35. Boris Fausto, *A Revolução de 1930: História e Historiografia*, São Paulo, Brasiliense, 1970.

da conjuntura, da curta e longa duração. Os prefácios e apresentações do historiador explicitam a sua intenção em dar continuidade e/ou fechar um ciclo de análise anterior, considerando as especificidades de um período em relação ao outro, mas também a totalidade da história do país e a necessidade de inserir cada estudo nessa totalidade.

Para exemplificar, Carone diz em *A República Velha II*:

> Com o volume de história política terminamos o *ciclo* sobre a Primeira República. [...] Para o estudo, no entanto, oscilamos entre dois métodos, que consideramos igualmente válidos: a análise interpretativa e a análise descritiva dos *fenômenos* (que também é interpretação). Na primeira abordagem deveríamos usar talvez uma interpretação mais *global* das *estruturas* políticas e do *funcionamento dinâmico* dos grupos. Entretanto, toda análise subentende grande conhecimento *factual* da época. [...] Não os fatos pelos fatos, mas os fatos como elementos de uma estrutura *dinâmica*[36].

Em *A Segunda República*, ele acrescenta: "Este volume é continuação de *A Primeira República*: *Texto e Contexto*. A intenção é apresentar uma variedade de documentos, suficiente para dar ideia da complexidade do período. [...] Nos momentos de transição coexistem formas novas e velhas [...]"[37].

Nesse sentido, os períodos que o historiador delimita para a história republicana são colocados a partir de uma metodologia nova e uma concepção de história bastante diferente daquela proposta por seus antecessores. Não há uma adoção declarada do método, mas ele se revela inevitavelmente no conteúdo dos livros, em sua estrutura, especialmente, em seus paratextos.

Ao mesmo tempo, Edgard Carone tem um cuidado especial com a composição articulada entre a geografia, a sociedade e a economia. Essa também é uma preocupação braudeliana e do projeto pedagógico que vigorou nos primeiros anos da FFCL com o curso de Geografia e História[38]. Sem dúvida, o historiador sofreu as influências dessa concepção de história ao longo de sua formação, desde a Faculdade de Filosofia, e elas se expressaram na concretização de sua obra.

---

36. Edgard Carone, *A República Velha II: Evolução Política*, p. v, grifos nossos.
37. Edgard Carone, *A Segunda República*, São Paulo, Difel, 1973, p. IV.
38. Paulo Henrique Martinez, "Fernand Braudel e a Primeira Geração de Historiadores Universitários da USP (1935-1956): Notas Para Estudo", *Revista de História*, nº. 146, pp. 11-27, 2002.

CORPO E ALMA DO BRASIL: EDGARD CARONE E A HISTÓRIA... 153

Sobre sua metodologia:

VEJA: Delimitado o período, que estratégia adotou como historiador?
CARONE: A bibliografia existente não me satisfez. Nenhum dos trabalhos que li estudava o momento histórico ao nível das *estruturas gerais, estruturas econômicas, sociais e políticas*. Ou faziam interpretações ou ficavam presos à perspectiva da época em que foram escritos, sem desenvolver, por exemplo, o problema da *formação e maturação* das classes sociais no Brasil, ou o problema da posição do exército. Para não cair no mesmo erro, dividi o período em várias etapas, adotando um critério cronológico[39].

Ao lado da referência francesa que o formou academicamente, vemos também a utilização do marxismo como método que norteia a análise histórica de Edgard Carone. Como bem observa Paulo Arantes, o marxismo é incorporado tardiamente na academia, já na década de 1960, e entra pelas portas da filosofia, e não da história[40]. Contudo, é possível observar que mesmo de forma sutil as primeiras gerações da FFCL acabaram por combinar a teoria marxista com a tradição francesa que forjara a instituição, pois o marxismo era uma teoria que participou da formação da geração engajada dos anos 1940, pela via política, nos grupos de crítica ao Estado Novo, nas redes de apoio ao PCB, como abordamos anteriormente. De modo geral, as ideias de Marx construíram seu ímpeto de intervenção na realidade a partir do trabalho intelectual.

Sendo assim, o uso da teoria marxista tinha outra perspectiva para Edgard Carone. A sociedade brasileira é analisada por ele a partir do conceito de classe social, buscando sempre identificar as classes dominantes e as classes dominadas, de modo amplo; e definir, de maneira mais específica, onde se encontram a burguesia, o operariado, o campesinato, as classes médias etc. O historiador tenta encontrar as características específicas dessas categorias em um país como o Brasil, sem transpor simplesmente o modelo do capitalismo europeu, mas tentando compreender o desenvolvimento do capitalismo na ex-colônia, como veremos na Parte II - "A República de 1889-1930: Um Questionamento sobre a Revolução Brasileira". Sobre a eco-

---

39. Edgard Carone, "A República em Capítulos", grifo nosso.
40. Paulo Arantes, *Um Departamento Francês de Ultramar: Estudos sobre a Formação da Cultura Filosófica Uspiana (Uma Experiência nos Anos 60)*, Rio de Janeiro, Paz e Terra, 1994, pp. 237--316. Arantes elabora o tema no capítulo "Falsa Consciência como Força Produtiva".

nomia, a questão inevitável era a industrialização do país e, paralelamente, as transformações das áreas rurais. A partir dessa contradição inevitável entre campo e cidade, agricultura e indústria, desenvolvem-se todas as particularidades das classes sociais e também as movimentações políticas que se movem para construir um projeto de nação para o Brasil.

O debate filosófico sobre as categorias marxistas não aparece nos livros que Carone produziu. Ele terá, de fato, uma perspectiva mais voltada à aplicação empírica, se assim podemos definir, aos dados que ele coletava sobre os processos históricos analisados, herdando de alguma maneira os usos feitos por intelectuais categorizados dentro de um marxismo ortodoxo. No entanto, além das referências da historiografia francesa, por exemplo, seu método não se distinguia muito do que fazia Caio Prado Júnior, autor que aparece como referência importante em suas memórias:

> Afinal optei por 1889. [...] E o modelo? As histórias do Brasil Colonial são múltiplas e mais satisfatórias. O mesmo não acontece com o Império e a República. No caso da Colônia, ao lado de obras clássicas, temos grande número de edições dos relatos e documentos de diversas origens. [...] Essa é uma das razões que facilitou Caio Prado Júnior ter escrito sua excelente *Formação do Brasil Contemporâneo: Colônia*. E por que não saíram as suas segunda e terceira partes, anunciadas numa das orelhas do seu livro: *Formação... Império* e *Formação... República*? A não ser que haja motivo que desconheço, acredito ser a razão fundamental, a falta de pesquisa e trabalhos sobre as variadas facetas do Império e da República [...][41].

Dentro daquilo que definimos como um projeto político-intelectual para a República, Carone tem um ponto de inspiração, ou melhor, um modelo para o desenvolvimento de sua obra. Ao saber que Caio Prado pretendia analisar a história do Brasil até a República, o historiador, de alguma maneira, pretende preencher a lacuna que ficou aberta, ou mesmo, seguir o caminho legado por uma interpretação marxista da realidade brasileira. Marxista, mas também uspiano, pois é preciso lembrar que *Formação do Brasil Contemporâneo* é escrita por Caio Prado quando já ele havia passado pela primeira turma de História e Geografia da FFCL. Por conta deste ecletismo, a obra será reconhecida, especialmente pelas gerações que se for-

---

41. Edgard Carone, "A História da República: Escritos Autobiográficos".

mam no debate filosófico e conceitual, como uma análise de refinamento da teoria de Marx aplicada à realidade brasileira, distinta do mecanicismo atribuído aos teóricos do PCB.

Reconhecer que Edgard Carone tinha Caio Prado como referência não significa dizer que ele tivesse a mesma capacidade ou perfil de elaboração. Contudo, entendemos que a intenção de realizar uma abordagem totalizante do período e o uso de algumas categorias se fazem em termos caio-pradianos, tanto no que diz respeito ao esforço de se afastar de conceitos etapistas, presentes na literatura comunista, e se aproximar de obras escritas por Marx e Engels – questão que ficará mais nítida em nossa análise sobre a ideia de revolução –, quanto neste esforço eclético de adotar outras referências historiográficas – da historiografia francesa, sobretudo – para operar as categorias marxistas.

Para além de Caio Prado, vimos que o historiador não pôde se furtar de outras referências, inclusive as mais tradicionais, do pensamento brasileiro. Quando retomamos a periodização que ele propõe para a sua História da República (Quadro 7), vemos que ele mobiliza estas referências de modo direto ou indireto e vai construindo uma abordagem própria. E, à primeira vista, ela se expressa justamente no esquema de classificação das fases da república.

Carone afirma ter sido o primeiro historiador a adotar a divisão entre a chamada Primeira República – até 1930 – e a Segunda – entre 1930 e 1937: "Fui escrevendo e denominando os volumes, 'A Primeira República', 'A Segunda República', e justifico porquê. A conceituação pegou, principalmente Primeira República [...]"[42].

Na bibliografia listada por ele no terceiro volume da série, na qual constam de mais de oitocentos livros, existem ao menos dois títulos que utilizam essa divisão e um terceiro que fala em "República Velha". São eles:

Assis Cintra, *Os Escândalos da Primeira República*, São Paulo, J. Fagundes, 1936.
João Lima, *Figuras da República Velha*, Rio de Janeiro, Batista Souza, 1941.
Aroldo de Azevedo, *Arnolfo Azevedo: O Parlamentar da Primeira República: 1868-1942*, São Paulo, Nacional, 1963.

---

42. Edgard Carone, "Entrevista", em José Vinci de Moraes e José Márcio Rego, *Conversas com Historiadores Brasileiros*, p. 53.

A partir dessas citações, é possível constatar que ele possuía algumas referências para estabelecer a sua periodização. Entretanto, a presença dessa divisão em apenas três livros, de uma bibliografia extensa, nos leva a concordar com o fato de que as denominações "primeira" e "segunda" República não eram de uso corrente.

Provavelmente os contemporâneos das revoluções retratadas já se utilizassem dessa demarcação entre o antes e o depois dos eventos políticos que levaram à derrubada de Washington Luiz e à ascensão de Vargas ao poder, contudo, entre uma percepção de época e a cristalização interpretativa da história havia um grande caminho a ser percorrido, que não parece ter se concretizado nas análises memorialísticas e políticas sobre o período.

Em depoimento concedido ao periódico *Arquivo*, o autor comenta como chegou à divisão da história republicana:

> Quando eu fiz minha pesquisa que levou uns dois anos, vi a riqueza de material levantado, espalhada numa imensa literatura impressa. Fiquei dividido entre fazer uma análise sintética, como Fernando Henrique ou Leôncio Basbaum; ou fazer uma história onde os fatos ilustrassem o próprio processo. Acabei optando pela segunda. [...]
>
> Acabei fazendo uma História da República dividindo-a por fases, porque a análise do levantamento me permitiu ver que havia momentos de diferenciação nessa história da República. Os momentos de diferenciação não partem das estruturas econômicas, nem das estruturas sociais, mas do domínio político. Então do ponto de vista marxista, a história do Brasil não se concretiza por rupturas ou mudanças de classes no poder, mas por mudanças de grupos no poder. [...] São grupos da mesma classe que mudam no poder. Daí eu teria que partir para a análise da sociedade, das classes e mostrar o comportamento dessas classes[43].

Carone recupera justamente os debates dos quais tratamos anteriormente. Assim, vemos que ele fez escolhas diante de concepções teórico-metodológicas com as quais ele dialogava, sugerindo, inclusive, a interferência da análise sociológica na historiografia universitária, por exemplo. No que diz respeito à elaboração de períodos da República, para qual subentendia-se a existência de uma concepção das rupturas da história, ele afirma ter valorizado o conteúdo do repertório documental com o qual trabalhou. O

---

43. Edgard Carone, "Depoimento", *Arquivo, Boletim Histórico e Informativo*, São Paulo Arquivo Público do Estado de São Paulo, pp. 109-116, jul.-set. 1983.

historiador usa o termo fatos, mas entendemos que ele se refere à descrição dos processos que ele teve de tratar dentro desta documentação – sobretudo os jornais aos quais ele se referia no mesmo depoimento –, e não apenas aos eventos políticos.

Sem admitir as referências de sua bibliografia ou mencionar os jargões de época presentes nas fontes delimitando a "Primeira"/"Velha" ou "Segunda"/"Nova" República, ele volta ao marxismo para delimitar sua interpretação sobre as referidas mudanças.

E, então, vemos que as fases da República brasileira, para Edgard Carone, se definiram ao tentar compreender o caráter de um regime. Ele concluiu que este se desenvolve em processos distintos, alguns deles capazes de marcar disputas e sentidos políticos da história nacional, sem alterar as estruturas da sociedade ou mesmo o caráter de classe desse regime. Uma mesma classe social, defrontando-se com frações internas e com outras classes, aplica projetos distintos a partir do domínio político que devem ser reconhecidos. Como aprofundaremos adiante, talvez a grande busca, que pode até mesmo ser vista como crítica ao processo histórico nacional, fosse buscar uma tal ideia de revolução no Brasil no curso dessas disputas intra e extraclasse.

Como parte da proposta interpretativa, é preciso notar que Edgard Carone faz uma distinção entre os volumes nos quais organiza o seu trabalho, eles estão divididos entre antologias e os textos propriamente de análise. A Primeira, Segunda, Terceira e Quarta República nomeiam os volumes de documentos; os outros títulos, historiográficos, possuem uma nomeação mais qualitativa, se assim podemos dizer, utilizando os termos velho, nova, novo, liberal.

As duas formas de apresentação não parecem excludentes, é possível entender que elas se complementam, construindo a totalidade de cada período e especificando o caráter de cada volume. Ou seja, os documentos remetem mais à institucionalidade (são ofícios, leis, decretos etc.), às formas que o Estado assume nos momentos distintos e, nesse caso, dá-se o título mais frio e esquemático; enquanto as análises historiográficas se destinam, a uma avaliação das instituições e do Estado, da sociedade e da economia em dinâmica, exigindo um adjetivo que as classifique: a Primeira República é Velha, a Segunda é Nova, a Terceira é o Estado Novo, a Quarta é Liberal.

Parece uma questão óbvia, mas a utilização dessas terminologias, especialmente para a divisão marcada pelo ano de 1930, é objeto de debate até os dias de hoje na historiografia.

Quando afirmamos que Carone se localiza na vanguarda de um processo coletivo de inovação da historiografia na década de 1960, tratamos da construção dessas referências que, evidentemente, não deram conta de todos os aspectos do período e que ainda suscitam polêmicas. Entretanto, naquele momento elas ainda constituíam um terreno quase inexplorado na academia e balizaram uma forma de interpretar a República.

História da República: Novos Objetivos, Novas Abordagens

Além dos livros que compreenderam a história da República de 1889 a 1964, Edgard Carone foi responsável pela realização de mais nove volumes publicados pela Coleção Corpo e Alma do Brasil, incluindo uma reedição de *Revoluções do Brasil Contemporâneo*. São eles:

O Tenentismo: Acontecimentos, Personagens e Programas – 1975

Revoluções do Brasil Contemporâneo – 1975

O Pensamento Industrial no Brasil – 1977

O Movimento Operário no Brasil (1877-1944) – 1979

O Movimento Operário no Brasil (1945-1964) – 1979

O Movimento Operário no Brasil (1964-1984) – 1984

O PCB (1922-1943) – 1982

O PCB (1943-1964) – 1982

O PCB (1964-1982) – 1982[44].

Todos eles tratam de objetos subjacentes ao período republicano, e o fato de estarem inseridos na Coleção Corpo e Alma do Brasil nos sugere que eles integram, de alguma forma, a realização de uma obra totalizante que Edgard Carone reivindica para sua trajetória, e reforça, em nossa aná-

---

44. Edgard Carone, *O Tenentismo: Acontecimentos, Personagens e Programas*, São Paulo, Difel, 1975; *Revoluções do Brasil Contemporâneo*, 2ª. ed., São Paulo, Difel, 1975; *O Pensamento Industrial no Brasil*; *O Movimento Operário no Brasil*, vol. I: *1877-1944*, São Paulo, Difel, 1979; vol. II: *1945-1964*, São Paulo, Difel, 1981; vol. xx: *1965-1984*, São Paulo, Difel, 1984; *O PCB*, São Paulo, Difel, 1982, vols. I, 2 e 3.

lise, a ideia de um projeto político-intelectual que ele vai cumprindo na medida em que se estabiliza na carreira universitária.

A oportunidade de se profissionalizar e se dedicar à pesquisa em arquivos pouco explorados permitem que ele acumule uma grande quantidade de materiais que serão utilizados em seu plano de trabalho, ao longo de quase duas décadas, desde a publicação de *A República Velha-Texto e Contexto*:

> *VEJA*: Como se caracteriza seu método de trabalho?
>
> CARONE: Inicialmente, consulto os jornais de época, escolhendo-os com base na riqueza de cada publicação, posição política e facilidade de acesso. [...] Meu objetivo é sempre ter um jornal à mão de cada posição política. [...]
>
> *VEJA*: Pesquisados os jornais, qual o passo seguinte?
>
> CARONE: Ler os livros. [...]
>
> *VEJA*: Quer dizer que o senhor trabalha em dois tempos, produzindo um volume de documentos e um de interpretação?
>
> CARONE: Na verdade, é um trabalho em três tempos. Além dos documentos e da interpretação, elaboro um volume de bibliografia. Mas como esse é de difícil aceitação pelo público, permanece inédito [...].[45]

A partir de um método de sistematização, o historiador concebia uma espécie de linha de produção. No entanto, diferentemente da série geral sobre a República, estes volumes serão exclusivamente publicações de antologias, com exceção de *Revoluções do Brasil Contemporâneo*, que era uma reedição. Sendo assim, boa parte da obra de Edgard Carone ao longo dos anos 1970 e 1980 se debruça sobre a sistematização de fontes. Podemos relacionar essas realizações à sua disciplina pessoal e ao ineditismo dos temas escolhidos. Entretanto, parece-nos mais interessante entender o olhar, e a oportunidade, do historiador em sua época.

Quando os recursos digitais ainda não estavam disponíveis, as antologias constituíam um suporte de apresentação de documentos muito útil e necessário. Carone produz sobre estas condições e amplia sua obra com base em uma prática comum e até mesmo tradicional da historiógrafa. Ele inova, dentro disso, com os temas, o tipo de fontes e também na

---

45. Edgard Carone, "A República em Capítulos", p. 6.

seleção, classificação e hierarquias que estabelece para a documentação, as quais não deixam de ser formas de analisar as fontes ou o período que representam.

O autor apresenta diversas justificativas e intenções em disponibilizar os documentos, tais como a complementaridade de seus trabalhos: "Esta antologia nasceu como um complemento de um projeto de análise sobre o tenentismo"[46]. Ou ainda, uma tarefa militante:

O Partido Comunista Brasileiro comemora, em 1982, seu sexagésimo aniversário. Período longo, que cobre momentos intensos da nossa vida política e social. Os textos desta antologia evidenciam o interesse que o partido sempre manifestou pela realidade brasileira. [...] Este volume será acompanhado por outros dois [...] O conjunto representa valiosa contribuição para a avaliação não só do comportamento do PCB, mas também da realidade brasileira[47].

Percebe-se pelos dois exemplos, e por outros trechos paratextuais, que não importa qual o objetivo específico para cada uma das antologias, o sentido geral das publicações é o de disponibilizar aos pesquisadores mais jovens as fontes de pesquisa que ele mesmo teve dificuldade para encontrar quando do início de seu trabalho nos primeiros anos da década de 1960. Na verdade, o que Edgard Carone faz é aproveitar toda a matéria-prima que ele não incorporou diretamente em suas obras e passá-la adiante. Com esta transmissão ele se mantinha ativo intelectual e editorialmente, dialogando, inclusive, as transformações historiográficas do período.

Nos volumes sobre movimento operário, publicados entre 1979-1981, sua introdução traz uma questão de cunho historiográfico:

Uma nova corrente de estudos vem se acentuando e que se origina, em parte, na Unicamp de Campinas: os trabalhos sobre greves. Com ela, a atomização temática se acentua, com todos os defeitos de estudos parciais, onde nos limitamos a pequenos incidentes – as greves – importantes sem dúvida, mas que são tratadas limitadamente na sua dinâmica cronológica[48].

---

46. Edgard Carone, *O Tenentismo: Acontecimentos, Personagens e Programas*, p. 11.
47. Edgard Carone, *O PCB (1922-1944)*, p. 6.
48. Edgard Carone, *O Movimento Operário no Brasil (1877-1944)*, vol. 1.

Publicações Temáticas de Edgard Carone na Coleção Corpo e Alma do Brasil.

O historiador apresenta uma organização documental sistematizada de acordo com uma leitura própria daquelas temáticas e em contraposição aos novos estudos que surgiam. Neste momento, a historiografia republicana já havia se desenvolvido enquanto campo de estudos e a disputa com novas correntes e metodologias se faz presente. A nota revela que o historiador não ocupava mais uma posição de vanguarda e que a República já era objeto de diferentes debates e pesquisas. Ele acaba reconhecendo isso e produzindo um trabalho desejando posicionar-se através dele. Então, vemos o professor e pesquisador em uma posição consolidada, lidando com o questionamento de alguns aspectos de sua obra e a concorrência com outras correntes de pensamento, e gerações, que atuavam com ele.

Carone poderia ter incluído essa documentação simplesmente em subtemas das antologias que compunha a série geral da História da República, mas ele não o faz. O volume de material poderia ser um impeditivo, mas a fala de demarcação no trecho citado nos dá indícios de um esforço deliberado de sua parte em criar uma delimitação temática no conjunto de sua obra, para intervir de alguma maneira na dinâmica de seu campo de pesquisa. O projeto político-intelectual que identificâmos em sua obra cumpriu um papel, especialmente coerente com as questões históricas do Brasil e as condições institucionais da universidade nos anos 1960, e estas estavam mudando.

Em fins dos anos 1970, e início dos 1980, a historiografia passa por um revisionismo marcado pela fragmentação dos temas e do tempo nos estudos históricos. Uma nova corrente da historiografia se enfrenta com a perspectiva da primeira geração dos *Annales* e, especialmente, com o marxismo:

> Ruptura ou continuidade, revolução ou conciliação foram categorias exploradas pelos historiadores, até pelo menos a década de 80, quando as tendências da "nova história francesa" – críticas da teoria marxista da história – penetraram fortemente no Brasil. Notam-se sensíveis mudanças ocorridas no interior do vocabulário acadêmico, vai desaparecendo o vocabulário marxiano. [...] É sintomática a emergência da palavra cotidiano, quase sempre representando a luta pela sobrevivência dos mais pobres, vista como ato político e estratégia de resistência [...][49].

---

49. Maria de Lourdes Mônaco Janotti, "O Diálogo Convergente: Políticos e Historiadores no Início da República", em Marcos Cezar de Freitas, *Historiografia Brasileira em Perspectiva*, São Paulo, Contexto, 2000.

Gostando ou não do que se passava, os intelectuais ativos eram convocados ao menos para refletir sobre essa Nova História, pois orientar alunos, escrever artigos, publicar novos livros, tudo isso passava pelo crivo do debate historiográfico que se atualizava. Carone parece responder a essa realidade com suas publicações.

Além das novas abordagens, a fragmentação de temas também se relacionava às mudanças da conjuntura e às tais questões que o presente lançava sobre o passado. A Ditadura Militar já era uma realidade há anos e a movimentações das classes sociais no país e grupos políticos foi se modificando. A reorganização do movimento operário, sobretudo, suscitará novas discussões para a historiografia nacional: "[...] um sintoma evidente de que a história operária encontrara uma inserção acadêmica na década de 70, foi a defesa das primeiras dissertações de mestrado nesse campo de estudos"[50].

Por mais que se visse contrariado, como sinaliza em seu discurso e em suas memórias, o autor se vê enquadrado pelas tendências historiográficas que ele não quis, ou não conseguiu, incorporar diretamente em seus trabalhos. Insistindo ou permanecendo fiel aos seus princípios e formação – já distantes daquela realidade – ele corria o risco de deixar uma obra datada. No entanto, parece ter sido mais importante para ele demarcar sua posição e sofrer as críticas dela decorrentes.

Também é verdade que parte dos documentos publicados tinha uma origem importante. Muitos deles foram recolhidos pelo historiador em uma viagem que fez pela Europa, financiado pela Fapesp[51], para visitar centros de pesquisa que reuniam materiais da história contemporânea do Brasil, tais como o Centre d'Études des Mouvements Sociaux, da École des Hautes Études en Sciences Sociales de Paris, com a Bibliothèque de Documentation Internationale Contemporaine (BDIC), da Universidade de Paris X – Nanterre e com o Archivo Storico del Movimento Operaio Brasiliano (ASMOB), de Milão. A documentação brasileira é enviada para o exterior por colecionadores, militantes e organizações políticas que viam seus ma-

---

50. Claudio H. M. Batalha, "A Historiografia da Classe Operária no Brasil: Trajetória e Tendências", em Marcos Cezar de Freitas, *Historiografia Brasileira em Perspectiva*, São Paulo, Contexto, 2000.

51. Vide documentação pessoal de Edgard Carone, disponível no Arquivo do Museu Republicano (caixas não catalogadas à época da pesquisa).

teriais ameaçados pela ditadura. Esse foi o caso, sobretudo do ASMOB. De alguma forma, as cópias solicitadas pelo historiador em microfilmes eram repatriadas para o seu contexto original e sua publicação tinha um sentido importante, inclusive, para estas novas pesquisas que surgiam.

***

O projeto político-intelectual de Edgard Carone para a História da República se origina e se desenvolve como parte de debates coletivos e da percepção de distintas gerações de intelectuais sobre o papel de sua atividade e o sentido de intervenção social que poderiam atingir.

Visto em suas particularidades, Carone traz inovações de temas, periodização e aplicação de novas metodologias, das concepções marxistas do PCB à historiografia francesa que marcou a formação da Universidade de São Paulo, para a compreensão da realidade brasileira. Entendemos que ele acaba criando uma obra referencial para a evolução da historiografia universitária no Brasil, posicionando-se na vanguarda dos estudos republicanos dos anos 1960. Entretanto, em pouco mais de uma década, seu projeto e suas concepções passam a lidar com questionamentos decorrentes da dinâmica intelectual e política da área, e também da personalidade do historiador que resistia à incorporação de novas teorias e insistia em defender a concepção de sua disciplina que achava correta.

Essa inflexibilidade e o avanço do estudo da área, hegemonizado por novas correntes de pensamento, até mesmo dentro do marxismo, colocam a obra de Edgard Carone em uma posição ultrapassada para o novo período que se abria. De toda maneira, é preciso reconhecer a própria historicidade desse conflito teórico e geracional para localizarmos as lições e o legado a ser debatido, criticado e, porque não, aproveitado pelas gerações mais atuais de historiadores. A ideia de revolução elaborada pelo historiador nos parece ser um dos elementos mais interessantes para reanimarmos o debate sobre sua obra e atualizarmos questões para trabalhos contemporâneos sobre a República brasileira, como veremos nos próximos capítulos deste trabalho.

Parte II

A República de 1889-1930: Um Questionamento sobre a Revolução Brasileira

1. A Primeira República como Momento de Transição e as Características da Revolução Brasileira

Este capítulo se dedica à análise do conceito de revolução nos livros publicados por Edgard Carone sobre a Primeira República, ou República Velha, cujos títulos são: *A Primeira República: Texto e Contexto, A República Velha I: Instituições e Classes Sociais* e *A República Velha II: Evolução Política*. A escolha desse conjunto se justifica por serem, cronologicamente, os primeiros trabalhos do autor e, ao mesmo tempo, aqueles que têm maior impacto de contribuição para a historiografia. O restante de seu projeto republicano se desenvolve nos anos 1970 e 1980 e dialoga com um campo de pesquisa em uma dinâmica mais complexa de debates.

Iniciar uma pesquisa sistemática sobre a formação do regime republicano no Brasil significava relocalizar os principais debates historiográficos sobre a permanência de uma herança colonial, de um *sentido da colonização*, nos seus processos de emancipação política e econômica. Através da trajetória do historiador, identificou-se que a própria história, com fechamento do regime imposto pelo Golpe Militar de 1964, parece ter evidenciado para ele e seus contemporâneos a necessidade de compreender o período como uma momento do processo de emancipação nacional, ou das novas formas de relação colonialistas instituídas pelo desenvolvimento do capitalismo.

A partir daí nos perguntamos: para Carone, como o interesse pela história da República se alinha com o da revolução brasileira? O referencial teórico e metodológico da análise da realidade é o marxismo, sendo assim, a ideia de revolução passa a ser fundamental para a compreensão dialética da realidade que, para a mesma teoria, está movida pela luta de classes. No Brasil do pós-Guerra, esta concepção se diluiu em diversos matizes da intelectualidade política progressista e foi, por algumas décadas, o parâmetro para a reivindicação política das transformações econômicas e sociais que levariam o país à verdadeira autonomia nacional, polarizando os grupos entre a ação revolucionária radical e a reivindicação de um processo contínuo de reformas, que hegemonizaram as reivindicações dos movimentos sociais e a ação de parte dos que estavam no poder.

Ao tensionarem a sociedade, as Reformas acabaram por ser o alvo, ou a justificativa fundamental da ação reacionária do Golpe. A ideia de revolução foi apropriada também por esse movimento, subvertendo seus princípios, para justificar um período de supostos sacrifícios para a transformação do país. Nesse momento, os grupos progressistas e de esquerda se veem derrotados e a compreensão do passado vem à tona como ferramenta para o embate e transformação do presente. A obra de Edgard Carone será um dos frutos desse processo de autorreflexão e intervenção política sobre a revolução brasileira, como iremos demonstrar.

República Velha I e II: *Organização para uma Abordagem Historiográfica*

Após publicar a primeira antologia sobre a República, em 1969, Edgard Carone desenvolve os dois primeiros livros de análise sobre o período. As instâncias prefaciais dos livros mostram que foram pensados de modo conjunto e planejados a partir da concepção de seu projeto político-intelectual e também das possibilidades editoriais que se abriam com a Corpo e Alma do Brasil.

No prefácio de *A República Velha I: Instituições e Classes Sociais*, Carone diz:

Este volume é o primeiro de dois, em que pretendemos estudar a Primeira República no seu conjunto: neste são analisadas as formas institucionais e as classes sociais;

no seguinte, a história política. A separação em dois volumes explica-se por razões didáticas, visto que as partes estão organicamente ligadas[1].

Na apresentação ao volume I, o autor anuncia que se preparava para uma elaboração sobre a chamada Primeira República em diversos aspectos, cuja articulação resultaria numa visão de conjunto sobre o período e seu recorte temporal, entre 1885 e 1930. A divisão em duas partes não se deu ao acaso, mas sim, a partir de um plano de estudos e de execução do trabalho, considerando, ainda, a necessidade de uma separação didática para essa exposição. Além de escolher uma metodologia para sua própria organização, o historiador pensava também no público ao qual iria se dirigir: era preciso conceber uma obra acadêmica, porém acessível e que cumprisse o papel de explicar com cuidado cada um dos elementos propostos.

Ao introduzir o volume de *Evolução Política*, escreve:

> Com o livro sobre história política terminamos o ciclo sobre a Primeira República. O plano consistiu na publicação de quatro volumes assim divididos: 1. *A República Velha: Instituições e Classes Sociais;* 2. *A República Velha: Evolução Política;* 3. *A República Velha: Documentos* (na primeira edição saiu com o nome de *A Primeira República: Texto e Contexto*); 4. *A República Velha: Bibliografia Crítica* (ainda inédito)[2].

Nesta fala, a ideia de ciclo aparece como ordenadora do recorte cronológico, concepção que se estenderá para os outros períodos. Os marcos são bem definidos: de um lado a própria proclamação do regime, de outro, a Revolução de 1930. Também se define o recorte de análise em relação aos diferentes aspectos do seu objeto – instituições, classes sociais e política – e aos instrumentos utilizados na investigação historiográfica – bibliografia e fontes primárias.

Desse modo, compreendemos que sua leitura se concretiza em duas dimensões totalizantes: a da História da República brasileira, no geral, e dos períodos republicanos, em particular. É entre essas duas dimensões históricas que acreditamos ser possível captar o uso que ele faz da ideia de revolução como chave interpretativa da história do Brasil. O ciclo da República Velha lança as

---

1. Edgard Carone, *A República Velha I: Instituições e Classes Sociais,* p. 5.
2. Edgard Carone, *A República Velha II: Evolução Política,* p. v.

bases desta leitura historiográfica que devemos explorar na estrutura e conteúdo da análise elaborada pelo historiador.

É interessante retomar aqui que Edgard Carone apresentou o último volume sobre a República Velha para a defesa de seu doutorado, sendo assim, a conclusão de um ciclo de pesquisa converge, de um lado, para o fechamento da análise sobre período e, de outro, para a oficialização de sua formação universitária. Pode parecer algo menor, mas é a partir do doutoramento que o historiador vai se afirmando institucionalmente e, apesar do reconhecimento prévio à sua obra, era necessária uma aprovação de tipo institucional para inserir sua pesquisa na produção universitária e abrir portas para a carreira docente. O volume conclusivo sobre a primeira fase de seus estudos foi escolhido como o mais pertinente para marcar esse processo de formação e profissionalização.

Desse modo, assim estão apresentadas as estruturas dos dois volumes:

Quadro 9. ESTRUTURA DE ANÁLISE EM *A REPÚBLICA VELHA I: INSTITUIÇÕES E CLASSES SOCIAIS*

Primeira Parte: Economia
A. Café
B. Açúcar
C. Borracha
D. Outros Produtos
E. Indústria
F. Finanças
G. Imperialismo
Segunda Parte: Classes Sociais
A. Oligarquias Agrárias
B. Burguesia
C. Classes Médias
D. Classe Operária
Terceira Parte: Sistemas Políticos
1. Problemas do Federalismo: Coronelismo e Oligarquias
A. Coronelismo
B. Oligarquias
2. Sistema Jurídico-Político

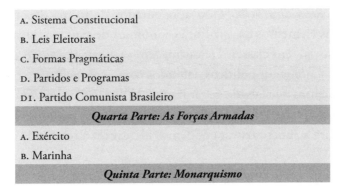

Quadro 10. ESTRUTURA DE ANÁLISE EM *A REPÚBLICA VELHA II: EVOLUÇÃO POLÍTICA*

Primeira Parte: Os Governos Militares
A. Governo Deodoro da Fonseca
B. Governo Floriano Peixoto
Segunda Parte: O Fastígio do Regime
A. Governo Prudente de Morais
B. Governo Campos Sales
C. Governo Rodrigues Alves
D. Governo Afonso Pena
Terceira Parte: Os Abalos Intermitentes do Regime
A. Governo Hermes da Fonseca
B. Governo Wenceslau Braz
Quarta Parte: O Período das Contestações
A. Governo Epitácio Pessoa
B. Governo Arthur Bernardes
C. Governo Washington Luís

A sistematização nos permite identificar uma divisão em partes, cinco no primeiro e quatro no segundo livro, e delas se desdobram as temáticas que delimitam seus respectivos objetos internos. A relação entre essas as "partes" – 1, 2, 3... – as "seções" – A, B, C... – permitem avançar em uma análise um pouco mais profunda sobre as escolhas metodológicas do autor e como ele constrói os volumes de modo a serem complementares entre si.

Em *A República Velha I* são apresentados de forma decomposta, de um lado, os elementos da estrutura econômica do país, conjugados com a estrutura social, em classes. De outro, tem-se a caracterização da superestrutura: os fenômenos políticos definidos como coronelismo e oligarquias, os instrumentos oficiais de organização do Estado e, por fim, os meios de organização das classes e grupos políticos – os partidos. Nessa relação estrutura × superestrutura podemos identificar a referência do método marxista.

O volume sobre *Evolução Política* adota uma divisão que remete às interpretações da história política tradicional, centrada nos grandes homens e na periodização linear dos fatos, pois Carone segue a divisão dos sucessivos governos presidenciais para encontrar eixos de análise. Vimos que este foi o caminho feito por José Maria Bello, por exemplo. Desse modo, à primeira vista, tem-se a impressão de um volume com conteúdo trabalhado a partir de uma visão mais complexa, em relação ao segundo.

No entanto, se observamos conjuntamente a organização das "seções" em relação às "partes" que elas compõem, podemos ter uma compreensão diferente, identificando a complexidade do conjunto. As partes do volume I são mais descritivas, enquanto as do volume II denotam a avaliação do autor diante de um recorte temporal que agrega sempre duas ou mais presidências. Há uma demarcação importante na divisão entre os primeiros governos militares e, em seguida, os governos civis, que para ele representam o momento de glória do regime. Atualmente, o significado dos governos militares na Proclamação da República e a sua consolidação nas mãos de políticos civis parece ser um lugar-comum, entretanto, apreendendo a historicidade da obra, vê-se que ele se preocupa em elaborar os porquês dessa mudança e o sentido que ela irá imprimir ao longo do que se chamou de República Velha.

Faz todo sentido que em seu objetivo de buscar as origens do Golpe Militar de 1964, o historiador tenha voltado um olhar mais atento à participação do Exército ao longo da história política da República, determinante já no momento de sua proclamação. Na verdade, ele irá identificar ao longo de sua análise que além de existir no Exército, sobretudo nas altas patentes, a compreensão de ser uma instituição à qual cabe a atuação enquanto sujeito político, naquele momento, existia certa identidade de setores das forças armadas com as classes sociais, segundo sua posição na hierarquia, ainda que não fosse uma identificação consciente.

Sendo assim, apesar de o volume II trazer referências de um critério tradicional de análise, a proposta organizativa da obra revela alguns aspectos da posição inovadora e moderna, na complementaridade dos volumes. É na compreensão do ciclo que Edgard Carone demonstra capacidade de articular duas dimensões diferentes da abordagem histórica: uma delas mais dinâmica, valendo-se de uma decomposição social e econômica para enxergar o todo; outra mais conservadora e linear, que se utiliza de uma periodização substancialmente cronológica para construir em uma interpretação profunda do fio condutor dessa sucessão de governos que, ao final, não se resumem aos "grandes" homens que ocupam a presidência.

Carone imprime sua leitura do processo histórico, do que iniciou e daquilo que encerrou a Primeira República, combinando os elementos da realidade, valendo-se de conceitos marxistas, mas também de uma visão braudeliana: indo da superficialidade dos fatos para as movimentações mais profundas da maré, as quais determinam a amplitude e extensão das ondas que abalam a história – as revoltas e as revoluções[3].

A reciprocidade dos volumes cumpre, assim, seu papel didático e também serve para construir o significado que o historiador atribui ao objeto.

A Ideia de Transição

Ao formular seu projeto de estudos sobre a República, Edgard Carone recua o recorte temporal abordado em *Revoluções do Brasil Contemporâneo* à proclamação do regime em 1889. A intenção de colocar em prática um trabalho mais amplo e, com ele, reingressar no mundo acadêmico exigia que o historiador produzisse uma tese, cumprindo todos os critérios e exigências metodológicos e institucionais em torno dela. Desse modo, a perspectiva política que permeava suas aspirações intelectuais deveria expressar a aplicação de um método, ou seja, criar uma interpretação para a história do Brasil a partir da ideia de revolução exigia uma avaliação complexa e crite-

---

3. Fernand Braudel, "História e Ciências Sociais: A Longa Duração", *Revista de História*, vol. 30, n. 62, pp. 261-294, 1965.

riosa de formação social, política e econômica do país, em uma perspectiva mais profunda do que aquela concebida para o livro da Coleção Buriti. Essa nova abordagem seria acrescida, portanto, de outros conceitos e chaves interpretativas.

Considerando os livros *A República Velha I* e a *República Velha II* como volumes complementares de um ciclo de estudos, fez-se um levantamento conjunto de algumas palavras que constituiriam um vocabulário básico dentro do debate sobre "revolução". O critério para a escolha desse repertório foi o da noção de *luta de classes*, seguindo os princípios básicos da tradição marxista. Nesse sentido, selecionamos os termos referentes às classes sociais do Brasil (aristocracia, burguesia, operariado, proletariado, classe média, pequena-burguesia), à definição de grupos sociais (oligarquia, classes agrárias, classes dirigentes). Além destes, ainda mapeamos a recorrência da palavra exército, por cumprir um papel político consciente desde a Proclamação da República; imperialismo, por ser a palavra que define as relações de domínio do capitalismo mundial sobre o Brasil e, como não poderia deixar de ser, contabilizamos a palavra revolução.

Quadro II. MAPEAMENTO DO VOCABULÁRIO UTILIZADO POR EDGARD CARONE*.

Volumes	Revolução	Imperialismo	Exército	Burguesia	Classe Industrial	Operariado	Proletariado	Classe Operária	Classe Média	Pequena-burguesia	Aristocracia	Oligarquia	Classes Agrárias	Classes Dirigentes
I	26	10	7	64	6	27	23	7	25	16	8	28	35	3
II	143	1	113	4	0	7	0	5	11	9	0	56	6	1

* Nessa contagem, incluíram-se as mesmas palavras no plural. Além disso, em "revolução", contou-se também o termo composto "movimento revolucionário".

O Quadro II aponta para algumas diferenças importantes do ponto de vista da análise desenvolvida em cada volume. No volume I, as menções sobre classes sociais são pulverizadas, com maior incidência para "burguesia", enquanto no volume II tem-se a concentração no grupo social "oligarquia". Os termos "exército" e "revolução" aparecem mais de cem vezes ao longo do volume II, uma quantidade bastante superior ao que identificamos no primeiro volume. De modo geral, podemos atribuir essas diferenças a partir da própria divisão existente: em *Instituições e Classes Sociais* seria natural o maior cuidado e a necessidade em analisar todas as classes sociais envolvidas na organização da sociedade brasileira; enquanto em *Evolução Política*, percebemos o centro da análise nos processos tidos como revolucionários.

Segundo as informações do quadro, é possível apreender que as revoluções da República Velha, segundo a formulação de Edgard Carone, estarão todas essencialmente ligadas ao Exército e às disputas das oligarquias, especialmente, em nível regional. A "nacionalização" dos problemas, se assim podemos chamar, se dá ao longo de um processo complexo de acirramento das questões regionais – que foram um impasse na consolidação nacional desde a Independência. Em determinado momento, o domínio do local torna-se insuficiente para que as elites solucionem os principais problemas das condições de vida, não apenas no que diz respeito aos privilégios de classe, mas também em relação às outras classes sociais, excluídas do jogo político institucional.

Na medida em que a República se consolida como regime para a manutenção do Estado brasileiro, especialmente em sua unidade territorial e política, as velhas leis e as regras de funcionamento se manifestam, de forma explícita, como descartáveis e/ou inoperantes. Sendo assim, o historiador elabora uma concepção geral sobre o período:

> Socialmente, a Primeira República é uma época de *transição* entre dois períodos, um mais estável e estagnado, outro mais dinâmico e de estrutura de classes mais definidas. Inicialmente, ela é "uma *estrutura social em mudança*, no momento preciso em que o antigo padrão ainda subsiste, mas não prevalece, e o novo padrão, embora presente, não é dominante"[1]. O aceleramento da divisão social do trabalho, consequência do desenvolvimento progressivo das forças produtivas, resulta em mudanças das velhas camadas sociais e aparecimento de novas[4].

---

4. [1] L. A. Costa Pinto, "Sociologia e Desenvolvimento", em Edgard Carone, *A República Velha I: Instituições e Classes Sociais*, p. 147.

Afirmação que aparece também em sua explicação para a escolha de seus estudos:

> Cada historiador, no fundo, corta a História no momento que lhe interessa. Naturalmente esse corte não é feito ao acaso. O momento escolhido deve representar uma transição. A Proclamação da República é um momento desses, quando passado e presente se rearticulam[5].

As sínteses traduzem não apenas a visão do autor sobre o período, como também sua consideração metodológica dentro da historiografia, a saber, a concepção das "transições" entre períodos históricos.

Ao reconhecer que a história da República no Brasil pode ser classificada em diferentes períodos, sua sucessão no tempo deve ser definida por processos que se apresentam, ou não, como ruptura. Contudo, os seus efeitos não devem se resumir à visão imediata de tais ocorridos. Entre as fases sobre as quais se reconhecem diferenças substanciais, a ponto de distingui-las num antes e depois da "linha cronológica", há momentos de indefinição, ou seja, em que o velho e o novo convivem, como que numa disputa de sobrevivência. Nesses pontos Edgard Carone enxerga também as possibilidades mais férteis de investigação do passado, afirmando ser esse o principal critério que acredita definir o arbitrário processo de "recorte temporal" ao qual devem se sujeitar os historiadores.

Ao considerar a Proclamação da República e o seu desenrolar até os anos 1930 como um momento de transição na história do Brasil, entendemos que o autor tenta captar o processo histórico em sua complexidade, fazendo-nos lembrar tanto da relação braudeliana sobre a temporalidade na história, que se apresenta nos termos da longa, média e curta duração, quanto da dialética marxista. Senso assim, entendemos que o historiador não concebe a proclamação como um evento acabado na história política e social do país, mas sim como fruto de um movimento mais amplo e particular do desenvolvimento de suas estruturas econômicas e relações sociais. A ideia de transição, em alguma medida, parece nos afastar da ideia de revolução, pois uma dá um tempo mais lento e gradual aos processos, enquanto

---

5. Edgard Carone, "A História da República em Capítulos", p. 6.

A PRIMEIRA REPÚBLICA COMO MOVIMENTO DE TRANSIÇÃO... 177

a outra caracteriza a mudança abrupta e profunda. Entretanto, esses dois pontos se articulam na análise proposta pelo historiador.

O tema da transição toma grandes proporções na historiografia quando se trata de identificar o nascimento do capitalismo em detrimento do fim de outro sistema econômico-social, o feudalismo. Um debate extremamente importante que divide águas no marxismo. Referimo-nos ao debate que se desenvolve a partir dos anos 1950 em torno das análises dos economistas Maurice Dobb[6] e Paul Sweezy[7] sobre a ideia de transição na passagem do feudalismo para o capitalismo na sociedade europeia. A discussão deriva do capítulo xxiv de *O Capital*, no qual Marx irá trata justamente desse processo histórico. Os autores entram neste embate no momento em que as economias centrais do capitalismo se reorganizavam após a Segunda Guerra Mundial, suscitando um balanço sobre a ideia de desenvolvimento capitalista e as condições de sua superação. Até então, o marxismo "oficial" resumia a questão às etapas históricas ultrapassadas, ou não, em cada país por um modelo ideal de revolução burguesa e, quando possível, pela revolução proletária.

Neste mesmo período, os princípios da polêmica incidem sobre as análises históricas dos países americanos, entre eles o Brasil, sobretudo, na caracterização do modo de produção nas sociedades coloniais que deram origem às nações do continente. Para os intelectuais marxistas, as análises sobre a formação e o desenvolvimento nacional passavam pelo aprofundamento ou pela crítica à aplicação da teoria etapista e, nos marcos destas questões internacionais, estes pensadores recebem o debate sobre o conceito de transição. Aos poucos, a ideia avança também sobre os trabalhos de história contemporânea que começam a despontar nos anos 1960, como temos sinalizado, pois as conclusões sobre o desenvolvimento do capitalismo local baseavam os diagnósticos sobre as tarefas, o caráter e os meios para desencadear uma revolução brasileira.

As primeiras análises de Carone sobre a República parecem entrar nesse ambiente de recepção e elaboração[8], sendo uma das primeiras talvez a deslocar o debate para a história mais recente do país.

---

6. Maurice Dobb, *Studies in the Development of Capitalism*, London, Routledge & Kegan Paul, 1946.
7. Paul Sweezy, *The Theory of Capitalist Development*, London, D. Dobson, 1946.
8. As obras são editadas pela primeira vez no Brasil nos anos 1960 na Coleção Biblioteca de

O PCB tinha Nelson Werneck Sodré como seu grande elaborador teórico; ele corroborava com a ideia de que na colônia se estabelecera um modo de produção feudal com o qual só se poderia romper a partir de uma revolução de tipo burguesa, nos moldes europeus, a qual não havia ocorrido no país. Nesse sentido, aliar-se à burguesia nacional, no presente, seria essencial para avançar na revolução proletária. Caio Prado Júnior, embora também fosse do PCB, buscava numa perspectiva diferente do marxismo, influenciado pelo stalinismo soviético. Ele não negava a coexistência de elementos feudais e capitalistas nas sociedades coloniais, mas tentava enxergar as particularidades dessa sociedade em relação ao capitalismo já desenvolvido mundialmente, no qual as colônias inevitavelmente estavam inseridas. Para ele as relações de dominação e subserviência coloniais no sistema capitalista acabavam por condicionar, inclusive, as amarras de uma burguesia frágil e dependente[9].

A partir desses parâmetros, podemos tomar a ideia de "momento de transição" que caracteriza para Edgard Carone o período da Primeira República, e perguntar: para o historiador essa transição caracterizaria a passagem, justamente, de uma espécie de sistema de estrutura feudal para a construção do capitalismo no Brasil?

Nas primeiras páginas de *Instituições e Classes Sociais* temos algumas referências sobre a ideia do autor no que concerne a esse período de "passagem":

> Procuramos, na introdução, fazer um breve levantamento de dados sobre a *hegemonia do sistema agrícola*. A primeira parte trata da situação da agricultura, estrutura econômica básica dos grupos oligárquicos rurais. [...] A indústria, por sua vez, é manifestação de um *crescimento urbano*. É verdade que, no início, o processo se repete monotonamente em centenas de pequenas cidades. [...] Com o tempo, à *passagem de*

Ciências Sociais da editora Zahar: Maurice Dobb, *A Evolução do Capitalismo*, Rio de Janeiro, Zahar, 1965; Paul Sweezy, *Teoria do Desenvolvimento Capitalista*, Rio de Janeiro Zahar, 1962. Nos anos 1970, a editora Paz e Terra lança um livro com escritos de diversos autores sobre o tema da transição: Maurice Dobb, Paul Sweezy *et al.*, *A Transição do Feudalismo para o Capitalismo*, Rio de Janeiro, Paz e Terra, 1977.

9. Caio Prado Júnior, *Diretrizes para uma Política Econômica Brasileira*, São Paulo, USP, 1954. Após *Formação do Brasil Contemporâneo*, Caio Prado Júnior realiza sua tese de livre-docência, na qual ele trata desta questão, polemizando com a posição oficial do PCB e, ao mesmo tempo, com os setores reformistas dos governos desenvolvimentistas, muitos deles, inseridos nos debates da Comissão Econômica para a América Latina e o Caribe (Cepal).

A PRIMEIRA REPÚBLICA COMO MOVIMENTO DE TRANSIÇÃO... 179

uma forma de produção para outra, acrescenta-se o crescimento urbano e a melhoria da comunicação, o que torna possível o aparecimento da *grande indústria*[10].

Nesse trecho, parece que se configuram nas diferentes fases da República duas formas de produção distintas que na conceituação do historiador não se diferenciam pela oposição clássica "feudalismo × capitalismo", mas pela oposição "rural × urbano", "agrícola × industrial". É certo que essas características orbitam na referência do primeiro par conceitual, contudo, seu esforço de elaboração do historiador parece se dar no sentido de identificar conceitos novos e adequados à realidade brasileira, sem tentar encaixar sua análise em modelos ideiais.

Sobre as classes sociais, completa:

As classes sociais se delineiam como resultado desse *processo agrícola-comercial--industrial,* compreendidas dentro de um *contexto histórico ligado a períodos anteriores.* As oligarquias agrárias são dominantes porque a terra ainda é a maior fonte de renda. É delas que se originam em diversas zonas geográficas, camadas da burguesia[11].

Novamente, o autor denota que, do ponto de vista da estrutura produtiva e da respectiva conformação das classes sociais na sociedade brasileira, opõem-se nesse período de transição os setores "agrário" e o "industrial". A rentabilidade da terra dá força às oligarquias agrárias, ao mesmo tempo, esses grupos dominantes dão origem à burguesia que, segundo ele, conforma-se em "camadas": ao afirmar isso, Carone identifica a heterogeneidade de constituição da burguesia no Brasil e coloca como marca a sua relação intrínseca com o setor agrário – fato que terá implicações ao longo de todo o período republicano.

A dinâmica das atividades econômicas na Primeira República dependerá em muito da diversificação de investimentos de capitais oriundos do campo, o que não define para o historiador um modo de produção de tipo feudal. A fórmula que aparece na citação "processo agrícola-comercial-industrial" traduz o percurso necessário para o fluxo de capitais no período nos marcos do capitalismo. Sendo assim, ao descrever a dinâmica da transição da Primeira

---

10. Edgard Carone, *A República Velha I: Instituições e Classes Sociais,* p. 5, grifos nossos.
11. *Idem,* p. 6, grifos nossos.

República, para um período posterior, ele descreve fases do desenvolvimento capitalista nacional e sua consolidação sob novos parâmetros.

Outrossim, é possível inferir que a referência sobre a qual Edgard Carone se apoia não é essencialmente sobre ideia de uma sociedade feudal e sim uma sociedade colonial, com suas especificidades dentro do capitalismo. O diálogo com as elaborações sobre a transição feudalismo × capitalismo estão ali, a leitura de Nelson Werneck Sodré pode estar presente em várias referências do autor, contudo, entendemos que predomina a elaboração, inclusive mais difundida como referência de sua geração e de um repertório marxista universitário.

A leitura de Caio Prado, especialmente a ideia de sentido da colonização, aparece na análise que Carone faz sobre a manutenção da estrutura produtiva latifundiária voltada para a exportação como a principal marca de um "contexto histórico ligado a períodos anteriores". Além disso, o autor destaca outra continuidade da condição colonial que determinou, desde o início, o caráter das relações de produção e o desenvolvimento das formas capitalistas na sociedade brasileira: o imperialismo. A partir da dominação estrangeira, vê-se a determinação das continuidades e transformações do período: "O imperialismo, a esse tempo, ainda não pretende instalar as suas indústrias no Brasil, dominando mais por meio de empréstimos públicos, controle do mercado no exterior (agrícola-extrativo) e atividades bancárias"[12].

O imperialismo define os marcos do funcionamento geral de um sistema no qual o Brasil se insere de modo particular. Esse sistema é o capitalismo em sua "fase superior", definida pela tradição leninista. Dentro do capitalismo, portanto, o historiador define a existência de um sistema produtivo e as respectivas formas sociais que caracterizam a República Velha, classificando-o como um sistema agrícola, dominado por oligarquias rurais.

***

Um momento de transição é também um momento de transformação. O sistema agrícola definido por Carone passa, durante a República Velha, por um período de instabilidade, reunindo as condições necessárias para

12. *Idem, ibidem.*

que seja questionado – definitiva ou parcialmente. A sua transformação pressupõe, segundo a análise do autor, uma fase posterior da história nacional, de predomínio urbano. Economicamente, um dos principais fatores da hegemonia agrícola no Brasil, seria a existência do latifúndio que resistia como estrutura fundamental, e até se fortalecia em determinados aspectos, mas começava a enfrentar as primeiras contradições na economia brasileira na primeira fase da República. A lógica da economia cafeeira se coloca no centro dessa relação contraditória, a esse respeito:

> [...] o café é produto perene, que depende de condições diferentes, e está ligado a uma estrutura econômica mais complexa do que a de outros produtos coloniais. [...] A conquista do monopólio do café significa a um tempo a existência de imensas terras próprias para o plantio e aplicação de grandes capitais. [...] Isso leva à criação de *grandes fazendas produtoras, que funcionam na base de empresas capitalistas*[13].

Apreende-se do trecho a existência de uma nova dinâmica que começa a nascer do velho processo latifundiário agrário-exportador. A aplicação de grandes capitais e as exigências técnicas da cafeicultura, contudo, alimentam uma mudança qualitativa no sistema agrícola: as fazendas, estruturas de produção rural, adquirem a dinâmica de atividades empresariais capazes de promover a urbanização e, em certos aspectos, até a industrialização. Esse processo envolvia elementos internos e externos.

Em primeiro lugar, a economia cafeeira exigia uma lógica integradora dos territórios envolvidos em sua produção – desse modo, perdia-se relativamente a condição dos latifúndios como unidades produtivas autônomas. A primeira função dessa integração residia no escoamento produtivo e na aproximação entre os fazendeiros e agentes intermediários com o mercado externo. Com o tempo, essas vias de comunicação passam a servir para a integração de territórios e mercados:

> Esse *predomínio latifundiário* é total. [...] A vastidão geográfica, a formação histórica e a estrutura agrária fazem com que as fazendas sejam, até 1870, unidades autônomas, bastando-se economicamente. Apesar da decretação da autonomia estadual e dos impostos interestaduais reforçarem a tendência divisionista brasileira, a lenta ação dos

---

13. *Idem*, p. 31, grifos nossos.

poderes governamentais, a *expansão das estradas de ferro e a evolução urbana* fazem com que autonomia e isolamento diminuam com o tempo. *Durante a Primeira República, este processo já está em pleno desenvolvimento* [...][14].

Convivem no período a estrutura, a mentalidade e a prática divisionista, mas estas são confrontadas com uma contingências da economia cafeeira e das condições técnicas de sua expansão, com destaque à integração por vias férreas. Elas são um recurso de integração mais perene e eficaz que em tempos anteriores, viabilizando o desenvolvimento de outros setores que corriam em paralelo à cafeicultura, o que para Edgard Carone era essencial: "[...] o problema do consumo interno é primordial e concorre para o rompimento desta estrutura agrária, isolacionista e monopolista"[15].

O debate sobre a questão do mercado interno já era presente na historiografia e entre os economistas da época[16]. Através das citações, é visível que este historiador não via uma estrutura perene e consistente para o mercado interno brasileiro até a Primeira República. Na verdade, o seu nascimento será uma das características contraditórias desse momento de transição.

Ao lado das questões de mercado e integração territorial, Carone sintetiza um ciclo contínuo para a economia cafeeira da seguinte forma:

... bons preços → novas plantações → crises mundiais → superprodução → valorização (intermediários, fazendeiros, governos) → bons preços → ...

Através deste esquema, observa-se que havia uma necessidade constante de expansão da área cultivada para renovação daquelas que se tornavam improdutivas, contudo o ciclo de vida do cafezal exigia uma antecipação ao esgotamento das plantações ativas. O processo em si já colocava o risco da superprodução em determinados anos e ele se combinou, externamente, às crises mundiais. A ação das oligarquias faz com que haja uma defesa do

14. *Idem*, p. 17 (grifos nossos).
15. *Idem*, p. 20.
16. A questão do mercado interno é discutida com centralidade na obra de Celso Furtado, *Formação Econômica do Brasil*, Rio de Janeiro, Fundo de Cultura, 1959. Como um dos representantes da vertente cepalina nos debates nacionais, Furtado irá polemizar com as elaborações de Caio Prado Júnior que enfatizavam a o desenvolvimento do capitalismo no Brasil em sua ligação com o mercado externo, fundamento para o conceito de *sentido da colonização*, que marca sua obra.

A PRIMEIRA REPÚBLICA COMO MOVIMENTO DE TRANSIÇÃO... 183

produto, sob o discurso de uma defesa geral da economia, entretanto, como veremos adiante, esse ciclo será cada vez mais questionado na medida em que o monopólio do café é quebrado no mercado mundial e, internamente, com o fortalecimento de novas atividades nascidas desse sistema produtivo, mas tomam autonomia aos poucos.

Diante disso, o autor expõe que "o cafezal é um dos elementos de produção desta acumulação capitalista: outros também são fundamentais"[17]. Esta citação permite que avancemos ainda mais na compreensão da Primeira República como um período de transição. O autor fala em "acumulação capitalista" no sistema produtivo sustentado pelo café. Seria o mesmo que dizer que o capitalismo não existia no país e esse processo de acumulação preparava o terreno para sua existência?

Sim e não. Partimos do princípio de que na avaliação geral de Edgard Carone sobre a sociedade brasileira, o que ocorria era a oposição "rural × urbano", ou "colonial × nacional". Nesse sentido, quando constata a existência de uma acumulação capitalista na Primeira República, ele se refere a um elemento endógeno que forma o capitalismo em um país de origem colonial e agrária. Ou seja, o sistema se desenvolve com particularidades marcantes e num ritmo próprio[18]. Certos aspectos da sociedade apresentavam características não capitalistas, mas de modo contraditório, estavam adaptadas às suas engrenagens: nele sobrevivem e dele fazem surgir novas formas. A ideia de acumulação se relaciona ao capital produzido pelo sistema agrícola, baseado no café, seus lucros vultosos e sua gestão que, a partir de alguns setores das próprias oligarquias do café, passam a agir em benefício da modernização e do desenvolvimento industrial.

Até aqui, é possível concluir que o historiador caracteriza sempre uma realidade-limite, na qual há uma linha tênue entre o pleno desenvolvi-

---

17. *Idem*, p. 33, grifo nosso.
18. O desenvolvimento do capitalismo no Brasil ligado ao debate da transição será objeto da tese de João Manuel Cardoso, *O Capitalismo Tardio: Contribuição à Revisão Crítica da Formação e do Desenvolvimento da Economia Brasileira*, Tese de Doutorado, Unicamp, 1975. Sua publicação será feita em 1982 pela editora Brasiliense. Ele acrescenta às polêmicas a ideia de capitalismo tardio, também presente na bibliografia marxista e que, naquele momento, ganhava fôlego na Europa com a formulação do teórico trotskista Ernest Mandel, *Der Spätkapitalismus* [*Late Capitalism* ou *O Capitalismo Tardio*], Tese de Doutorado, Universidade Livre de Berlim, 1972.

184 EDGARD CARONE E A IDEIA DE REVOLUÇÃO NO BRASIL

mento e o declínio da hegemonia agrária. Os elementos de tensão para uma possível ruptura do sistema agrário residem na tendência de crescimento da dinâmica industrial e do processo de urbanização na Primeira República:

> As *atividades agrícolas apresentam contínua superioridade sobre as industriais* durante a Primeira República. Porém a superioridade – que se dilui pela primeira vez em 1928, quando o total do valor da produção industrial chega ao nível da agrícola – é entravada pela rotina, por métodos técnicos obsoletos, pela ausência quase total de ensino prático e teórico e pela subordinação ao mercado externo. A atividade industrial, por outro lado, tem a seu favor o *fator dinâmico do mercado interno*. O fator negativo da dispersão geográfica é compensado pelo consumo local. A introdução dos produtos estrangeiros é entravada pela proteção alfandegária e câmbio baixo; e, finalmente, o aumento progressivo da população é fato crescente e contínuo de consumo interno[19].

As condições para que o setor agrícola sobreviva como centro dinâmico da economia se mantêm, para o autor, de modo rotineiro e arcaico. Não é que a atividade industrial e urbana tenha conseguido progressivamente se impor, mas que ela teve de lutar para conquistar espaço nas arestas deixadas pelo setor fundamental e por sua própria incapacidade de modernização. É possível identificar a potência das transformações industriais que permanecem ao longo das décadas à revelia de uma política direcionada à sua existência. Segundo o autor, "apesar das contradições, a industrialização faz-se de maneira contínua"[20]. Essa é uma visão interessante, pois, no geral, o processo de industrialização do Brasil até 1930 é tido pela definição de surtos industriais. Esses surtos se caracterizam pela substituição de importações, ou seja, a partir de momentos de crise de abastecimento vindo de fora, especialmente, causado pelas guerras mundiais e a crise de 1929. Em sua obra, Carone não nega a presença desses momentos de maior intensidade e a noção de surto industrial, mas em sua visão, eles são parte de um processo quase imperceptível, que se dá "pelas beiradas" do sistema agrícola cafeeiro.

---

19. Edgard Carone, *A República Velha I: Instituições e Classes Sociais*, p. 23 (grifos nossos).
20. *Idem*, p. 74.

A PRIMEIRA REPÚBLICA COMO MOVIMENTO DE TRANSIÇÃO... 185

O predomínio do artesanato, que vem desde o Império, não é superado de maneira abrupta nas primeiras décadas do regime republicano, o que não quer dizer que ele não evolua. Na verdade, segundo o autor, vários fatores contribuem para a abertura de novos estabelecimentos desse tipo, ainda que não haja uma política de Estado consciente para o desenvolvimento do setor e sua transformação qualitativa, em termos tecnológicos e no nível de produção. Sendo assim, Edgard Carone toma esse movimento mais profundo e relativamente contínuo, separando-o em quatro fases: 1880-1890; 1890-1900; 1901-1914; 1914-1929. Sobre eles, diz: "Como vemos, os períodos são marcados por momentos de desenvolvimento e interrompidos por crises; mas esta interrupção leva, paradoxalmente, a um processo de reforço industrial, como veremos"[21].

Sua visão constrói a ideia de que, mesmo precária e insuficiente, a indústria nacional se desenvolve a partir de condições relativamente autônomas em relação à estrutura econômica hegemônica e é graças a essa sobrevida permanente que os momentos de crise da lógica agrária dominante, ligados sempre a fatores externos, colocam-se como impulsionadores de uma nova fase de desenvolvimento marcada por picos produtivos que geravam, cada um a seu tempo, consequências de maior extensão e intensidade no conjunto do sistema industrial.

Para o historiador, não existem surtos industriais estanques e localizados no tempo: "[...] esse aumento, seguido de crises constantes, leva ao gradativo desaparecimento de pequenas indústrias e ao reforço das grandes"[22], sendo assim, as consequências contraditórias das crises delimitavam as características do desenvolvimento industrial, beneficiando uma lógica mais avançada, tecnicamente, e mais concentradora, economicamente.

Edgard Carone apresenta ainda os fatores objetivos que beneficiam a indústria desde a última década do Império: melhora no nível de vida e contribuição técnica, proveniente da vinda de estrangeiros com conhecimento do artesanato, mercado interno crescente, medidas protecionistas – mesmo que indiretas:

---

21. Edgard Carone, *A República Velha I: Instituições e Classes Sociais*, p. 78.
22. *Idem*, p. 81.

186   EDGARD CARONE E A IDEIA DE REVOLUÇÃO NO BRASIL

A estes fatores objetivos da industrialização, acrescenta-se outro, o do processo de acumulação capitalista: no Brasil ela se faz pela ação paralela de capitais aplicados por nacionais e estrangeiros radicados no Brasil. A política de inflação, iniciada pelo Encilhamento, permite especulações e enriquecimentos rápidos, apesar da *débâcle* posterior. O grande número de indústrias que subsiste à crise consegue se beneficiar desta permanente desvalorização da moeda e veem aumentar seus capitais. Por outro lado, os lucros advindos do café e, posteriormente, a proibição do plantio de novos cafezais permitem a aplicação financeira maciça em diversos ramos industriais[23].

O historiador concebe a oposição rural × urbano durante a Primeira República como uma oposição dialética. Isto é, esse par de opostos não se exclui mutuamente, na verdade, a urbanização e a industrialização surgem como expressão da expansão agrária e, com o tempo, tornam-se pontos de apoio essenciais para o seu contínuo desenvolvimento e ampliação do fluxo de capitais. A realidade do período, convivendo com essa contradição, oscila entre a transformação quase inevitável do plano estrutural e as repetidas interrupções nesse processo quando é necessário mobilizar um novo esforço de recuperação e manutenção do sistema vigente. Do ponto de vista econômico, ele explora o ápice e a decadência de um sistema no qual a base agrária de origens coloniais se renova e, ao mesmo tempo, cria condições para o seu fim. A economia é o fundamento do método apresentado pelo historiador que reivindica os princípios do marxismo, com a pretensão de ver os processos a partir de uma totalidade que se fundamenta nas relações de produção. Mas numa lógica de transição a convivência entre o velho e o novo muitas vezes aparece natural. E onde ficam as revoluções?

Transição e Revolução: As Classes Sociais em Dinâmica

A ideia de transição pode transmitir, num primeiro momento, a imagem de um movimento espontâneo e "natural" em que se passa de um período histórico para outro. De modo algum é o que apreendemos da obra de Edgard Carone, já que o autor, como temos destacado, elabora sua análise da República Velha sob a óptica da tensão, das contradições e oposições de um modelo econômico. Contudo, para dar vida a essa

23. *Idem*, p. 73.

situação viva é necessário considerar que as relações de produção e a infraestrutura interagem com as outras dimensões da sociedade, as classes sociais. Desse modo, as contradições de uma época de transição se revelam como elementos potenciais de convulsão social, revoltas e, por que não, de revoluções.

Na Primeira República, as forças que o setor agrário tem de mobilizar para garantir sua sobrevivência tornam-se, a cada crise, mais opressoras e artificiais – mesmo internamente aos grupos oligárquicos. Os processos políticos cumprem o papel decisivo de demonstrar e realizar a necessidade de reorientação na lógica de funcionamento das relações de produção e de toda organização social que a envolve.

Ao elaborar sobre o momento de transição, Carone introduz sua ideia com a expressão "socialmente", remetendo com ela às relações em dois níveis, o da estrutura e o da superestrutura. Esses planos não se concretizam ao acaso e sim sob a ação de grupos, classes sociais e seus interesses que, para o autor, vivem uma experiência na qual se passa a um período mais "dinâmico e de classes sociais mais bem definidas". O historiador constrói categorias de análise sobre o que ele apreende desta realidade objetiva, e se preocupa também em caracterizar a subjetividade dos grupos sociais como eles passam, ou não, a criar consciência de sua constituição enquanto classe. Daí a importância dos movimentos de contestação e das revoluções como chave interpretativa da obra.

Na estrutura do primeiro volume, o item "Classes Sociais" incorpora a seguinte divisão: "Oligarquias Agrárias", "Burguesia", "Classes Médias", "Classe Operária". A partir dela dela, selecionamos as denominações apresentadas no Quadro 10, que retomamos aqui:

Burguesia
Classe Industrial
Operariado, Proletariado e Classe Operária
Classe Média e Pequeno-Burguesia
Aristocracia
Oligarquia
Classes Agrárias
Classes Dirigentes.

É importante observar que o autor se refere muitas vezes a "classes agrárias" ou "classes rurais" para abarcar os extratos dominantes, latifundiários, mas também o colono, trabalhador rural, pequeno produtor etc. Para ele, na Primeira República as classes rurais se encontram em grande dinâmica a depender da região e, no geral, passam por processos de diferenciação e modernização. As relações de trabalho no campo devem ser entendidas sob a chave das permanências e rupturas do sistema escravista que se constituiu na Colônia e deixou suas marcas na sociedade da Primeira República.

Com a abolição, segundo o autor, a dicotomia senhor-escravo é substituída pelo binômio senhor-colono, no entanto, as camadas existentes entre estes dois polos passam a ser mais volumosas e complexas que no caso anterior. O crescimento populacional aumenta os setores intermediários da pirâmide social e vê uma transformação qualitativa na composição das próprias categorias fundamentais "senhores" e "colonos". Sobre isso, afirma: "A estratificação social representada principalmente pelo predomínio do binômio senhor-escravo é cada vez mais diluída pelo aparecimento de outros grupos socioeconômicos mais complexos"[24].

O engrossamento das classes médias é o processo para o qual o historiador dá maior destaque em sua análise, pois ajuda a evidenciar os elementos de transformação da economia agrícola e o nascente mercado interno. Paulatinamente, as classes médias passaram a ocupar as áreas urbanas, apesar de sua origem agrária, processo sintomático das relações conflituosas que se desenvolvem ao longo do período, pois a absorção dessa população urbana e sua função social serão fenômenos novos.

Edgard Carone divide as classes médias em três níveis alta, média e baixa:

> Ao se iniciar a República, as classes médias apresentam uma estrutura complexa quantitativa e qualitativamente. [...] Só depois dos anos vinte é que a população urbana vai ver seus índices de crescimento aumentarem em relação ao campo. [...] A alta, a média e a baixa classe média têm formação diversa[25].

---

24. *Idem*, p. 147.
25. *Idem*, p. 177.

O extrato mais alto, segundo o autor, surge das ricas classes agrárias, pois "o bacharelismo é uma das opções encontradas pelos fazendeiros para seus filhos. [...] É assim que estes ramos das classes liberais – advogados, médicos etc. – representam no Império, e até certo momento da República, uma continuação do poder territorial"[26].

No entanto, a urbanização crescente reforça uma tendência de autonomia desta classe em relação aos grupos no poder, fazendo com que surjam divergências entre eles. Esses grupos liberais organizarão suas atividades políticas em Ligas e, às vezes, em partidos.

Sobre os estratos médio e baixo:

> Dependentes da dinâmica agrária, temos três processos paralelos: o da formação de uma classe média comerciante e o início do imigrante em pequeno proprietário ou sua migração do campo para a cidade. [...] O imigrante é outro elemento dependente da economia agrária e participante dessa ordem social competitiva[27].

A dinâmica das classes médias urbanas se dá quase que como derivação dos grupos rurais e adquirem novas funções quando se inserem num ambiente diverso e lhe são apresentadas novas possibilidades de ascensão ou mudança de vida. O autor fala em ordem social competitiva, o que nos leva a pensar no acirramento social entre indivíduos e grupos para ocupar esse espaço. Carone também menciona a formação de um setor no médio no campo, os pequenos proprietários, mas não o desenvolve.

O comerciante é o extrato médio, absorvido pela dinâmica do mercado interno em formação e pelas vias de comunicação do mercado local entre pequenas cidades e fazendas. O imigrante estrangeiro vindo para servir de mão de obra assalariada no campo torna-se o seu estrato mais baixo e provoca um impacto significativo na sociedade. Quando consegue deixar o regime de colonato, ou conciliando com este no âmbito rural, contribui para as redes de abastecimento a partir do cultivo de terras devolutas. De outro, vemos um processo de ida desses trabalhadores para áreas urbanas, atuando como pequenos comerciantes, prestadores de serviços, artesãos, funcionários públicos de baixo escalão. Sobre isso, ele diz:

---

26. *Idem, ibidem.*
27. *Idem*, p. 150.

A baixa classe média é formada de funcionários públicos, artesãos etc. A categoria superior desta e o limite entre ela e o proletariado é de difícil distinção. Estas duas camadas, praticamente, se confundem mais do que se distinguem: as revoltas, as atitudes de rebeldia e a procura de novas oportunidades econômicas e políticas lhes é comum[28].

Essa camada nebulosa e quase indistinta deve ser entendida dentro de uma ordem competitiva, como o autor apresenta na citação anterior. O excedente desses grupos médios mais pobres que se desgarram das áreas rurais servem de base para o crescimento da classe operária, confundem-se com ela e basculam entre as classes. Segundo a visão de Edgard Carone, inclusive, essa aproximação se dá tanto pela origem social, quanto pelas condições econômicas que conseguem atingir.

O último elemento importante das chamadas classes médias é classificado por Carone como a camada pequeno-burguesa. Esta surge da decomposição das velhas aristocracias, do Nordeste e da região cafeicultora decadente no Vale do Paraíba: aproveitando-se das velhas relações políticas e sociais, migram para as áreas urbanas e conseguem ocupar cargos políticos ou no funcionalismo público e no Exército. Inclusive, em certo momento o autor fala em pequena-burguesia civil e pequeno-burguesia militar.

Apesar de não incluir o Exército enquanto classe social, o historiador identifica sua origem de classe:

> O Exército representa, no Império e na República, uma das poucas oportunidades de trabalho e ascensão. [...] Assim, com raras exceções, as famílias dos João Alberto, Luís Carlos Prestes, Siqueira Campos e centenas de outras, são da baixa classe média ou de ramos decadentes de grandes famílias[29].

A carreira militar é apresentada como um meio de mobilidade social, ainda assim, a maioria de seu contingente – baixas patentes: tenentes, cabos, soldados etc. – estarão submetidos a péssimas condições de tratamento, baixos salários, castigos etc., devido às hierarquias da estrutura militar e da própria composição social das respectivas categorias. Essa realidade, combinada com sua origem de classe, serão condições essenciais para a ação social dos tenentes, como veremos adiante. Os altos cargos estarão sempre

---

28. *Idem*, p. 178.
29. *Idem, ibidem.*

restritos a poucos e, normalmente, são ocupados por critérios hereditários, dos filhos que decidem seguir a carreira dos pais.

A classe operária irá se desenvolver de modo lento e sua constituição ao longo da República Velha encontra-se em fase prematura, nos marcos do desenvolvimento industrial já analisado. A dinâmica econômica do café e sua ligação com a urbanização e desenvolvimento industrial acabam determinando a concentração geográfica do operariado em São Paulo e Rio de Janeiro, a origem agrária e o peso do imigrante estrangeiro são uma realidade nessas regiões. Já no Nordeste esta característica nunca foi preponderante e a presença da população negra nos meios operários ficava em maior evidência.

Ao longo dos anos, a entrada de imigrantes sofre um revés, impactando também na composição da classe operária. A guerra na Europa e o neocolonialismo restringem os critérios de imigração, além de dirigir o fluxo para as novas colônias europeias. Isso faz com que se intensifiquem as correntes migratórias internas:

> Ao mesmo tempo em que há uma concentração geográfica, podemos dizer que nas empresas o operariado estará disperso, pois o artesanato "de fundo de quintal" será preponderante, ao menos até a década de 1910, sendo assim, a maior parte delas terá menos de trezentos operários[30].

Sabe-se que as atividades urbanas vão ganhando dinâmica ao longo do período. A população participa de um processo de crescimento desorganizado dos grandes centros, em que a oferta de trabalho nem sempre irá suprir a demanda ou as necessidades de uma vida com custos altos, pelo contrário. Somam-se aos setores mais pauperizados da classe média e operariado uma massa de trabalhadores negros marginalizados, desde a abolição da escravidão, e esse cenário serve para acirrar as questões sociais. A citação a seguir, a partir do exemplo da classe operária, ilustra as condições de vida para a população em geral:

> O operariado sofre as consequências de um contínuo aumento do custo de vida e de salários baixos. [...] Os aluguéis são caros, o custo geral de vida é alto, daí os salários

---

30. *Idem*, p. 193.

serem insuficientes para o sustento das famílias, e ser necessário o trabalho de mulheres e crianças. O resultado é a abundância de mão de obra, facilmente manobrada pelos empregadores, e à qual são impostas condições de trabalho vexatórias nas fábricas[31].

Em seguida, Edgard Carone caracteriza as classes dominantes a partir dos conceitos de oligarquia e burguesia. O termo aristocracia é utilizado algumas vezes ao longo do texto, mas não define uma classe em seu conjunto.

O item "Classes Sociais", inserido no volume i, caracteriza dois setores fundamentais das classes dominantes, a saber, "Oligarquias Agrárias" e "Burguesia". O termo oligarquia, definido pelo próprio Carone, não se refere necessariamente a uma classe social, mas sim a um grupo de poder. "Ao sentido primitivo da palavra oligarquia – governo em que a autoridade está nas mãos de poucas pessoas – juntou-se, no Brasil, um conceito mais específico: o de governo baseado na estrutura familiar e patriarcal"[32].

Neste trecho, "oligarquia" é definida nos termos de uma forma de governo. Realmente, o autor irá identificar diversos grupos oligárquicos, os quais se caracterizam pelo exercício do poder nesses moldes. No entanto, quando classifica esse grupo de poder como oligarquias agrárias, Edgard Carone irá tratar da definição de uma classe social com aspectos particulares e interesses próprios. A questão do domínio político entra na descrição dessa classe e nos elementos que explicam sua condição de existência: "A sua formação é vária, mas a característica fundamental é a posse da terra, base de produção para o mercado exterior e a única forma que permite a grande exploração regular do trabalho e acumulação de riquezas"[33].

A definição possibilita a identificação de diversas camadas, ou frações, que se distinguem a partir da localização geográfica e atividade econômica. E o historiador faz questão de diferenciar as velhas e novas oligarquias, ou seja, as mais ligadas ao período colonial e ao início do Império, e aquelas mais tardias que se forjam no processo de disputa pelo novo regime ou durante a Primeira República.

---

31. *Idem, ibidem*
32. *Idem*, p. 152.
33. *Idem*, p. 154.

A PRIMEIRA REPÚBLICA COMO MOVIMENTO DE TRANSIÇÃO... 193

O fenômeno de modernização dos antigos métodos de produção agrária, quando não dá vida a novos setores das oligarquias, ao menos, renova o modo de produção, apropriação de latifúndios, exploração do trabalho etc. Esse processo é verificado em todas as regiões, especialmente Nordeste e Sul. Mas a economia do café, por ser a força motriz da dinâmica de transição caracterizada por Edgard Carone, apresenta suas particularidades:

> Ao contrário da oligarquia agrária do Nordeste, a do café é mais dinâmica e aberta a outras iniciativas. Suas interligações com o processo de urbanização, com a industrialização e métodos capitalistas demonstram a sua complexidade. Os termos de empresa e empresário, usados comumente para definir esta oligarquia agrária, são verdadeiros na medida em que englobam todas as suas formas de atividade[34].

Além de captar as irregularidades desta classe, o autor define uma concepção híbrida de uma classe dominante que carrega as contradições próprias desse momento de transformação. Internamente, a economia do café e suas novas relações de produção; externamente, o mercado mundial possibilita o nascer de um novo tipo oligárquico. Em certo momento, o autor define para a Primeira República "o predomínio político e econômico da *classe agrário-industrial*"[35]. Essa categoria parece tentar dar conta do caráter híbrido de um setor das classes dominantes que é fruto da transição representada pelo período. A força do sistema agrícola reinventa ou recoloca suas relações de poder e domínio.

É dentro das classes dominantes que Edgard Carone constrói uma definição de burguesia. Nesta categoria, ele faz uma diferenciação substancial entre indivíduos estrangeiros e nacionais, identificando o respectivo domínio de cada grupo sobre as atividades econômicas mercantis, financeiras e industriais:

> Enquanto a burguesia mercantil é composta, na maior parte, de estrangeiros, a financeira e industrial são preponderantemente brasileiras. A duradoura predominância alienígena na burguesia comercial terá consequências políticas e sociais negativas para a expansão da classe[36].

34. *Idem*, p. 155.
35. *Idem, ibidem,* grifo nosso.
36. *Idem*, p. 158.

O elemento estrangeiro é muito importante na caracterização do desenvolvimento da burguesia no Brasil. Em sua narrativa, o autor especifica ainda a burguesia estrangeira que se fixa e age de dentro para fora, e a ação imperialista propriamente dita. Nesse trecho, ao falar da burguesia mercantil, Carone se refere a uma camada antiga e numerosa, especialmente de origem portuguesa. Controlam o grande e pequeno comércio das cidades, especialmente no setor de importação de bens de consumo; também servem de base no intermédio da exportação de bens primários.

A ação imperialista se dá em outro nível, ainda que se situe também no controle da exportação-importação, por exemplo. Num país de herança colonial, os setores do comércio e finanças, por serem os meios de comando do fluxo de riquezas – inserção de produtos e capitais no mercado externo – permanecem mais ligados ao controle de uma elite externa, especialmente banqueiros e grandes corporações. Diferentemente do comércio de portugueses ou das atividades bancárias efetuadas nacionalmente, o imperialismo manterá relações diretas com a federação e os governos estaduais. Na verdade, a manutenção da base agrário-exportadora, mesmo com o desenvolvimento de uma incipiente indústria nacional, tem a ver com o domínio dos setores comercial e financeiro pela grande burguesia estrangeira.

Sendo assim, na medida em que o capitalismo europeu e norte-americano se desenvolvem, acirram as disputas entre os países imperialistas para intervir nesses setores, deixando a indústria, ainda muito incipiente, à revelia dos investimentos locais. Edgard Carone faz um apontamento enfático: "O imperialismo, a esse tempo, não pretende instalar suas indústrias no Brasil, dominando mais por meio de empréstimos públicos, controle do comércio exterior (agrícola-extrativo) e atividades bancárias"[37].

Ao seu tempo, os países imperialistas expandirão seus tentáculos para o setor produtivo industrial. Nesse momento, de modo geral, o autor enxerga que a burguesia industrial se origina das oligarquias agrárias e, muitas vezes, se confunde com elas:

> É da zona oeste paulista que sai, entretanto, a maior parte de capitais para a industrialização de São Paulo. [...] A camada mais dinâmica de fazendeiros dedica-se a

---

37. *Idem*, p. 6.

A PRIMEIRA REPÚBLICA COMO MOVIMENTO DE TRANSIÇÃO... 195

atividades industriais e bancárias, transformando a produção agrícola numa forma organizatória paralela àquela que desenvolvem nas cidades. [...] Esse fenômeno se repete em menor escala em outras partes do Brasil[38].

Esse trecho traduz bem como o autor vê a lógica da industrialização do Brasil nesse período: um processo paralelo e subordinado ao centro dinâmico, agrário. No entanto, se insere nesse sistema de tal maneira, na maioria das vezes harmônica inclusive, que passa a ser fator fundamental na diversificação de investimentos, no abastecimento interno e tem importância para a própria atividade agrícola. Nesse sentido, Carone afirma:

> Mais lento e discreto é o desenvolvimento da burguesia industrial. Mesmo na última década do século XIX, coexiste ainda o artesanato, que ainda predomina ao lado de indústrias organizadas com grande capacidade de produção. Nas grandes cidades, estas suplantam aquele, o que resulta num processo de sujeição dos artesãos à grande indústria: eles passam a depender das encomendas das fábricas, e não mais do consumidor individual[39].

Quando caracteriza as oligarquias e a burguesia, Edgard Carone desenvolve mais uma dimensão do período republicano como período transitório. A oposição sistema agrário vs. sistema industrial, rural vs. urbano, que definimos para compreender sua análise, se manifesta mais uma vez na conformação e dinâmica das classes sociais. Novamente vemos uma relação complexa, às vezes simbiótica, mas nunca excludente. A Primeira República propicia uma rica propagação de novas formas produtivas e relações sociais que sim, vão resultar em conflitos e disputas, que questionarão o poder e, por vezes, o regime.

No que diz respeito às classes dominantes, entretanto, o historiador não apresenta uma antítese de categorias prontas, mostrando mais uma vez que sua análise não aplica para a história do Brasil a ideia de uma revolução burguesa contra um sistema feudal. De modo mais complexo, o que prevalece na análise do historiador é o percurso particular das relações capitalistas no Brasil.

As oligarquias possuem a hegemonia política e ideológica da sociedade. À burguesia, segundo Carone, resta uma adaptação total ao sistema vigente:

38. *Idem*, p. 149.
39. *Idem*, p. 160.

A formação agrária e estrangeira da maior parte de nossa alta e média burguesia é, possivelmente, responsável pelo desinteresse político dessas classes. [...] A burguesia industrial timidamente se impõe através de atos legais e defesas teóricas. Sua expansão é lenta e segura. [...] Mas, neste período todo, inexiste uma atuação agressiva sua: é irrestrito o seu apoio ao *regime agrário-burguês*[40].

Ao definir a existência de um mundo agrário-burguês, entendemos que ele apresenta as contradições do período que, de certo modo, conseguem acomodar-se em uma síntese. Sendo assim, as oligarquias no poder se apresentam de modo diferente daquelas que vigoraram durante a Colônia e a maior parte do Império. A dinâmica do sistema agrícola cafeeiro possibilitou que a lógica burguesa se expressasse nestas novas classes rurais. "Como vimos anteriormente, o grupo industrial formado por brasileiros origina-se dos capitais do café e, em menor escala, do açúcar. [...] são exemplos de fazendeiros industriais[41].

Mesmo assim, o historiador não considera, em nenhum momento, a possibilidade de que o sistema priorize uma política consciente face ao desenvolvimento industrial. Segundo ele, a própria burguesia industrial, para expandir-se, adota uma lógica de subordinação: "[...] ao invés de luta, colaboração; ao invés de ideologia própria civilismo"[42]. O autor ressalta a existência da organização de classe da burguesia em associações, mas só servirá para interesses mais imediatos e na tentativa de implementar medidas em seu benefício de modo pontual. Nesse sentido, não há uma organização política da burguesia e, ao mesmo tempo, não se configura uma oposição uniforme das classes agrárias contra a industrialização.

As oligarquias, estas sim, estão organizadas em partidos políticos e têm o monopólio do poder. Toda a política financeira, os planos econômicos, os empréstimos etc., serão voltados ao benefício direto das atividades agroexportadoras, sobretudo o café. Contraditoriamente, no entanto, essa sociedade puramente rural impulsiona a criação de interesses urbanos, que serão atendidos, apesar de não serem prioritários.

40. *Idem*, p. 153.
41. *Idem*, p. 88.
42. *Idem*, p. 160.

Algumas tentativas mais conscientes em se aplicar uma política industrialista não são bem-sucedidas, seja por conta da resistência de grupos agraristas, ou pela dinâmica da economia que se impõe. Para Edgard Carone, a experiência de Rui Barbosa no início da República, por exemplo, apesar de não ter se desenvolvido do modo esperado, rendeu frutos para o processo de industrialização em geral. Em alguns momentos o setor industrial se beneficiou indiretamente das políticas de proteção alfandegária; estas eram de interesse direto da ação governamental, devido ao aumento da arrecadação de impostos. Logo eram criticados pelos grupos agroexportadores, que acusavam esse tipo de iniciativa como responsável pelo encarecimento do custo de vida, e pelos importadores.

À relação "agrário × urbano" Carone acrescenta algumas questões, entre elas, a vulnerabilidade de um sistema voltado para o mercado internacional. Segundo ele, a atividade econômica se move com total dependência dos mecanismos do imperialismo que se aplicam, sobretudo, a partir dos planos financeiros. Relacionadas com estes, as crises econômicas também revelam essa dependência e fragilidade.

Diante desse cenário, ele analisa a importância do debate em torno da taxa cambial:

> Alta, baixa e estabilidade cambiais são termos frequentemente usados e que se ligam fundamentalmente ao desenvolvimento financeiro e aos problemas sociais. [...] O problema do câmbio é reflexo direto do comércio externo e, naturalmente, faz sentir diversamente seus efeitos sobre a produção e o custo de vida[43].

A política de câmbio baixo é a principal maneira de garantir as vantagens econômicas do sistema agrícola diante de um quadro de dependência com o mercado externo. Ela favorece diretamente às oligarquias agrárias, porque troca "o dinheiro estrangeiro por maior quantidade de dinheiro nacional"[44] e, indiretamente, aos industriais, pois há um encarecimento dos produtos importados, favorecendo os preços nacionais no mercado interno. Nesse aspecto vemos como o sistema agrário-burguês descrito pode ser re-

---

43. *Idem*, p. 98.
44. *Idem, ibidem.*

sumido, em suas contradições, como um conjunto que comporta a atividade industrial e contribui em alguns momentos para o seu desenvolvimento.

Por outro lado, a política impacta drasticamente no custo de vida. O encarecimento dos bens importados, maioria dos bens de consumo, causa um aumento geral dos preços – inflação. Socialmente esse elemento estimula uma situação tensa, que se combina com a expansão urbana desorganizada e a complexidade das novas camadas sociais. A partir disso, vê-se gestar uma crise nas condições de vida e a incompatibilidade do sistema político com o conjunto da sociedade.

A política do câmbio baixo vai ser a tônica preconizada pelos exportadores, significando moeda fraca para os países importadores e encarecimento de vida para os grupos urbanos: indiretamente, a classe industrial beneficia-se com essa medida, mas a classe média, operariado e grupos agrários ligados à produção de consumo interno, protestam continuamente contra essa situação[45].

As oscilações do câmbio e sua manutenção num patamar favorável às classes dominantes não dependerão apenas da sua vontade – e imposição, através do controle do Estado. Elas estão intimamente relacionadas com outros elementos que compõem o quadro financeiro do país, tais como a situação do comércio exterior e a dívida externa, pública e particular.

Na verdade, a dependência com o comércio exterior gera certa tendência ao câmbio baixo, visto que há uma necessidade constante em se realizar pagamentos no exterior e que o valor do papel moeda é garantido por um lastro em ouro – que normalmente é insuficiente em relação ao valor circulante. Sendo assim,

A solução encontrada diante do constante déficit da balança de pagamento é a emissão de papel-moeda; mas este acréscimo forma um círculo vicioso, pois o comércio exige mais ouro para suas importações e esse se torna raro, há necessidade de maior soma de dinheiro para aquisição do mesmo valor em ouro. A consequência é a baixa do câmbio[46].

Para garantir as emissões, o governo se torna cada vez mais dependente de empréstimos externos. Políticas como o Funding Loan, aplicado por

45. *Idem*, p. 99.
46. *Idem*, p. 97.

Campos Salles, servem para negociar dívidas anteriores e ampliar a dependência com o sistema financeiro mundial. As condições desses planos nunca são favoráveis ao devedor, aumentando o prazo e flexibilizando as condições de pagamento sob a compensação de juros altíssimos.

Mas essa é, segundo Edgard Carone, a forma essencial do domínio do imperialismo no Brasil na Primeira República. Ainda que o capital estrangeiro dominasse alguns setores importantes da economia, especialmente no setor de exploração de recursos naturais – como o caso da Light no monopólio da energia elétrica –, a remessa de lucros ao exterior era muito reduzida no período. Ele verifica que o capital financeiro se expande, desde o Império, bem antes do capital industrial. E, completa:

> A função desse ramo do capitalismo estrangeiro é a de intermediário entre as praças comerciais estrangeiras e o Brasil, numa época em que a correspondência e as comunicações são lentas e demoradas, em que os bancos brasileiros não tinham filiais fora do país; assim, todo o controle da exportação está nas mãos daqueles bancos. Também recebem depósitos feitos pelas colônias estrangeiras, além de servirem como intermediários para empréstimos estaduais e federais[47].

A economia agroexportadora coloca dois pontos de dependência com o capital internacional. Além dos empréstimos públicos, como já demonstramos, os próprios cafeicultores dependerão de empréstimos para fazer girar suas atividades, permitindo aos bancos estrangeiros esse controle total das relações comerciais.

Num primeiro momento, o câmbio baixo desfavorece a sua atuação, pois mesmo no setor financeiro existe a necessidade de se trocar a moeda local, do pagamento, pela moeda do seu país de origem, quando o dinheiro é destinado para lá – remessa. No entanto, o que se dá por parte desse setor do imperialismo não é pressionar o Estado para a manutenção do câmbio alto, mas sim, estimular a incerteza e variação cambial, pois:

> Como todos os países dependentes e de economia baseada na monocultura, a produção brasileira é exportada maciçamente em determinada época do ano: no caso do café, principalmente em setembro e outubro. Contudo, as transações são feitas com

---

47. *Idem*, p. 134.

noventa dias de prazo e no câmbio da data de vencimento, o que permite aos especuladores e bancos forçarem a alta cambial nessa época[48].

Assim, se desenvolve um mecanismo que sustenta o sistema sem grandes conflitos entre as classes dirigentes e o imperialismo. Carone vê isso como fator natural de um país em expansão:

> Essa aplicação de capitais e predomínio capitalista estrangeiro são encarados como fenômenos naturais em um país em expansão, necessitando deles e de técnicas superiores. As classes dirigentes se identificam geralmente com os interesses estrangeiros, havendo comumente dificuldade em distingui-los. É verdade que há incidentes que obrigam certas camadas, ou o governo, a entrarem em choque com os interesses estrangeiros, mas isso é circunstancial [...][49].

No entanto, a profunda dependência deixará a economia vulnerável às crises e, segundo o autor, estas não são determinantes para o enfraquecimento da atividade agrícola, apesar de afetarem seus lucros. Na verdade, elas alimentam um ciclo vicioso de emissão de moeda, manutenção do câmbio baixo e aplicação de novos planos baseados no empréstimo com o exterior. Ao mesmo tempo, as crises, como veremos, criam as novas demandas urbanas e, principalmente, favorecem a indústria nos momentos em que há impossibilidade de importação. Esse quadro intensificará a dinâmica social das cidades.

✳✳✳

Edgard Carone elabora uma ideia de transição aplicada à República Velha a partir de uma análise da evolução das demandas e do comportamento das classes sociais frente ao desenvolvimento econômico nacional, pensando o período como um momento de passagem de uma sociedade puramente rural para uma realidade urbano-industrial com características mais definidas em relação a um modelo ideal de modo de produção capitalista. Em outras palavras, ele caracteriza um processo do desenvolvimento do

---

48. *Idem*, p. 137.
49. *Idem*, p. 130.

A PRIMEIRA REPÚBLICA COMO MOVIMENTO DE TRANSIÇÃO...   201

capitalismo em uma nação pós-colonial que passa pela adota o regime republicano como forma do desenvolvimento da superestrutura desse sistema.

Interessante notar que ele tenta definir um conceito geral que dê conta de denominar este período em que convivem o velho, representado pelo ambiente rural e a atividade agrário-exportadora, e o novo, ambiente urbano e atividade industrial, com expressões como "mundo latifundiário--burguês" ou "sistema agrário-burguês". Nestas tentativas de síntese ele transparece sua concepção dialética, pensando uma relação de certo modo harmoniosa, porém cheia de tensões, que é alimentada por dois polos opostos de desenvolvimento.

Portanto, entendemos que o historiador trabalha com a concepção marxista de que determinado modo de produção, neste caso o capitalismo brasileiro, está constantemente criando os elementos de sua decadência. Em certos momentos eles ficam mais visíveis, aflorando em conflitos sociais que podem determinar o seu fim. No Brasil, a instauração da República irá se relacionar diretamente com essa dinâmica:

> Desde a Colônia os "coronéis" dominam as terras, e desde o Império comandam a política. A República é uma ampliação de seu domínio, pois a quebra do Poder Moderador permite que eles próprios escolham seus representantes em todos os graus. Porém as novas oportunidades políticas intensificam as lutas entre grupos, levando-os às vezes até a luta armada[50].

Para Carone, o regime republicano responde a anseios das oligarquias em romper com o controle do poder exercido pelo imperador. Ao mesmo tempo, as oportunidades que se abrem para as disputas de uma classe que não é homogênea, especialmente pelas disparidades econômicas regionais, serão motivo de diversos conflitos. Sendo assim, o maior número de revoltas sociais do período está vinculado ao mando dos coronéis e às disputas regionais. O regime que deveria estabelecer um novo consenso de nação, gera instabilidade. Ela parte das divergências existentes entre as classes dominantes de origem agrária e, na medida em que acompanha um processo de transformações econômicas, a questão do poder e suas instituições chegam os setores urbanos médios e pobres das cidades.

---

50. *Idem, ibidem.*

A burguesia industrial, segundo o historiador, não está alheia a tudo isso, no entanto acreditamos que ele não aposta nesta classe para a transformação radical da sociedade, nem mesmo identifica um antagonismo categórico entre oligarquias e burguesia no sentido da concretização de uma revolução burguesa clássica. Apenas em determinados momentos essa burguesia percebe que poderia disputar o poder, mas não se dispõe a isso, pois teme que sua ação desencadeie atitudes radicalizadas de outros setores.

Desse modo, considerando que ele se posiciona neste debate a partir do marxismo podemos dizer que Carone não aderiu à ideia de que a República marcaria uma passagem do feudalismo ao capitalismo no país. De toda maneia, as contradições fundamentais desse período transitório irão se manifestar na dinâmica das novas classes sociais urbanas que, apesar das fragilidades de identidade, da inconsistência ideológica e mesmo do tamanho reduzido, irão protagonizar os principais processos de contestação que saem do âmbito regional para reivindicar mudanças do sistema como um todo. São tipos de manifestações diversas entre si e, em seguida, analisaremos como ele as classifica a partir da ideia de revolução, especialmente, considerando que o Exército será muitas vezes o catalizador das demandas e da ação política destes movimentos.

2. Questões sobre a Instabilidade do Regime: Revoluções Oligárquicas, Tenentismo e a Revolução de 1930

A definição de Edgard Carone sobre a República Velha como período de transição apresentou-nos a um momento de tensões para a história nacional no que diz respeito às transformações de sua estrutura econômica. A partir delas, vimos também como o convívio entre o "velho" e o "novo" definiram a condição de existência e as posições de poder das classes que compõe essa sociedade.

Uma vez cientes desta caracterização, passaremos agora à análise das ações que, segundo o historiador, manifestam as contradições do período e, ao mesmo tempo, conduzem ao encerramento da primeira fase que ele delimita para o período republicano, ou seja, as revoluções que ele identifica terem ocorrido no Brasil entre 1889-1930.

O capítulo se inicia com um levantamento dos processos para os quais Carone aplica o conceito. Nesta sistematização distinguimos a participação de civis e militares, o propósito, a vitória ou derrota de seus iniciadores e o uso do recurso de estado de sítio para, então, classificarmos e analisarmos os dois tipos de revolução que, em nossa leitura, acabam se conformando na interpretação do historiador: as revoluções oligárquicas e as revoluções tenentistas. Elas caracterizam os processos, no plural, como eventos distintos entre si e subsidiários à revolução, no singular, aquela que aponta para um processo geral de transformação da sociedade brasileira. Por fim, nos deteremos sobre a Revolução de 1930 como o evento que encerra o primeiro ciclo republicano, catalisando as tensões de todo o período e atribuindo--lhes um sentido dentro da revolução brasileira – um processo inconcluso para o autor, apesar das mudanças que triunfarão no plano institucional do regime.

Critérios e Usos do Conceito de Revolução

O termo revolução estava presente no vocabulário político dos líderes e integrantes das convulsões sociais que marcaram a Primeira República. É o que se apreende das diversas citações de documentos utilizadas por Edgard Carone em sua obra, as quais, possivelmente, inspiram-no a utilizar o conceito como chave interpretativa para o período. Ao constatar que revoltosos e conspiradores da Primeira República, quando tramavam questionar a ordem vigente se autoproclamavam, muitas vezes, como revolucionários, Carone parece valorizar uma ideia de revolução, presente em todas as camadas da sociedade, justamente por ser utilizada para definir ações políticas distintas que compartilhavam o fato de refletirem a percepção dos referidos grupos à necessidade de mudanças.

Entretanto, não acreditamos que o historiador apenas reproduza um termo de época. O autor identifica as diferentes dimensões de seu uso, colocando-as em perspectiva histórica a partir de sua concepção marxista para caracterizar uma realidade conjuntural e/ou estrutural. Em outras palavras, ele seleciona os eventos revolucionários a partir de um olhar crítico sobre os mesmos, relacionando-os aos impasses institucionais e sociais do período para construir uma interpretação sobre a história do Brasil.

A presente sistematização dos processos selecionados nos introduz à compreensão do conceito de revolução como chave interpretativa de sua obra.

Quadro 12. REVOLUÇÕES DA PRIMEIRA REPÚBLICA NA OBRA DE EDGARD CARONE

Ano	Local	Militares	Civis	Conteúdo	Vitória	Estado de Sítio
1891	Rio de Janeiro	Sim	Sim	Derrubada de Marechal Deodoro.	Sim	–
1891	São Paulo	Não	Sim	Deposições estaduais.	Sim	Sim
1892	Mato Grosso	Não	Sim	Deposições estaduais.	Sim	Sim
1892	Bahia	Não	Sim	Deposições estaduais.	Sim	Sim
1892	São Paulo, Rio Grande do Sul, Mato Grosso	Sim	Não	Revoltas Deodoristas.	Não	Sim
1892 -1895	Rio Grande do Sul, Santa Catarina e Paraná	Sim	Sim	Revolução Federalista. Situacionismo e Oposição.	Não	Sim
1899-1901	Mato Grosso	Não	Sim	Situacionismo e Oposição (Generoso Ponce).	Não	–
1904	Rio de Janeiro	Sim	Sim	Revolução Militar e Revolta da Vacina.	Não	Sim
1906	Mato Grosso	Não	Sim	Situacionismo e Oposição (Generoso Ponce).	Sim	Não
1913-1914	Ceará	Não	Sim	Situacionismo e Oposição (Acioli).	Sim	Sim
1917	Pará	Sim	Sim	Situacionismo e Oposição (Lauro Sodré).	Sim	Sim
1920	Bahia	Não	Sim	Situacionismo e Oposição (Rui Barbosa).	Não	Não
1922	Rio de Janeiro, Mato Grosso e Niterói	Sim	Não	Tenentismo.	Não	Sim
1923	Rio Grande do Sul	Sim	Sim	Situacionismo e Oposição (Assis Brasil).	–	Não
1924	São Paulo, Mato Grosso, Sergipe, Pará, Amazonas e Rio Grande do Sul	Sim	Não	Tenentismo.	Não	Sim

1924-1927	Todo o Brasil	Sim	Sim	Tenentismo/Coluna Prestes.	Não	Sim
1930	Rio Grande do Sul, Santa Catarina, Paraná, Minas Gerais, Pernambuco, Piauí, Pará (com Conflito), Rio Grande do Norte, Ceará, Maranhão, Alagoas, Sergipe, Espírito Santo (sem conflito); Rio de Janeiro, São Paulo, Bahia (Conflito/Resistência)	Sim	Sim	Sucessão Presidencial.	Sim	Não

Pela composição deste quadro podemos verificar que poucos foram os anos, entre 1889 e 1930, nos quais o Brasil passou sem que houvesse algum tipo de contestação ao poder, denominadas por Edgard Carone como revolução. A mudança do regime, em si, já representa o desejo das elites em alterar a gestão do Estado e suas instituições, no que diz respeito ao seu realinhamento político, na forma de controle do poder e tomada de decisões, ainda que tudo isso continuasse restrito a uma ínfima parcela da população. Os protagonistas da Proclamação da República a denominaram como revolução, conforme citações do próprio livro, mas ela não está incluída no quadro que apresentamos, pois o historiador não a definiu dessa maneira. A análise dessa "não definição" se faz necessária, pois ela nos introduz ao período e à forma com a qual o historiador constrói sua proposta interpretativa.

Sobre a Proclamação da República, ele diz:

A Proclamação da República, no dia 15 de novembro de 1889, é o clímax de um longo processo anterior, cujas tensões e complexidades vão explodir no período ministerial de Ouro Preto. [...] A união de militares e civis republicanos, à véspera da República, é um incidente imprevisível dentro desta crise permanente, e a indecisão a respeito do momento e forma que deveria assumir a Proclamação da República é outro sintoma da complexidade da situação. Mas o que vai caracterizar o advento republicano é *seu repentino desencadeamento e o pequeno número de participantes*[1].

---

1. Edgard Carone, *A República Velha II: Evolução Política*, p. 7, grifo nosso.

O trecho apresenta uma análise sobre a tomada do poder e a adoção do regime republicano como uma construção a partir de um processo lento e distante, em que se gestavam, entre as elites, elementos de crise e instabilidade da monarquia. Os "republicanos históricos" se organizavam e manifestavam seu descontentamento há algumas décadas sem, no entanto, se organizar de maneira ousada para pôr fim ao regime. Segundo o autor, nem ao menos possuíam uma longa relação com os militares que dividiram o protagonismo do fato: não compartilhavam princípios políticos que justificassem uma conspiração contra o regime. A ação conjunta se dá de véspera e terá as devidas consequências no que concerne às disputas sobre a organização e os seus rumos.

Além disso, destacamos a última frase em que Carone concebe a tomada de decisão como uma atitude restrita e repentina. Consideramos que nela está contida uma primeira pista importante para caracterizar como ele adota a ideia de revolução em sua análise:

> Falta de participação do povo e a inércia das camadas dirigentes monarquistas explicam o resultado feliz da quartelada no Rio de Janeiro. [...] Por outro lado, o que se constata é a segurança com que uma elite de civis e militares toma imediatamente as rédeas do poder e se organiza para governar, mostrando determinação em tornar realidade o seu pensamento[2].

Nessas palavras, identificamos alguns critérios que se colocam em questão para a identificar um processo revolucionário: o grau de envolvimento coletivo de uma classe, grupo social e seus representantes, a participação do povo e a resistência daqueles que estão sendo contestados em sua posição. Na Proclamação da República, além da inexistente participação popular, o único setor civil organizado, segundo ele, é o Partido Republicano Paulista (PRP).

Desse modo, o processo através do qual se chega ao evento político não representa para o autor um movimento revolucionário, apesar de derrubar o regime anterior – um feito que, querendo ou não, gera grandes impactos. Ele chega a falar sobre o medo persistente, entre os republicanos, de uma "contrarrevolução monárquica", mas o faz pontualmente se referindo mais ao termo de época sem adotá-lo no desenvolvimento de seu raciocínio.

---

2. *Idem, ibidem.*

Além disso, Carone descreve com certo nível de detalhes a transição da Monarquia à República nos Estados. Apresenta que os casos mais complexos e conflituosos foram o Rio Grande do Sul, Bahia e Pernambuco. No restante há uma transição relativamente tranquila, em alguns casos até surpreendente.

Se o 15 de novembro de 1889 não se dá como feito revolucionário, o seu desenrolar será repleto de complexidade e de conflitos. A partir de seus efeitos é que o autor identifica a existência de disputas violentas pela hegemonia do poder político em nível estadual e federal, às quais pode se atribuir um caráter revolucionário.

Com menos de um século de sua Independência, o país dava, de certo modo, um passo à frente para romper com os antigos laços coloniais e o mando da corte portuguesa. A nação vive desde 1822 os impasses de sua extensão territorial e da regionalização econômica, que evidenciam a pluralidade de interesses dos grupos no poder, os sentimentos federalistas e, por vezes, separatistas. Segundo Edgard Carone, a República vai, ao mesmo tempo, reforçar os anseios descentralizadores das elites e abrir as possibilidades para que rivalizem entre si pelo controle do poder:

A tendência federalista existe desde a Colônia. O Império, abafando as revoltas regionais da regência, acaba impondo, através do Parlamento e do "lápis fatídico" de D. Pedro II, o corte dos elementos mais exaltados; a escolha e as atribuições do Presidente de Província, criando durante certo tempo a ideia de estabilidade, reforçam o centralismo do governo. [...] As reclamações provinciais são constantes e gerais. [...] A Proclamação da República reforça todas essas tendências[3].

Sem o centralismo do Império, o novo regime permitirá a ação direta das classes dominantes no poder, especialmente dos setores que não estavam estreitamente ligadas à monarquia. Ao mesmo tempo, regionalmente, teremos um campo minado de dissidências, o que contribuirá para a deflagração de revoltas armadas, em alguns casos, guerras civis, como meio de resolução dos impasses políticos e institucionais. Neste ponto, a ideia de revolução para Carone fica atrelada à dinâmica das formas políticas e sociais que mediavam, ou incentivavam, esse tipo de conflito.

3. *Idem*, p. v.

Nesse sentido, verifica-se que todas as regiões do país são atingidas por eventos classificados pelo historiador como revolucionários. Entretanto, a maioria deles ocorre de modo isolado nas localidades, revelando que a dinâmica geral dos conflitos não funcionava com vistas a um processo de questionamento do sistema político, ou dos problemas sociais, em nível nacional. Mesmo com essa característica, que pode ser vista como debilidade dos movimentos, o autor sustenta sua classificação dentro do espectro das revoluções.

Considerando-as como formas de sanar os impasses da institucionalidade criada pela República Velha, cumpre notar que, apesar de diversos levantes e revoltas militares, a participação civil é uma realidade de boa parte dos casos listados. Nessas situações há sempre um conflito entre "situacionismo × oposição", envolvendo a liderança oligárquica nesses processos, para quem o autor atribui uma ação revolucionária – veremos adiante o que ela significa.

Outro elemento a ser analisado no Quadro 12 é a relação entre o controle dessas revoluções e o recurso do decreto de estado de sítio. Este mecanismo permitia ao governo federal colocar parte, ou todo o país em clima de exceção, dando a si mesmo amplos poderes para a utilização de métodos repressivos e intervenção nos Estados. Entre os dezessete processos considerados revolucionários, onze tiveram o uso do estado de sítio como forma de controle e/ou represália, sendo que em três situações ele permanece durante um ano ou mais. O fortalecimento dado ao Poder Executivo nessas situações, direcionado ao controle social, é extremamente revelador do aspecto autoritário e da instabilidade da Primeira República.

Por fim, a participação militar nessas revoluções também chama atenção e, evidentemente, será explorada por Edgard Carone para compreender o seu caráter e a participação política do Exército na história Republicana brasileira em seu conjunto. O historiador buscará compreender a identidade dos militares enquanto grupo e sujeitos políticos e, ao mesmo tempo, a origem de classe da maioria do Exército que será protagonista dessas revoluções.

Sendo assim, entende-se que a ideia de revolução apresentada compreende movimentos distintos entre si, corroborando a análise que fizemos de *Revoluções do Brasil Contemporâneo*, na qual o autor constrói o sentido geral de uma revolução brasileira, a partir de várias revoluções.

Ao tomarmos o conceito no plural, apesar de sua diversidade, é possível reconhecermos alguma identidade aos processos listados e classificá-los em três tipos de revolução: o primeiro grupo é o das revoluções de disputa entre civis e militares na implantação do regime entre os anos de 1891 e 1892 (derrubada de Marechal Deodoro, as deposições estaduais e revoltas deodoristas); o segundo grupo abrange as revoluções de disputa entre situacionismos e oposições nos Estados – dois tipos distintos de revoluções oligárquicas, como veremos; no terceiro grupo encontram-se as revoluções dos militares do baixo escalão, dentre elas, o tenentismo. A Revolução de 1930 será analisada em separado, representando o fechamento de um processo, mais do que um tipo de revolução.

As Revoluções Oligárquicas:
Entre a Institucionalidade Republicana e o Costume Político

Com a Proclamação da República, as disputas começam dentro do próprio governo provisório no qual existem dois grupos organizados: o Exército e o PRP. Edgard Carone destaca o fato de o Exército ser uma organização nacional, pois estava presente em todos os Estados, embora, por definição, não seja uma organização política, nesse momento age enquanto tal. A união entre civis e militares, representada por esses dois grupos, no momento da derrubada da Monarquia foi uma ação de conveniência e oportunista. "A heterogeneidade dos membros do Governo Provisório reflete, em parte, a complexidade dos compromissos das forças antagônicas que fazem a República: derrubam suavemente o Império, mas serão a causa de futuras querelas"[4].

Segundo o autor, nem mesmo o chamado de uma constituinte era consensual. Entre os militares, os positivistas chegam a propor ao chefe do governo provisório a manutenção da ditadura, a abolição do regime parlamentar e a substituição das juntas governativas estaduais por governadores nomeados. Esses rumores formam um clima de desconfiança interna, e também em nível internacional. Nesse sentido, as pressões constitucionalistas tomam força impulsionadas pelas correntes civis, não apenas o PRP, mas grupos de Minas Gerais e outros Estados.

4.   *Idem*, p. 8.

Apesar de não se confrontarem com uma resistência monárquica organizada, e de haver desde o início a ampliação do apoio ao novo regime, os conflitos entre civis e militares provocam incidentes graves que mostram as dificuldades para sua consolidação. Antes mesmo da legalidade constitucional, começam a se expressar as divergências, entre as elites civis e também dentro do Exército. Nas palavras de Carone, "[...] a luta dos grupos pela hegemonia é complexa porque as lideranças – ex-monarquistas, republicanos, militares – agem, em geral, desordenadamente, prendendo-se a interesses locais e coronelísticos, e não a fórmulas ideológicas ou partidárias"[5].

Desde o início, portanto, a República abre espaço para as disputas de poder que já estavam colocadas anteriormente, mas eram controladas pelo monarca.

Essa citação apresenta uma característica fundamental dos grupos em conflito durante todo o período denominado como Primeira República: falta de identidade ideológica, inconsistência de pautas e reivindicações que pouco se enfrentam com o sistema constituído. Sendo assim, as revoluções se caracterizam por uma disputa momentânea pelo poder, devido à fragmentação das classes dominantes civis, do alto escalão do Exército, e da divergência entre ambos os grupos. É esse o contexto das primeiras revoluções, marcadas pela rivalidade entre florianistas e deodoristas, no Exército, e destes com os republicanos civis.

Mesmo diante da instabilidade dos fatos a constituinte é instaurada em 15 de novembro de 1890:

> Assim, o incidente constitucional, que se desenrola de novembro de 1890 a 24 de fevereiro de 1891, catalisa as contradições entre as diversas alas das Forças Armadas (Exército × Marinha e jacobinismo militarista × forças civis) – e civis – predomínio dos paulistas, oposições estaduais e outras[6].

As querelas da assembleia culminarão na escolha do primeiro presidente constitucional: a dicotomia entre civis e militares irá se expressar nos nomes de Deodoro da Fonseca e Prudente de Morais. O primeiro é escolhido em meio a muitas dúvidas e polêmicas. Seu vice, Floriano Peixoto, é uma figura dúbia que desde as eleições se posiciona de modo "subterrâneo", a fim de desestabilizar a figura do presidente e alimentar um sentimento divisionista no Exército.

5. *Idem*, p. 18.
6. *Idem*, p. 30.

As constituintes estaduais escolhem os governadores entre março e maio de 1891. Enquanto isso haverá intervenção federal nos Estados, fato que não irá agradar muito aos grupos locais. A composição ministerial e a constante oposição do Congresso vão levando a diversos desgastes, passando por um período de doença do presidente. Todos esses elementos demonstram a fragilidade do governo que, a partir de uma derrota na tentativa de impor suas reformas econômicas, decide fechar o Congresso no chamado Golpe de Três de Novembro de 1891. Este será o resultado radical de um processo de deterioração política e econômica. Diante da atitude autoritária de Deodoro, inicia-se um processo de resistência dos governos estaduais: "Logo após o Golpe de Três de Novembro formam-se imediatamente vários núcleos estaduais de resistência que agem, na maioria dos casos, em concerto entre si"[7].

Os congressistas voltam aos seus Estados e caberá ao Exército a resistência armada. O clima de tensão leva cada vez mais a necessidade de ir às vias de fato, numa guerra civil. O governo tenta conter a organização dos rebeldes prendendo alguns líderes; diante dessa ameaça, decide-se desencadear a revolução no dia seguinte (21 de novembro). Deodoro opta pela renúncia em 23 de novembro, passando seu cargo ao vice-presidente que, até o momento, agia como se nada estivesse acontecendo.

Floriano nomeia um novo Ministério com uma tática inesperada: à exceção dos ministros de pastas militares, os outros escolhidos não pertencem aos grupos que o apoiavam – "republicanos históricos e antideodoristas". Para o Ministério da Fazenda, no entanto, o indicado é Rodrigues Alves, ex-monarquista, ligado ao PRP. Após constituir seu ministério, Floriano Peixoto reabre o Congresso e reativa a institucionalidade. Ao mesmo tempo, inicia uma política de intervenção nos Estados onde os governadores, em sua maioria, tinham sido nomeados por Deodoro da Fonseca.

A queda dos governos estaduais se dá entre novembro de 1891 a março do ano seguinte. Alguns processos serão pacíficos, outros se realizarão por conflito armado. O presidente não irá depor os governadores por decreto, mas irá incentivar que os grupos florianistas se mobilizem para fazê-lo, em aliança com as oligarquias civis.

7. *Idem*, p. 47.

O PRP, partido majoritário no governo, se aproveita da situação para articular o seu retorno ao controle político federal, em detrimento dos setores militares – que estavam completamente divididos. O movimento deodorista se organiza novamente em 1892 a partir dos setores do Exército contrários a Floriano. Apesar da simpatia de alguns em derrubar o governo, o PRP se posiciona a favor do presidente, premeditando lançarem um candidato seu na próxima eleição. O desencadeamento da revolução, no dia dez de abril de 1892, fracassa. Sob decreto de estado de sítio, por 72 horas, as tropas oficiais cercam o local de reunião dos conspiradores e prendem seus principais líderes.

Desse modo, os três primeiros eventos revolucionários considerados por Edgard Carone, que agrupamos no primeiro tipo de revolução, têm como característica essencial a disputa entre militares – divididos – e civis pela hegemonia do novo regime. Foram ações conspiratórias que chegaram a suscitar levantes armados nos Estados, colocando oligarquias e Exército em certo grau de articulação nacional, apesar das ações terem sido pulverizadas. A revolução dos deodoristas, em 1892, foi dirigida por militares e se mantém na sua fase conspiratória. De todo modo, o historiador vê que ela apresentava as mesmas tendências das anteriores. O objetivo comum a todas elas era tomar conta da máquina política federal.

A instabilidade de origem do regime demonstra a ausência de identidade ideológica e de um acordo mínimo para sustentá-lo. Nesse sentido, a República nasce calcada em alicerces muito frágeis; as primeiras revoluções se dão no âmbito das disputas de governo, estadual ou federal, ao longo do período. Ainda que não questionem os princípios republicanos e as instituições criadas naquele momento, elas tensionam e contribuem para que suas bases de sustentação não adquiram enraizamento.

***

A segunda categoria de revoluções oligárquicas que identificamos não se caracteriza por disputas de enfrentamento direto com o governo federal, ou pela máquina do poder central. Estas ocorrem nos Estados, na disputa entre situacionismo e oposição de grupos civis das oligarquias.

O federalismo será um dos pilares da república recém-fundada. A inspiração da Assembleia Constituinte, e das classes dominantes em geral, são os Estados Unidos. A intervenção federal se resumirá a questões territoriais, ameaça ao regime, execução das leis federais e garantia da ordem.

Com a autonomia quase total dada às unidades da federação respondia à realidade de desarticulação político-econômica das diferentes regiões do país, que vinha desde o Império e que, por sua vez, remontava à herança da Colônia. A vastidão dos territórios, combinada ao baixo nível de interligação por meio de transportes e meios de comunicação, a concentração da riqueza e da propriedade – baseada no latifúndio – nas mãos de poucos chefes locais, entre outros motivos, justificavam essa relação de poder descentralizado, visando a amortizar os conflitos em eventuais imposições da União. Veremos que, para Edgard Carone, no desenrolar da história, esse elemento não será suficiente, pois o poder federal irá, de um modo ou de outro, influenciar em decisões que impactam a todos.

Apesar das críticas constantes à constituição, os grupos situacionistas se viam contemplados por ela, pois a estrutura jurídica, de alguma maneira, correspondia à realidade política, garantindo os mecanismos de controle para a sua manutenção no poder, sobretudo, através das leis eleitorais.

Sobre esse fato, o historiador diz:

> As leis eleitorais do Império são um arrastar contínuo e lento da tendência aristocrática, que permite a manutenção de grupos dominantes no poder, tanto no plano nacional, como no local. [...] Os republicanos, que tinham criticado duramente as escusas formas de voto no Império, usam agora os mesmo métodos [...][8].

Com relação aos métodos e regras eleitorais, o autor destaca a questão da mesa eleitoral e o voto aberto. A primeira remonta ao modelo de eleições parlamentares do Império: consistia na formação de uma "comissão" de cinco pessoas em cada distrito eleitoral, presidida pelo presidente da Câmara e outros quatro membros indicados por ele. O controle do processo ficava totalmente na mão desse grupo de pessoas que só podia ser questionado por eleitores mediante sua própria autorização. A mesa controlava a lista de votantes, apurava os votos, lavrava a ata.

Concretamente, esse sistema beneficiava as oligarquias locais, situação que influenciava diretamente a conduta do processo, através da troca de

---

8. Edgard Carone, *A República Velha: Instituições e Classes Sociais*, p. 283.

favores e todo tipo de chantagem. Dentro disso, também cabiam várias manobras e a realização de fraudes, visto que não estava garantido nenhum meio de verificação ou regulação fora das instituições controladas pelos poderosos locais. O voto aberto agrava essa realidade, deixando os eleitores vulneráveis aos mandos e desmandos desses grupos políticos: "A eleição para as constituintes federal e estaduais comprova a segura vitória do situacionismo e a impossibilidade, com raras exceções, de um resultado positivo para as oposições"[9].

Desde o início, aqueles que se configuram como oposição nos Estados ficam, na prática, excluídos da disputa institucional. Apesar disso, as oligarquias oposicionistas não irão combater essas formas jurídicas e institucionais em suas revoltas e revoluções. Essa é uma contradição importante do período que coloca em confronto participação política e reivindicações de classe. Esses fatores, em nosso ponto de vista, ajudam a entender como Edgard Carone desenvolve sua ideia de revolução na Primeira República. Segundo o autor, situação e oposição mantêm uma postura pragmática diante do poder:

> Existe uma ligação orgânica entre as formas jurídicas e a realidade política; é verdade que as Constituições e leis eleitorais dão uma série de garantias a todos, e que se corrigem, com as diversas revisões, algumas falhas existentes. Mas as falhas, dubiedades e possibilidade de fraude ainda predominam, ajudando a ascensão e consolidação dos grupos oligárquicos. As oposições todavia, reclamam constantemente apenas contra este predomínio oligárquico, e nunca contra as formas jurídicas, pois também quando elas ocupam o poder, violências e fraudes se repetem, baseando-se nos mesmos direitos da lei[10].

No trecho, Carone afirma que haverá um acordo pragmático e jurídico entre as partes e, formalmente, ele será sempre respeitado. No entanto, será superficial e insuficiente para responder às reais disputas entre situacionistas e oposição. A realidade levará a conflitos extraoficiais, nos quais grupos oposicionistas se articulam e agem a partir de mecanismos próprios que contam com seu grau de influência política e força armada. Nesses combates, a oposição só reclamará por novos métodos, por reformas políticas

9. *Idem*, p. 294.
10. *Idem*, p. 296.

e eleitorais, em casos excepcionais. Seu objetivo primordial será tomar o poder e, assim, controlar toda essa superestrutura viciada e autoritária.

Pela análise desses processos, entende-se que, para o historiador, uma revolução se caracteriza por uma medida extrema utilizada pelas oposições para fazer valer a sua aspiração ao poder, quando veem que sua legitimidade jamais será reconhecida através dos métodos oficiais. Essa ideia é recorrente quando o autor explica as inúmeras revoluções de disputa entre situação e oposição nos Estados. Concretizamos essa ideia com um trecho sobre a Revolução Federalista (1892-1895): "A revolução é medida extrema, ditada pela persistente perseguição dos governos dominados por Júlio de Castilhos aos oposicionistas e pela certeza de que já não podiam estes voltar ao poder por meios normais"[11].

Sendo assim, o autor constrói sua ideia de revolução a partir de processos heterogêneos. No caso das disputas estaduais, essas revoluções são, ao mesmo tempo, conservadoras e radicais. São conservadoras, porque são conduzidas pelas oligarquias e não questionam o sistema como um todo, também não querem alterar o *status quo*, apenas reivindicam o domínio do Estado por determinado grupo. São radicais, pois surgem de ações conspiratórias, por fora do regime, levam ao conflito armado e mobilizam a população em geral, devido às relações de influência e domínio oligárquico.

O caráter contraditório que ele descreve aponta, a todo o momento, para uma ineficiência do modelo republicano construído naquele momento, questionando-o indiretamente. O descompasso entre as regras e o costume cria um terreno fértil para a instabilidade, levantes e revoltas que se iniciam na disputa de elite, mas que com o tempo chegam a outras camadas sociais. Também se tornam mais sensíveis às questões federais, como veremos adiante.

Em face à diversidade de opiniões e interesses políticos, não podemos ignorar que existirão revisões constitucionais, criação de novas leis etc. Mas essas medidas republicanas serão sempre insuficientes e contribuirão para acirrar ainda mais as disputas.

O governo Campos Salles criou aquela que ficou conhecida como Política dos Governadores. O então presidente realiza uma alteração na Co-

---

11. Edgard Carone, *A República Velha: Evolução Política*, p. 86.

missão Verificadora de Poderes – a qual estava incumbida de chancelar as eleições do legislativo. Desse modo, a representação dos Estados em nível federal ficava submetida a um órgão (in)diretamente ligado ao governo. Criava-se, assim, a necessidade de uma relação mais estreita entre a situação federal e os situacionismos estaduais para garantirem o atendimento de suas demandas e se manterem no poder. Isso significará oferecer uma moeda de troca para a representação federal dos Estados e apoio destes nas medidas propostas pelo governo e nas questões sucessórias para a presidência. Sobre a Política de Governadores, Carone diz:

> Dentro desta estrutura jurídico-pragmática é que Campos Salles consolida um sistema pragmático-jurídico: tendo assistido às contínuas lutas oligárquicas no plano estadual e às revoluções delas resultantes, ele concebe uma fórmula de consolidação e permanência dos grupos que estivessem no poder, sem permitir qualquer abertura às oposições[12].

A política não é a responsável pela formação destas oligarquias, mas é ela que consolida seu domínio permanente. Vejamos que isso impacta a situação geral, pois na mesma medida em que a situação vê cada vez mais necessária e favorável sua manutenção no poder, a oposição deve combatê-la e se radicalizar. O autor vê uma síntese muito precisa entre a formas jurídica e políticas e a realidade que se desenvolve a partir delas: "a legalidade camufla a violência"[13].

Da mesma maneira, a Política de Governadores restringe e limita as possibilidades de disputa através do jogo eleitoral e dos métodos institucionais de luta pelo poder e as revoluções acabam sendo a consequência dessa falta de mediação política por dentro do sistema. É uma conclusão contraditória, à primeira vista, pois os grupos em disputa não se enfrentam com o sistema, eles se radicalizam entre si para apoderar-se dele e exercerem a mesma legalidade unilateral.

Vemos que, para Carone, a proposta de organização do Estado se relaciona com uma realidade preexistente e que, então, as regras e leis nascem viciadas pelo costume, ou melhor, tenta-se traduzir o costume em lei, para constranger a radicalização, mas a solução é formal. As revoluções acabam

---

12. Edgard Carone, *A República Velha I: Instituições e Classes Sociais*, p. 296.
13. Edgard Carone, *A República Velha II: Evolução Política*, p. 184.

218   EDGARD CARONE E A IDEIA DE REVOLUÇÃO NO BRASIL

sendo o fruto das contradições "entre formas representativas modernas e estruturas econômicas e sociais de tendências particularistas"[14].

***

Sob esta perspectiva, o historiador irá caracterizar os fenômenos sociais denominados coronelismo e oligarquias. Categorias importantes para que ele identifique como se dá o controle do poder, não apenas no Estado, mas também na sociedade. Essas tendências particularistas se referem às relações cotidianas do poder local, gestadas desde a colônia. Elas se definem a partir de características do sistema produtivo e administrativo das instâncias locais, as quais criam autonomia, de tal maneira, que tomam conta da política em geral.

Uma das consequências fundamentais do desequilíbrio entre o centralismo e o federalismo é o fenômeno do coronelismo, isto é, o desenvolvimento e a autonomia de agrupamentos sociais e políticos nos Estados. [...] O termo coronel origina-se da patente da Guarda Nacional concedida ou comprada pelos grandes fazendeiros, comerciantes e industriais locais, espalhando-se a instituição praticamente por todos os municípios[15].

O coronel constitui-se como uma autoridade local de caráter policialesco, ou seja, o título lhe confere o poder da força. Antes de receber essa patente, ele deve ter atributos pessoais que o tornem uma pessoa temida e respeitável. O principal critério é o econômico: é necessário ser fazendeiro, comerciante ou industrial. Dessa base de poder econômico se ramificam redes de influência, troca de favores, ou seja, dependência de todos aqueles que vivem no seu entorno. O coronel é então senhor de propriedade e chefe de família, o que o torna o líder de um clã, que conta com os familiares diretos e inúmeros agregados. Concentra-se nos coronéis um grande número de responsabilidades e, consequentemente, muito poder.

Quando Carone nos apresenta esta realidade, ele mostra como o regime republicano se constitui a partir de traços sociais muito particulares

---

14.   Edgard Carone, *A República Velha I: Instituições e Classes Sociais*, p. 296.
15.   *Idem*, p. 280.

da realidade brasileira, os quais se definem pelo interesse privado, embora se apresente como interesse público. A Constituição e as leis são expressão dessa base social, no entanto, não conseguem responder à pluralidade de manifestações desse fenômeno, inclusive entre os setores da elite, especialmente em um momento de grande dinâmica econômica em que não faltarão coronéis para exercer seu mando em determinada localidade.

> Assim o controle do coronel é total no seu município ou zona. [...] O termômetro de sua afirmação é o voto. [...] No regime representativo, a sua força é o número de votos que pode fornecer ao candidato. [...] Maior quantidade de votos significa maior poder, mais favores e maiores imposições[16].

Para o historiador, o poder local está na base do situacionismo. Nesta sociedade, o domínio do aparato estatal significa mais possibilidades e privilégios – empregos, recursos etc. – para quem está no governo. A possibilidade de controle e fraude eleitoral favorecem aqueles que já estão inseridos nessa engrenagem e às oposições resta muito pouco a fazer. No entanto, oposicionistas também são coronéis e possuem os mesmos atributos e prerrogativas de controle social. Então, ainda que tenham menor influência eleitoral, possuem a legitimidade da força e passam a exercê-la quando é o único meio de disputar o acesso ao poder do Estado.

Tomados em conjunto, esses fatores alimentam um sentimento de rivalidade e disputa patrimonialistas nas instituições. As regras do Estado conseguem dar forma a elas, mas são extremamente limitadas. Sendo assim, quando o autor caracteriza as lutas oposicionistas como revoluções, ele considera a capacidade de mobilização social dos coronéis. Sob seus domínios, encontram-se diversos setores sociais que defendem seus interesses particulares como interesses comuns, de caráter público, e como autoridades civis e, ao mesmo tempo, armados, os coronéis comandam verdadeiros exércitos de civis ou grupos paramilitares em prol de seu domínio:

> A criação de forças armadas e as consequentes lutas entre si ou contra os governos constituídos são fenômenos constantes e representativos do coronelismo. De norte a sul do país, do início ao fim do período, os coronéis mantêm tropas para combates e

---

16. *Idem*, p. 252.

afirmação de seu poderio. [...] A oficialidade escalonada é de civis fiéis ao velho coronel e nomeados por ele [...][17].

O autor acrescenta:

As lutas contra os governos constituídos são frequentes. [...] As ações armadas se fazem com a simpatia ou oposição do governo federal, mas o que as caracteriza é a afirmação do direito de rebeldia e o reconhecimento dos rebeldes como entidade jurídica autônoma. Quando vitoriosos, os movimentos são logo reconhecidos como fatos concretos e o governo federal reconhece e sanciona os novos grupos no poder [...][18].

Contraditoriamente, o patrimonialismo e as tendências particularistas do exercício do poder se expressam na superestrutura jurídica, que é restrita e manipulável, mas ao invés de garantir estabilidade, estimulam o uso da autoridade e da força para o seu controle. Desse modo, as chamadas revoluções ou movimentos revolucionários nos Estados se tornam constantes.

Edgard Carone não lhes atribui nenhum caráter transformador das estruturas nem um conflito entre classes distintas. Contudo, vê-se que o autor adota o termo revolução para sua análise, pois é inevitável que as disputas pelo aparato estatal, naquele momento, se façam por meio da força e do conflito social. De algum modo, o regime estabelecido apresenta suas limitações, sendo indiretamente questionado por sua instabilidade inerente.

O fenômeno das oligarquias é quase uma extensão do coronelismo:

A origem de ambos é comum, diferenciando-se o oligarca do coronel pela escala política: a ação de um é de âmbito geral, estadual; a do outro, particular. Porém o oligarca é um coronel como qualquer outro – ou um representante dele – que se mantém pela liderança, pelo autoritarismo e pelos favores que concede aos seus aliados[19].

Anteriormente, vimos que o historiador também apresenta as oligarquias enquanto classe social. Nesse momento, contudo, o que ele chama de "fenômeno oligárquico" se refere mais aos grupos no poder. A diferença é muito sutil, no que pudemos perceber aqui Carone trata de uma estrutura policlassista para além dos setores agrários.

17. *Idem*, p. 254.
18. *Idem*, pp. 254-255.
19. *Idem*, p. 267.

A constituição das oligarquias, portanto, compõe unidades e grupos diante da realidade estadual, situação reforçada pelo federalismo. Isso se reflete na incapacidade de organização política destes grupos em partidos com interesses gerais. Essa é uma observação que Edgard Carone faz já no livro *Revoluções do Brasil Contemporâneo*: diante de ambições fragmentadas e particulares não se formam partidos nacionais das classes dominantes na Primeira República. Existem tentativas, mas elas não vingam. Na verdade, para Carone, as primeiras organizações nacionais serão o Partido Comunista Brasileiro e, posteriormente, a Ação Integralista. Desse modo,

> Governo e partido se confundem, mas na verdade o primeiro está condicionado ao segundo. Como as oligarquias se apossam dos partidos estaduais, o seu predomínio significa controle partidário e controle governamental. [...] Como a escolha dos altos membros do governo é feita entre as pessoas proeminentes do partido oficial, na verdade – com raras exceções – a lealdade é exigida em relação ao partido e não à Nação. [...] o processo significa uma simbiose entre interesses pessoais e partidários[20].

Sendo assim, a força do partido, e sua capacidade em congregar uma pluralidade de interesses e grupos define também a existência de conflitos mais ou menos acirrados em nível estadual. O historiador vê que o papel exercido pelos partidos varia em cada região do país de acordo com critérios de seu desenvolvimento econômico e social. Em todos eles há crises e divergências, até mesmo no mais sólido, o PRP. Normalmente, as dissidências quando se desviam da política oligárquica caem no ostracismo, ou são definitivamente caladas com a morte.

> As formas de produção menos complexas e as relações sociais mais simples condicionam relações políticas mais agudas, o que explica o caráter violento dos conflitos e dissensões nos Estados mais atrasados. [...] Nos Estados mais adiantados existe maior equilíbrio entre os grupos, daí haver acordos e combinações, apesar das dissidências[21].

Esse trecho nos ajudará a compreender, mais adiante, a mudança qualitativa que o autor identifica nas revoluções a partir de 1914/1915. Nesse momento, o importante é apreendermos como, para ele, a disputa pelo poder

20. *Idem*, p. 268.
21. *Idem, ibidem.*

encontra-se mediada em organizações partidárias. Não há uma realidade homogênea para isso em todo o território, e essas variações implicam na existência de processos mais ou menos radicais por parte das próprias elites. Onde o partido é mais frágil predomina o controle direto das famílias.

É possível verificar essa afirmação através das localidades em que se desenvolveram esses processos de disputa:

1892-1895: Rio Grande do Sul, Santa Catarina e Paraná (Revolução Federalista)
1899-1901: Mato Grosso
1906: Mato Grosso
1913-1914: Ceará
1917: Pará
1920: Bahia
1923: Rio Grande do Sul.

São Paulo, Rio de Janeiro e Minas Gerais não foram afetadas por processos desse tipo. De fato, são os Estados onde os partidos têm maior incidência na vida política. Havia discordâncias e crises, algumas vezes, rachas oficiais, mas não se chegava a conflitos armados. Nesses Estados as revoluções serão aquelas do terceiro tipo que listamos: revoluções militares do baixo escalão das forças armadas. Veremos que se diferenciam em muito das outras pela composição social, por serem urbanas etc.

Antes de avançarmos na análise, cumpre destacarmos duas das revoluções oligárquicas identificadas: a Revolução Federalista e a Revolução Rio-Grandense de 1923. Ambas possuem a característica fundamental de ser fruto do conflito de grupos oligárquicos dissidentes contra o domínio de Júlio de Castilhos. No entanto, nos dois há o envolvimento direto de militares, inclusive de baixa patente. No primeiro caso, teremos os florianistas ao lado de Júlio Castilhos, no segundo caso teremos tenentes, impactados pelos eventos de 1922, apoiando a oposição.

Sobre a Revolução Federalista:

> Ideologicamente, a luta é de caráter anticastilhista, apenas. Apesar de Floriano e outros denunciarem o monarquismo dos oposicionistas, na verdade a Revolução Federalista procura impor princípios expostos no programa federalista. [...] do ponto de vista militar, as forças federalistas são compostas exclusivamente de tropas coronelísticas civis. [...] Do lado governamental, os grandes chefes coronelísticos locais têm o

auxílio de forças e armamentos do Exército, o recrutamento forçado ou bem pago pelo dinheiro governamental[22].

Essa revolução acaba tomando maiores proporções se comparada às outras de caráter oligárquico. A oposição chega a ser vitoriosa por algum tempo, criando um poder paralelo na capital de Santa Catarina, já no avanço militar para outros Estados. Sem contar com a coincidência em relação à Revolta da Armada no Rio de Janeiro que faz os movimentos tomarem força e exigirem maior intervenção do governo federal e seus aliados, sobretudo, o Estado de São Paulo. Nas palavras de Carone:

> A política de Floriano Peixoto é de completo apoio a Júlio de Castilhos e, para isso, ele tenta esmagar de todas as formas a revolução federalista. [...] Para isto ele conta com a solidariedade de oficiais do Exército. [...] Mas o apoio fundamental é aquele oferecido pelo Estado de São Paulo[23].

A intervenção federal nas disputas regionais acontece diversas vezes, pois o desafio de manter o situacionismo nos Estados significa manter a base aliada para os projetos federais e, consequentemente, a manutenção da situação neste governo.

Nestas categorias, o autor demonstra que as revoluções interagem com duas esferas da atividade política durante a República Velha: *1.* a organização do regime em seus aspectos institucionais – a constituição e o sistema eleitoral; *2.* sua acomodação na realidade, a partir de fenômenos políticos – coronelismo e oligarquias. Elas se relacionam de modo recíproco, fazendo com que coronelismo e oligarquias, relações sociais supostamente arcaicas, determinem a formalidade do regime em suas leis e instituições que, ao mesmo tempo, as reforçam e colocam em um novo sentido.

Convulsão Social: Das Revoltas Militares às Revoluções Tenentistas

O terceiro tipo de revoluções, neste plano "plural", que identificamos na obra de Edgard Carone se refere àquelas protagonizadas pelos setores de

---

22. Edgard Carone, *A República Velha II: Evolução Política*, p. 88.
23. *Idem*, p. 95.

baixa patente das Forças Armadas (marinheiros, soldados, tenentes). Segundo o autor, estas abrem um espaço para a participação popular, pois ocorrem em ambiente urbano a partir de reivindicações, por vezes corporativistas, mas que acabam tocando em pontos sensíveis das condições gerais de vida das classes médias e baixas nas grandes cidades. Ele fará sua análise, tentando entender como esses setores percebem a necessidade de sua ação política ao longo do período. É uma atitude empírica, no sentido em que ocorrem revoltas, motins espontâneos diante de situações que comprometem seu modo de vida, mas dão espaço para a participação popular que vai se tornando mais visível e relevante, agregando novo caráter às revoluções da Primeira República.

É o caso da "revolução de 1904", no Rio de Janeiro, que segue as sucessivas ações de revoltas das massas da Capital Federal contra as medidas sanitaristas e de reforma da capital federal e a vacinação obrigatória.

> [...] a remodelação e saneamento da cidade do Rio de Janeiro e sua transformação em grande centro é obra que tem precedência sobre todas as tarefas do governo. [...] Estas obras só serão realizadas pelo prefeito Pereira Passos, durante o governo Rodrigues Alves. [...] As medidas atingem grandemente os hábitos e costumes da população pobre e da baixa classe média. [...] a população se amontoa nos becos, casas, pardieiros, protesta contra a demolição que eleva constantemente o preço dos aluguéis e joga as classes menos favorecidas para lugares distantes de seus locais de trabalho e vivência[24].

A essa crise generalizada soma-se o problema da vacina que será debatido no Congresso entre 1903 e 1904. As doenças endêmicas assolavam o Rio de Janeiro e outros lugares do Brasil desde a época colonial. Em fins do século XIX e início do XX o número de casos e mortes por esse tipo de doença aumenta, especialmente a febre amarela, e inicia-se, então, um debate sobre projetos de combate à doença que incluíam várias formas de intervenção urbana e a vacinação obrigatória.

Toda a sociedade se polariza em torno dessa celeuma. Médicos contrários se manifestam, parlamentares, grupos civis e militares positivistas, e toda a população afetada.

---

24. *Idem*, p. 197.

Camadas operárias participam do debate, de forma independente ou dirigidas por políticos oposicionistas. O Tenente-Coronel Lauro Sodré, jacobinista ferrenho, funda a Liga Contra a Vacinação Obrigatória. [...] Essa frente comum se faz quando a agitação se transforma em lutas de rua. Camadas populares indistintas formam a grande massa dos comícios e, mais tarde, das arruaças. O bota abaixo desloca milhares de pessoas de suas casas e causa mal-estar generalizado [...][25].

Aqui Carone descreve a revolta e retrata sua dimensão popular e de massas. A indignação toma conta de diversos setores da sociedade, chegando ao Exército e levando a diversos tipos de manifestação contra o governo. No entanto, é necessário observar que o descontentamento se dá em torno de questões tipicamente urbanas, fruto da intensa dinâmica vivida no período, na qual as cidades crescem sem planejamento e infraestrutura. Sobre o caráter urbano desta revolta,

Outro fato se acrescenta à situação: é a crise comercial de maio de 1904, que leva muitos comerciantes à falência, e que é agravada pela constante alta do custo de vida, devido ao câmbio em alta. Dessa maneira aumentam o desemprego e a revolta, exacerbando-se as críticas ao governo[26].

A ação dos militares se aproveita da amplitude do movimento e das atitudes espontâneas do povo. O historiador diferencia a atitude popular e a do Exército: para a primeira fala em "revolta popular", para a segunda, ele usa o termo revolta, atribuindo a esta uma ação consciente que é capaz de dirigir o movimento em seu conjunto e desencadear uma "revolução". Ele diz:

A revolta popular antecede a militar, como veremos; porém, esta última tem caráter totalmente distinto, presa como é à tradição do jacobinismo e do poder da farda; utiliza-se de alianças com monarquistas descontentes, políticos oposicionistas etc. [...] Ação positivista e revolta popular se apresentam como reações espontâneas a uma situação de fato. Porém o movimento monarquista e a revolta militar aparecem como atitudes conscientes, destinadas a desencadear uma revolução contra os poderes constituídos[27].

25. *Idem*, p. 202.
26. *Idem, ibidem.*
27. *Idem*, p. 203.

Edgard Carone afirma igualmente que a ação militar não ficará presa à origem popular do descontentamento e avança para o questionamento da legitimidade do governo. Mais uma vez a ideia de revolução se apresenta por sua característica conspiratória de grupos políticos contra o poder vigente, mas nesse caso ela se enriquece da mobilização das massas – ainda que seja feita por setores conservadores, como os monarquistas.

A revolução militar de 1904 se antecipa às revoluções de mesmo tipo ocorridas nos anos 1920. Devemos considerá-la como um caso intermediário entre as disputas das oligarquias e as movimentações tenentistas. O que ela nos apresenta de novo, segundo o autor, é o conflito social colocado pela realidade urbana e, diante dela, o reavivamento da ação militar enquanto opositores do governo. Diferentemente das seguintes, ela possui membros de alta patente em sua organização, mas estes eram herdeiros da tradição jacobinista e contam com a adesão dos jovens alunos das Escolas Militares, que se envolvem diretamente no conflito e resistem até o fim. Apesar de embarcar no momento de convulsão e revolta social, essa revolução e seus objetivos de depor o governo se restringem ainda a uma camada política oposicionista regional, nos marcos das disputas oligárquicas anteriores.

O protagonismo das bases militares e do movimento conhecido como Tenentismo terá sua origem nas revoltas do Rio de Janeiro, nos anos 1914/1915, conhecidas como Revoltas dos Sargentos. Carone deixa claro que estas darão os primeiros passos no sentido de um questionamento do regime em nível nacional, a partir de demandas das classes médias e populares. Sobre isso, citamos:

> O período Wenceslau Braz apresenta-se como o primeiro momento em que a baixa oficialidade, sargentos e soldados, se manifestam politicamente. Até então, todas as atitudes e privilégios de participação na política – Império e República – cabem à alta oficialidade. [...] O que se dá é exatamente a repulsa da alta oficialidade pelas novas manifestações, que se repetirá em 1922. [...] A separação que prosseguirá até 1930 mostra-nos a coerência de cada um dos movimentos, podendo-se dizer que o que foi chamado de tenentismo – em 1922 – surgira exatamente das revoltas de 1915[28].

---

28. *Idem*, p. 303.

Como vimos, o Exército se vê como agente político e intervém na disputa de poder desde o Império, no entanto, as rebeliões de base no seio dessa instituição adquirem uma nova dimensão, diferente daquelas que ocorreram anteriormente. Esse fato contribui para um clima divisionista, em que o baixo oficialato se vê como um corpo diferente de seus superiores, não apenas pela hierarquia colocada, mas pelas condições de trabalho e exercício de direitos políticos. Veremos que Edgard Carone explica o processo a partir da estrutura organizativa e, especialmente, da composição social desses diferentes extratos das Forças Armadas.

A Revolta dos Sargentos ocorre em um momento em que "a inflação, a guerra, as crises econômicas e o mal-estar social são gerais"[29]. Segundo Carone, a partir de 1910 se reverte a situação de estabilidade, e se inicia um período de conflitos políticos gerados pela degradação econômica e seus efeitos, reforçados pela Primeira Guerra Mundial a partir de 1914. Esse é o contexto da Revolta, no qual também o Exército passa por um processo de reforma, chefiado pelo General Caetano de Faria, ministro da Guerra, com o objetivo direto de conter a atividade política em suas fileiras.

Após um "ato de indisciplina" localizado na cidade de Rio Grande,

[...] um novo movimento mais extenso e profundo nasce nos fins de 1914, se desenvolve nos meses seguintes e persiste até o início de 1916. A Revolta dos Sargentos, como é chamada, surge como um protesto e se transforma num movimento de rebeldia social[30].

Os revoltosos reivindicam, inicialmente, a abolição das subdivisões de sua categoria, com o objetivo de equiparar a remuneração e exigir estabilidade nos postos. Fazem o pedido através de um abaixo-assinado encaminhado ao deputado Maurício de Lacerda. O pedido é negado pelo ministro da Guerra e demais autoridades. Iniciam-se, então, as primeiras movimentações na Escola Militar, de onde saem boatos de "desordens".

Diversas reuniões passam a ocorrer enquanto Maurício de Lacerda tramita seu projeto na Câmara. Envolvem-se com ele diversos representantes de políticos e líderes da classe média, alguns ligados ao movimento operá-

---

29. *Idem.*
30. *Idem*, p. 304.

rio. Isso torna o movimento cada vez mais político, entrando em questão o regime presidencialista e a necessidade de reformas constitucionais. O governo toma atitudes de represália e prende mais de 250 sargentos. Carone menciona outras duas ondas de articulação de sargentos, estas não ocorrem apenas no Rio, mas também em outros Estados. A pauta política de questionamento ao regime se mantém como unívoca em todos os casos, mas o movimento não tem força de contestação em seu conjunto e se desorganiza.

Edgard Carone não caracteriza o movimento dos sargentos como uma revolução, mas sim como revolta. A partir de uma pauta reivindicatória simples, gera-se um clima de instabilidade e contestação do regime e esses oficiais acabam por arrastar consigo outras classes sociais para constituir um movimento mais amplo, inclusive, em nível nacional. Ela avança em suas ideias, mas é um movimento que não leva ao conflito armado e, portanto, não consegue ir até as últimas consequências para organizar a sociedade em torno dessas reivindicações.

Para o historiador, podem ser classificados como revoluções tenentistas os movimentos ocorridos nos anos de 1922, 1924 e a Coluna Prestes, que se estende de 1924 a 1927. Na verdade, o que ocorre para ele é um movimento de autonomia política dos extratos mais baixos da oficialidade. Os primeiros passos nesse sentido se apresentaram em 1915, mas a partir de 1922 toma corpo um movimento independente e com objetivos mais claros. São movimentos que explodem nas capitais sob mando dos tenentes, e se espalham pelo país com um nível de articulação mais orgânica entre os Estados.

Para além da Proclamação da República, viu-se que a ascensão de Floriano Peixoto ao poder e a posterior hegemonia civil na presidência vão criando diferentes grupos e interesses entre os militares. Primeiramente, essas diferenças se dão entre a alta oficialidade, que tem acesso às disputas e alianças oligárquicas. Todavia, as diversas reformas da instituição e o próprio desenvolvimento do regime começam a dar forma a um movimento de base.

Apesar das divergências, Carone identifica um sentimento comum entre os membros do Exército:

> A Constituição de 1891 estabelece rigorosa disciplina no Exército: obediência total, inapelável, sem permissão para deliberar nem fazer política. Contra isto, registram-se também descontentamentos. As limitadas condições profissionais e de vida criam

distanciamento entre civis e militares, levando os últimos a criticar constantemente a "inépcia" e "incapacidade" dos primeiros, e a tentar a formação de uma consciência militar política, ou de governos militares[31].

Ou seja, ao longo do período, a instituição irá conformar um espaço de crítica à hegemonia civil, que repercutirá em uma crítica ao sistema como um todo. Já se falou anteriormente que, para o autor, a base do Exército possui origem pequeno-burguesa e urbana. Assim, representa para as camadas médias e populares uma das únicas oportunidades de acesso ao ensino formal e a uma carreira do serviço público, o que Carone caracteriza como um problema que gera um "antiprofissionalismo", formando "doutores" ao invés de "oficiais".

Apesar de ser o melhor caminho possível para esse setor, a realidade é dura:

A questão do soldo é problema geral. O que se ganha é o mínimo suficiente para manter o estrito sustento familiar e um nível modesto de vida. [...] Os relatos e testemunhos mostram como a maioria da oficialidade vive em penúria e dificuldades [...][32].

Combinam-se, portanto, diversas características: consciência política, instrução teórica, por um lado, e condições precárias de trabalho e rígido controle político e hierarquia, por outro. Esse quadro faz crescer um sentimento de insatisfação generalizada entre os militares de baixa patente. Sem acesso ao poder, a disputa de cargos etc., estes indivíduos se veem diante de uma condição social degradada, ao mesmo tempo em que se sentem capazes, e na obrigação, de exercer uma postura crítica e serem sujeitos de mudança no sistema. Diferente dos seus superiores, os tenentes passam a ter uma consciência cada vez mais política e social.

A instabilidade econômica é motivo de diversas disputas regionais e em nível nacional desde 1889, como vimos. A questão do câmbio permeia o debate financeiro em prol do comércio exportador, que acaba beneficiando industriais e banqueiros. As condições de vida do povo, inflação, saúde, transporte, questões trabalhistas ficam todas de lado. Apesar de algumas revoltas e greves, não há espaço na grande política para a maioria da população.

---

31. Edgard Carone, *A República Velha I: Instituições e Classes Sociais*, p. 358.
32. *Idem*, p. 354.

A Revolta da Vacina e a Revolta dos Sargentos de 1915 mostraram que, apesar da exclusão institucional, as massas populares estavam dispostas a reivindicar seus direitos e mostrar seu descontentamento com a situação política geral. Contudo, a partir da Primeira Guerra os problemas sociais e econômicos se aprofundam, abrindo espaço para que em 1917-1918 ocorressem as maiores greves operárias do país.

O governo Epitácio Pessoa assume, em 1919, uma situação econômica e social bastante grave. Para Carone, o que se passa é um momento de radicalização da política e enfraquecimento das classes dirigentes, fato que permitirá manifestações das classes médias. Entre os militares também existem descontentamentos que caminharão no sentido de fortalecer um movimento vindo das hierarquias inferiores. A nomeação de um civil para o Ministério da Guerra

[...] é motivo para a insubordinação mais profunda: agora a baixa oficialidade vai rebelar-se, não como apêndice do tradicional grupo da alta oficialidade, mas como um movimento paralelo àquele. Num certo momento – antes da Revolução de 1922 – ambas as facções tentam unir-se; mas, enquanto os futuros tenentes procuram uma solução mais ampla – político e social –, a velha guarda militarista pensa em termos pessoais, isto é, ocupação de cargos políticos. É por isso que, a partir de 1922, os dois movimentos se separam, e o segundo deles entra em declínio[33].

Além da divisão no Exército, ele identifica um processo inicial de divisão das classes dirigentes. Esse fator será motivo de tensão durante todo o governo e se evidencia quando começam os debates de sucessão presidencial. Mas a novidade nesse cenário será a indignação dos setores médios e militares.

A sucessão de Epitácio Pessoa traz a mais grave de todas as crises políticas surgidas até então, num momento em que a deterioração econômica e social é gravíssima. [...] O problema sucessório vem aprofundar a divisão, quando o Rio Grande do Sul, que sempre seguira a linha de São Paulo e Minas Gerais, resolve discordar[34].

As disputas eleitorais, nos governos de Estado e federal, são igualmente delicadas e foram motivos das principais querelas desde o início da Repú-

---

33. *Idem*, p. 362.
34. Edgard Carone, *A República Velha II: Evolução Política*, p. 337.

blica. No primeiro caso, são responsáveis por verdadeiras revoltas e por revoluções de caráter oligárquico, que levam ao conflito armado e, por vezes, estado de sítio. Vimos que o controle da máquina estatal representa o controle de uma rede de privilégios e poder que corroboram com a lógica patrimonialista das oligarquias. O mesmo vale para a federação, no entanto, após a conquista da hegemonia civil, as revoluções apresentadas não tocam essa realidade. O que se faz é criar mecanismos institucionais que deem conta de amarrar as situações nos Estados, à situação presidencial, acomodando as divergências em acordos muito frágeis.

Agora, a divisão da cúpula governativa é mais grave. É verdade que todos se unirão diante de movimentos radicais das classes médias e operárias. A essa divisão, entretanto, se acrescenta o problema militar que, aparentemente, é igual ao do passado. [...] uma geração militar nova retoma, com maior profundidade, as críticas ao sistema político vigente [...][35].

A campanha eleitoral se desenvolve nesse clima de tensão. Surgem dois candidatos, Arthur Bernardes (situação) e Nilo Peçanha (oposição/Reação Republicana). O Caso das Cartas Falsas cria um delicado incidente com militares. A ala tradicional se limita às críticas que colocam os civis como incapazes e corruptos, enquanto a nova corrente, mais profunda e objetiva, critica o sistema político e pretende combater as injustiças sociais.

Diversos movimentos se desencadeiam contra a situação nos Estados: Pernambuco, Ceará, Amazonas. Em meio a manifestações e descontentamentos, mais uma vez, a situação tem vantagem e vence Arthur Bernardes. Os protestos seguem. Hermes da Fonseca é preso, fecha-se o Clube Militar. A alta cúpula do Exército e Marinha tenta organizar um processo revolucionário, incentiva a desobediência etc. No entanto, segundo Carone,

São os tenentes que de fato desencadeiam o movimento revolucionário. Desde a madrugada de 3 de julho o Forte de Copacabana se prepara e, na madrugada do dia 5, dali saem os primeiros tiros. [...] O primeiro colapso é o da Vila Militar. [...] Na escola do Realengo a revolta foi de mais sérias proporções[36].

35. *Idem, ibidem.*
36. *Idem*, p. 354.

O forte de Copacabana resiste e é onde ocorre o maior conflito entre as tropas insubordinadas e as tropas federais. Depois de Epitácio Pessoa mandar tropas por terra, mar e ar, os revoltosos se entregam – caso que ficou conhecido como os 18 do Forte de Copacabana. É decretado estado de sítio. A revolução não é desejada pelas oligarquias dissidentes, pois agora ela se faz independentemente dos grupos dirigentes de civis e militares.

Mas o movimento vencido, que aparentemente tem características somente de levante militar, também vira afastar-se de si, antes de 5 de julho, o apoio de setores da pequena burguesia civil e dos operários – como Maurício de Lacerda e Caio Monteiro de Barros. Isolado, o tenentismo vai sofrer as consequências de uma repressão generalizada[37].

A Revolução de 1922, apesar da derrota, faz o presidente eleito, Arthur Bernardes, assumir o governo em estado de sítio. O clima de instabilidade era total, especialmente pela autonomia adquirida no seio do Exército; por isso, nesse momento, a Revolução não consegue arrastar consigo outras classes sociais, como vimos em 1915. A alta cúpula militar os via como infratores; a pequena burguesia civil, a burguesia industrial e a dissidência oligárquica, cada um por seus motivos, desconfiam do movimento e das consequências a que se poderia chegar através dele. Apesar de estarem ao lado da indignação social generalizada, não conseguiam se apresentar para o povo, como algo distinto do que fora até então o movimento militar na República.

Os próprios tenentes não tinham unidade ideológica sobre seus objetivos e Edgard Carone será incisivo sobre essa questão. O tenentismo, para ele, se define a partir de 1922, mas toma corpo nos movimentos seguintes, conseguindo construir-se como movimento social. Somente com o fim da Coluna Prestes é que seus indivíduos adotarão uma ideologia política clara. Sobre isso, Carone diz: "As Revoluções de 1922, 1923 e 1924 representam 'indisciplina generalizada e bruta'. […] As Revoluções pequeno-burguesas de 1922 e 1924 tentam abalar essa situação, mas cometem erros graves e são ideologicamente frágeis"[38].

---

37. *Idem*, p. 359.
38. Edgard Carone, *A República Velha i: Instituições e Classes Sociais*, p. 170. Nota (45): Júlio de Mesquita Filho, *A Crise Nacional: Reflexões em Torno de Uma Data*.

Mesmo sem uma ideologia homogênea ou consciência de classe definida, para o autor, os tenentes se apresentam como representantes da pequena burguesia, por sua origem social – como já foi apresentado. Isso será determinante para que o autor identifique suas revoluções como um processo novo de onde podem surgir os questionamentos mais efetivos sobre o sistema. Diante da ação tenentista, a política da Primeira República sai da disputa oligárquica para tomar as ruas em armas, pela primeira vez, sem o controle dessas mesmas oligarquias. Além disso, o que se vê pela narrativa é que as reivindicações tenentistas permitem um questionamento global do sistema político e dos rumos da nação. São revoluções de "indisciplina bruta", mas que põe medo nas classes dominantes, fazendo, inclusive, com que todas se unam contra elas. Diante da gravidade da situação, o movimento dissidente da Reação Republicana se coloca como um situacionismo temporário, pois:

> Apesar de seu caráter tradicionalista, o movimento da Reação Republicana se faz numa época em que as massas urbanas estão em pleno processo de fermentação. [...] Querendo aproveitar-se desta abertura o situacionismo oposicionista pretende utilizar o descontentamento, mas no sentido da pressão, o que existe exatamente é o divórcio entre grande parte das massas e classes dirigentes[39].

A conjuntura política dos anos 1920 acirra as contradições sociais. Edgard Carone fala de um divórcio entre as massas e as classes dirigentes, remetendo ao eterno temor e conservadorismo oligárquico, característico do período. Nenhum setor das oligarquias, incluindo a burguesia industrial, se via na responsabilidade de tomar para si a transformação do regime republicano, nem nos marcos mais simples de reformas constitucionais, eleitorais etc. Mais uma vez, apoiou-se no descontentamento popular apenas para pressionar a disputa pelo poder. No entanto, é a rebelião de base do Exército que trará uma ação exemplar, ainda que, num primeiro momento, a Revolução de 1922 tenha se isolado. "A revolta de 1922 configura-se como o momento em que segmentos do Exército, baixa e suboficialidade, rompem violentamente com o *status quo* num repúdio à política tradicional. Durante os anos 1920, tenentismo é sinônimo de radicalismo e quartelada"[40].

39. Edgard Carone, *A República Velha II: Evolução Política*, p. 363.
40. *Idem, ibidem.*

O estado de sítio dá a Arthur Bernardes as condições para agir violentamente contra qualquer tipo de oposição ou manifestação política. Carone descreve como a falta de consistência ideológica também dos setores da elite acaba por transformar as disputas políticas em conflitos pessoais. É assim que Bernardes leva a frente sua política de repressão e intervenção nos Estados.

A Revolução de 1923, no Rio Grande do Sul, classificada como revolução oligárquica, o segundo tipo de revoluções que descrevemos, reflete as consequências dessa intervenção no contexto social e político pós-1922. O governo federal intervém de maneira sutil a favor da oposição, ao final, sem forças para esmagar a revolta, Borges Medeiros aceita o acordo que põe fim à possibilidade de reeleição no Estado e dá outros benefícios à oposição, mas o processo reacende o clima de revolta e instabilidade: "O clima de intranquilidade persiste, apesar do aparente controle total que o governo mantém, através de maiores poderes constitucionais"[41]. À situação do Rio Grande do Sul, seguem-se os conflitos na Bahia e Distrito Federal, dando a essa revolução oligárquica uma extensão territorial mais ampla.

A Revolução de 1924 será fruto desse constante clima de instabilidade, calcado nas disputas oligárquicas, que tomam novas proporções. Nesse caso, ocasionará diálogo entre tenentes e civis para a organização de um novo movimento:

O que se dá é a maior amplitude dos quadros revolucionários, que abrangem vários Estados, numa tentativa de não cometer os mesmo erros do movimento anterior, quando a ação ficara circunscrita a algumas unidades federativas. Agora o movimento em articulação apresenta aspectos diferentes; em 1922, os revolucionários tinham admiração aos políticos da oligarquia, ligando-se a eles para conseguir seu apoio. No novo movimento, os militares só participaram como dirigentes, quando a chefia civil desaparece. [...] Mesmo assim, toda a articulação inicial é feita dentro de um critério ideal das chefias civis [...]; na verdade, não se quer dar ao movimento um caráter de Golpe Militar[42].

O reconhecimento de uma articulação a nível nacional é uma característica extremamente importante para o autor. Ao falar desse aspecto, o historiador desenvolve como o tenentismo consegue avançar no enfrenta-

---

41. *Idem*, p. 369.
42. *Idem*, p. 371.

mento ao sistema político como um todo. Aproveitando-se das convulsões estaduais, mas também do desgaste das alianças federais, os tenentes começam a dar os primeiros passos para subverter a ordem, ao menos nos marcos que vinham se estabelecendo até então. O Exército, de alguma maneira, é uma instituição que permitiria essa articulação, pois existe e está organizada em todo território – superando uma debilidade dos partidos oligárquicos, por exemplo.

Como vimos, para Edgard Carone, desde o início da República, a manutenção do Estado Nacional em sua unidade territorial e política foi um desafio. O federalismo é o caminho escolhido para atenuar os diferentes interesses regionais, no entanto, estabelece laços frouxos com o poder central. Para não deixar que estes se rompam, criam-se mecanismos de controle baseado em um sistema eleitoral manipulável, em "trocas de favores" etc. Se estes mecanismos servem à estabilidade da nação, pelo menos por um tempo, não controlam em nenhum grau as disputas locais, levando-as às últimas consequências, dentro e fora do regime. Daí surgem as diversas revoluções apresentadas, e outros movimentos similares, que indiretamente alimentam a instabilidade nacional e não o contrário.

A diferenciação qualitativa do Tenentismo residirá no seu caráter de classe, que cria autonomia em relação aos setores oligárquicos, e em sua perspectiva nacional de crítica ao sistema político. Ou seja, com o tenentismo as revoluções apontam o sentido de uma revolução – no singular – mais profunda. De modo algum, entendemos que Carone condiciona as "revoluções" à "revolução" – e vice-versa. Na verdade, acreditamos que ele pretende demonstrar como o processo histórico em sua complexidade, característica de um período de transição, proporciona as possibilidades para o amadurecimento das classes sociais e grupos políticos. A relação "nacional × regional" é determinante para esse processo, culminando na Revolução de 1930. Esta, por sua vez, não será uma consequência necessária ou uma continuidade linear dos movimentos anteriores, senão que se apresentará como uma saída de grupos da elite diante desse novo sentido revolucionário.

Os tenentes, portanto, fortalecem sua perspectiva de organização no ano de 1924. Na avaliação do historiador, eles percebem a necessidade de se aproximar dos setores civis, mas não o fazem de modo ingênuo, tanto que os próprios dissidentes com quem entram em contato não aderem à causa:

A falta de chefia civil leva os militares a se rearticularem novamente. É verdade que Isidoro Dias Lopes tenta entrar em contato com Júlio de Mesquita e outros elementos da Dissidência Paulista, mas os resultados são nulos; é que os dissidentes civis fazem oposição aos situacionismos federal e estadual, mas não pretendem nenhum movimento revolucionário e não apoiam movimentos subversivos dirigidos por elementos estranhos a sua classe[43].

Mesmo assim, os tenentes se fortalecem em sua causa e novos elementos revolucionários entram em contato com aqueles que pertenceram à experiência de 1922: "O plano final é iniciar o movimento em São Paulo, que seria seguido pela revolução em outras unidades da federação"[44].

Entre julho e outubro de 1924 eclodem focos da revolução por todos os Estados. Em São Paulo ocorre o primeiro levante, e ali residirá o centro dos combates contra o Exército legalista de Arthur Bernardes. Em alguns Estados os governadores fogem ou são depostos por juntas governativas, como é o caso de Sergipe e do Amazonas. O estado de sítio, que fora revogado há pouco, volta a vigorar e dá poderes amplos ao poder federal, executam-se perseguições, prisões e execuções.

O cerco se fecha para os revolucionários na capital paulista. Não são derrotados, no entanto recuam em direção ao interior do Estado onde se desenvolvem lutas em diversos pontos. Em síntese, o movimento consegue romper com a barreira do isolacionismo, conseguindo apoio, no Congresso, de deputados pequeno-burgueses e nas ruas de amplos setores da população:

[...] no momento da luta em São Paulo, a adesão de elementos da pequena burguesia mostra o entusiasmo dos segmentos civis, que acabam lutando com armas na mão contra as tropas situacionistas. Se o operariado encara com desconfiança o General Isidoro Dias Lopes, este tem sentimento recíproco com relação a esta classe. Porém, centenas de testemunhos mostram que as tropas que lutam na capital recebem auxílio de toda espécie, nos bairros de classe média de São Paulo; e, a derrubada das autoridades no interior do Estado é obra de lideranças civis urbanas locais[45].

---

43. *Idem*, p. 372.
44. *Idem*, p. 373.
45. *Idem*, p. 386.

A revolução no Rio Grande do Sul se dá em outubro de 1924 e é a mais bem articulada com o movimento de São Paulo. Sua ação se dá em duas frentes até o momento de sua união em abril de 1925.

A ampliação do movimento revolucionário dos anos de 1924 a 1927 é resultado do descontentamento crescente da pequena burguesia urbana. Militares e civis, naturalmente, se identificam em suas exigências, o que leva o termo tenentismo a ser aplicado indistintamente a elementos do Exército, e a todos aqueles que aceitam ou lutam pelos mesmos ideais[46].

O autor acrescenta:

A identificação significa participação e luta, que tem seu ponto alto na Coluna Prestes-Miguel Costa. É a união das duas forças que permite a radicalização dos objetivos. [...] O objetivo da nova Coluna Prestes-Miguel Costa é marchar pelo interior, para despertar ou esperar a eclosão de novos movimentos revolucionários[47].

Entre 1925 e 1927, a Coluna irá marchar 24 mil quilômetros no interior do Brasil sem ter perdido um só combate. Segundo Edgard Carone, o apoio da população por onde passava e a adesão de voluntários é essencial para se entender a extensão e a capacidade do movimento. Outras pequenas revoluções urbanas surgem espontaneamente, mas com o mesmo espírito. No Rio de Janeiro, conspira-se a tomada do poder, mas os rebeldes não conseguem levar o plano à frente.

Sob estado de sítio e controle total do governo sobre qualquer tipo de contestação, iniciam-se os debates sobre a sucessão presidencial:

Os pequenos levantes que se repetem mostram a pertinácia dos revolucionários, o que não significa, porém, o abalo do sistema oligárquico. [...] A sucessão presidencial é a expressão da continuidade do domínio oligárquico. [...] Nunca uma eleição levantou tanta aprovação e simpatia como a de Washington Luís[48].

Para o autor, o sistema oligárquico tenta manter-se de pé diante da convulsão social gerada pela Revolução de 1924 e a posterior organização da

46. *Idem, ibidem.*
47. *Idem, ibidem.*
48. *Idem*, p. 391.

Coluna Prestes. Diferente de todas as outras revoluções do período, além da dimensão nacional que os tenentes tentam dar ao movimento, este irá se deflagrar no centro político-econômico do país: São Paulo. Essa característica também revela uma maior profundidade na crítica ao sistema político, que é dominado pelas oligarquias ali estabelecidas.

Sendo assim, as classes dominantes passam por cima de suas divergências, que se aprofundavam no início dos anos 1920, e tentam reorganizar o país em torno da candidatura de Washington Luís. Essa saída momentânea não significará a resolução dos problemas. Com medo de uma revolução "estranha à sua classe", as oligarquias dissidentes adiam a disputa pelo poder, mas com as novas características dos movimentos de contestação terão que se defrontar com desafios maiores do que a simples disputa pelo poder:

> Porém, esta realidade é mais profunda do que qualquer outra do passado: mesmo os momentos cruciais do Florianismo – que se expressaram em contendas cruéis – não atingiram a intensidade dos acontecimentos do momento, pois o que existia basicamente era a luta pelo poder, luta entre segmentos vários de uma mesma classe [...]. O mesmo não acontecia com os movimentos dos anos 1920: o fenômeno de rebeldia tornava-se nacional porque *o crescimento urbano levava ao aparecimento de segmentos não conformistas* – da classe média, operária e até oligárquicos – que lutavam de várias formas contra o domínio absoluto das oligarquias agrárias[49].

Segundo o historiador, aqueles setores das elites que quisessem se rebelar tinham que estar cientes de que poderiam alimentar um sentimento maior de contestação social. O primeiro momento foi de recuo, mas não irá passar do próximo embate sucessório nacional.

Nesse ponto, a ideia de que esses movimentos revolucionários se ligam ao crescimento urbano e o surgimento de novas classes sociais cria um ponto de convergência entre a análise das revoluções e a ideia de transição como ferramentas interpretativas de Edgard Carone para a realidade brasileira: o descompasso entre as esferas sociais e a representação política, combinadas à dinâmica da economia, combinam-se em tensões e novas perspectivas de questionamento e transformação dessa realidade.

---

49. *Idem*, p. 392, grifo nosso.

A Revolução de 1930

A Revolução de 1930 entra para nossa análise como um evento que alimenta o plano da revolução brasileira no singular. Do processo mais profundo e estrutural pelo qual a sociedade deveria passar para libertar-se das amarras coloniais e de sua posição subordinada no sistema capitalista mundial. Ela não encerra essa realidade, mas contribui com ela na medida em que catalisa as revoluções mais superficiais que desestabilizam e, ao mesmo tempo, constroem a história republicana em seus momentos iniciais.

O governo Washington Luís é iniciado com um clima aparente de apaziguamento entre os setores oligárquicos, que deveria se impor para toda sociedade. A Coluna Prestes se refugia na Bolívia em 1927 e a expectativa da elite é que se preze pela unidade nacional e o restabelecimento da ordem. Contudo, o fim do estado de sítio desperta reivindicações acerca da participação e garantia de liberdades políticas. Haverá um amplo movimento pela anistia dos revolucionários de 1922 a 1927, mas o presidente não acata e insiste em medidas autoritárias e repressivas.

Nesse momento, em nível internacional, cresce a necessidade de combate ao comunismo. O governo age nesse sentido, mas acaba atingindo "todas as formas de pensamento"[50]. Carone enxerga que há uma mudança qualitativa nos movimentos de oposição ao governo, não apenas nos movimentos revolucionários, mas também a partir de organizações fomentadas por setores das oligarquias:

> [...] começam a surgir tênues sinais de enfraquecimento nas estruturas das classes dominantes. [...] As anteriores cisões do partido dominante – PRP – se fazem na base de discordâncias momentâneas em relação à luta pelo predomínio dentro da própria organização. [...] Porém nos anos 1910 surgem movimentos cívicos um pouco mais independentes das atividades do partido dominante. [...] Já na década de 1920, as recém-fundadas formações auxiliares têm caráter mais discordante: a Liga do Voto Secreto e o Partido da Mocidade, compostos dos mesmos elementos da classe dominante, pretendem maiores aberturas, mas com um instrumento legal, o voto secreto[51].

---

50. *Idem*, p. 396.
51. *Idem*, p. 398.

A formação do Partido Democrático (PD), em 1926, será expressão desse processo em que a decomposição das oligarquias se expressa em organizações mais autônomas. Este será criado por membros da dissidência do PRP, aglutinando também essas organizações com a Liga do Voto Secreto e o Partido da Mocidade. Mesmo assim, a oposição é tímida, sua atuação é restrita e não tem interesse em perder o controle da situação. Nas eleições legislativas de 1927 a oposição teve maioria, e mesmo assim não se colocou terminantemente contra as medidas adotadas pelo presidente.

O clima inicial de estabilidade é favorecido pelas medidas financeiras de Washington Luís. A criação da Caixa de Estabilização tinha como objetivo acabar com a oscilação do câmbio, mantendo-o em níveis baixos. Como já se apresentou, o câmbio baixo agradava a agricultores e industriais, em detrimento da maioria da população:

> O resultado imediato do câmbio estabilizado a seis, que na época era chamado "câmbio vil", é o encarecimento do custo de vida e o montante das dívidas externas. Mas a indústria e lavoura aplaudem a iniciativa, pois pela primeira vez um plano financeiro destina-se diretamente à proteção industrial[52].

O plano, por sua vez, exigirá a realização de empréstimos externos para garantir a emissão e a estabilidade cambial. Sua fase inicial é bem-sucedida, mas a partir de maio de 1929 se vê abalada pelas primeiras medidas do governo norte-americano que anunciavam a fatídica quebra da bolsa, em outubro do mesmo ano. Paga-se o preço da dependência financeira e o plano não consegue cumprir seus principais objetivos.

O Estado não irá à falência, mas multiplicam-se os motivos de impopularidade da presidência, justamente no momento em que se inaugura o debate sobre a sucessão presidencial. Dentro da velha lógica oligárquica, o governo aplicará sanções econômicas aos primeiros indícios de rupturas estaduais ao seu candidato, no entanto, diante da nova realidade política, as chantagens não terão o efeito desejado.

A oposição se organizará no que ficou conhecida como Aliança Liberal. O governo de Minas Gerais, liderado por um setor liberal do Partido

---

52. Edgard Carone, *A República Velha I: Instituições e Classes Sociais*, p. 127. Nota (143): *O Estado de S. Paulo*, 22.12.1926.

Republicano, esperava sua vez de lançar um candidato à presidência, em comum acordo com os paulistas – situação. No entanto, Washington Luís se nega a iniciar o processo de escolha junto com os mineiros que tinham como proposta a escolha de um candidato gaúcho e os nomes cotados eram Getúlio Vargas, Borges de Medeiros e até Luiz Carlos Prestes.

Tudo indica que o presidente quer lançar o nome de Júlio Prestes, ignorando a opinião de Minas Gerais. O então governador mineiro inicia um movimento consciente de diálogo com os gaúchos a fim de forçarem a retirada do nome de Júlio Prestes do processo. Acordam a proposta de Getúlio Vargas, governador do Rio Grande do Sul, escolhido a partir da indicação do próprio Washington Luís num momento de conflito entre as oligarquias rio-grandenses.

Durante o processo de formação da Aliança, Getúlio Vargas mantém um diálogo secreto com o presidente, com quem mantém boas relações, na última delas pede seu aval para aceitar a proposta do PR mineiro. Washington Luís pede para que desista. Sem entendimento das forças, os mineiros lançam, em julho de 1929, Getúlio Vargas como seu candidato. O lançamento de uma chapa de oposição aglutina as dissidências estaduais, com forte apoio das seções do Partido Democrático. Após alguma dificuldade, conseguem o apoio da Paraíba para lançar João Pessoa ao cargo de vice: "Resolvido o problema da vice-presidência, reúne-se a Convenção aliancista. [...] a Convenção ratifica todas as medidas anteriores, fazendo-se então a leitura oficial do programa: voto secreto, anistia, reforma eleitoral, indagações sobre o problema social etc."[53]

Pressionados pelos paulistas, na figura do vice-presidente Melo Viana, o PR mineiro se divide. Outras dificuldades se colocam no caminho dos aliancistas que começam sua campanha em janeiro de 1930:

São estes itens – principalmente voto secreto e anistia – que fazem a popularidade do movimento, que excursionará a partir de janeiro de 1930 pelo Norte do país. A grande concentração das massas e o entusiasmo levantado pelas diversas manifestações são acompanhadas de conflitos [...]. A Aliança Liberal engloba parte de um eleitorado urbano – que representa porcentagem pequena no cômputo geral

---

53. Edgard Carone, *A República Velha II: Evolução Política*, p. 409.

242   EDGARD CARONE E A IDEIA DE REVOLUÇÃO NO BRASIL

– pequenas oposições estaduais e o situacionismo nos Estados do Rio Grande do Sul, Paraíba e Minas Gerais[54].

Assim, para Edgard Carone, a Aliança Liberal se propõe a levar o seu *status* de oposição até as últimas consequências, mas nos marcos legais da disputa pelo poder. Ou seja, o historiador destaca que, entre os aliancistas, não havia o acordo prévio ou o mínimo entendimento sobre a necessidade de se desencadear qualquer processo que fosse para além da disputa eleitoral. Existiam pequenos grupos de radicais, entre eles, membros do PD paulista que entram em contato com os tenentes exilados entre 1927 e 1929. Neste momento, os tenentes percebem as "pretensões eleitorais pseudo-revolucionárias" da Aliança, e:

> O que sobressai é a identidade de alguns pontos de vista entre os elementos oligárquicos e tenentistas: voto secreto, probidade administrativa, moralidade política etc. [...] essa tênue identidade ideológica não significa, entretanto, identidade momentânea de objetivos [...]. É que os interesses de classe os afasta mais do que os interesses momentâneos comuns[55].

Com o trecho voltamos a um elemento importante para o autor: o caráter de classe das revoluções. Os processos tenentistas foram definidos pelo autor como pequeno-burgueses, os anteriores foram revoluções oligárquicas. Em 1930, o que ocorre para ele é a articulação policlassista de grupos políticos que consistem basicamente em dissidentes ou oligarcas liberais – diz "classes agrário-burguesas" em determinado momento – e pequena burguesia civil e militar. A disputa eleitoral é um primeiro passo no estabelecimento de princípios comuns e nos métodos de ação. Os "aliancistas legalistas" hegemonizam o processo, até que o resultado eleitoral é promulgado, dando a vitória a Júlio Prestes.

Edgard Carone define a essência da atitude aliancista como conservadora e oligárquica, pois é o momento histórico que converge para uma ação conjunta com setores mais radicalizados – os tenentes. Num momento anterior, a ala representada por Luiz Carlos Prestes é a primeira a fazer

---

54. *Idem*, pp. 410-411.
55. *Idem*, p. 419.

declarações contundentes de que não pertencia ao movimento aliancista. Já aqueles representados por Isidoro Dias Lopes e Miguel Costa, antes do pleito eleitoral, mostram disposição em ajudar quando são procurados por Getúlio, Assis Brasil, entre outros:

> A eleição de março de 1930 é o marco divisório entre a tentativa legalista e a extralegal. A verdade é que as classes agrárias dissidentes só pensam na solução de força quando pressionadas por correntes mais radicais. [...] Sem o fracionamento momentâneo das oligarquias dominantes – grupos dissidentes dos Estados e formação da Aliança Liberal – o maior descontentamento das classes urbanas e a formação de uma elite revolucionária – os tenentes – a revolução seria impossível[56].

Desta maneira, o historiador desenvolve sua ideia sobre a Revolução de 1930 a partir da caracterização do momento histórico, destacando a complexidade social do movimento que leva à frente a derrubada do governo Washington Luís. Há uma combinação entre a disposição subjetiva das dissidências e as condições objetivas da realidade – em que o descontentamento com o sistema era generalizado. A experiência tenentista serve como exemplo de rebelião em armas e consolida um grupo de dirigentes militares. Os antecedentes do processo mostram a inexistência de um projeto comum para a tomada do poder, o que revela os limites desta revolução.

Com a vitória de Júlio Prestes se reiniciam as articulações da ala radical por uma aliança com os tenentes. A decisão de se levar a cabo uma ação radical contra o governo dividiu as lideranças, num primeiro momento. Os mineiros reúnem sua comissão executiva e decidem apoiar a revolução sob a condicionante de unanimidade sobre ela entre os líderes gaúchos – Getúlio e Borges Medeiros. Alguns eventos influenciam as tratativas: o corte de deputados federais eleitos e a morte de João Pessoa.

Getúlio lança em 1º de junho um manifesto de ataque ao pleito eleitoral e ao seu adversário, naquela altura, já nomeado como vencedor. Em agosto, Borges de Medeiros adere ao movimento. Assim, as articulações avançam e a revolução é marcada para 3 de outubro:

---

56. *Idem*, p. 412. Nota (211): "O operariado vem se organizando e lutando pelos seus ideais, mas seu movimento não se identifica com outras classes sociais".

No entanto, a revolução não é mais segredo. Governo e povo estavam informados e de tal modo saturados de um boato que não se realizava, que não se acreditava mais que viesse a acontecer. Mas o que vinha se protelando há mais de um ano, malogrando sempre, estoura às 17h30 de 3 de outubro. A hora fora marcada para o término do expediente militar e saída do General Gil de Almeida, comandante da região sediada em Porto Alegre[57].

Entre os dias 4 e 5, o Estado do Rio Grande do Sul inteiro estava sob controle dos revolucionários. A revolução se espalha por outros Estados, uma coluna se dirige deste Estado para Santa Catarina e Paraná; em Pernambuco ocorre adesão espontânea da população; em outros Estados do nordeste os governadores fogem. Em Minas a revolução se desencadeia no mesmo dia e horário que no Rio Grande do Sul, com alguma resistência em Belo Horizonte; de Minas tropas saem para o Espírito Santo e outras para o Rio de Janeiro: "Praticamente só resistiam São Paulo, Rio de Janeiro, Bahia e Pará"[58].

Na capital federal, prepara-se a derrubada do presidente. Enquanto isso, se faz necessário agir contra a cúpula do Exército. Na verdade, as tropas revolucionárias se conformaram basicamente a partir de "forças públicas estaduais e tropas coronelísticas"[59]. Os tenentes irão constituir a sua oficialidade, mas a maior parte do Exército se mantém legalista. Em 24 de outubro, "[...] o Palácio do Catete é cercado por tropas e o presidente é considerado prisioneiro. [...] A nova Junta Governativa pretende permanecer no poder. A velha corrente militarista olha com desconfiança as duas partes em luta"[60].

Um primeiro desentendimento entre a Junta Governativa do Rio de Janeiro e o Comando Militar de Ponta Grossa – onde está Getúlio Vargas – faz com que parte das tropas revolucionárias avancem para o Rio de Janeiro; em meio a alguns novos conflitos a Junta aceita passa o poder provisoriamente a Getúlio Vargas. O povo sai às ruas na maioria dos Estados, em apoio à Revolução, tomam edifícios públicos, saqueiam as sedes dos principais jornais etc. O novo governo responde com prisões e repressão a

57. *Idem*, p. 425.
58. *Idem*, p. 426.
59. *Idem*, p. 427.
60. *Idem*, p. 428.

estas que, para Edgard Carone, foram apenas manifestações momentâneas de desabafo político.

Desta maneira, ele encerra o período denominado "Primeira República" ou "República Velha" com a Revolução de 1930, considerando que ela se desenvolve a partir da necessidade de mudança nas instituições políticas, na maior possibilidade de disputa entre os grupos oligárquicos e, sobretudo, por ação dos setores médios urbanos, especialmente militares.

Entre as Revoluções e a Revolução

Como temos demonstrado, para Edgard Carone, desde a Proclamação da República, criou-se um sistema político que transpunha a realidade social do país, na qual uma elite restrita, com amplos poderes concentrados em suas mãos, alimentava um circuito de troca de favores e controle econômico em benefício exclusivo de seus interesses privados. Esses interesses muitas vezes divergiam e, apesar de se apresentarem como diferenças políticas de interesse geral, representavam esses mesmos anseios particulares e patrimonialistas. No entanto, essa rede de dependência é tão forte na manutenção do *status quo* que toda disputa pelo poder era capaz de mobilizar, por fora das vias institucionais, um conflito social com características de rebeldia, conspiração e indiscriminado uso da força.

Essas características irão determinar o princípio fundamental para que o historiador consiga definir os processos a que chama de Revoluções da Primeira República. A partir dessa característica comum, os movimentos revolucionários compõem os três momentos da Revolução apresentada no livro *Revoluções do Brasil Contemporâneo* – Ascendente, Triunfante, Descendente – , reafirmando que, para o autor, a ideia de revolução no Brasil tem duas dimensões: a das revoluções no plural e da revolução, no singular.

No caso de *A República Velha*, os dois primeiros tipos são os mais conservadores e tipicamente oligárquicos, ou seja, as revoluções "florianistas" e "deodoristas" do início da República representavam uma pequena esfera de disputa entre os grupos que tomaram o poder – resumidamente, alta cúpula militar e republicanos históricos. Por sua vez, as revoluções das oligarquias estaduais também representavam a esfera mais patrimonialista da disputa pelo poder e, ainda que estivessem restritas aos Estados, demonstravam a existência de diversos pontos frágeis no regime que questionavam a todo o momento sua estabilidade, e mesmo sua viabilidade.

O terceiro tipo, o Tenentismo, representa uma grande virada na perspectiva revolucionária dessa sociedade. A disputa pelo poder, aos poucos, deixa de ser assunto apenas dessas oligarquias e toma conta da indignação de outras classes sociais. São novos grupos, em uma realidade socioeconômica em constante transformação, especialmente impactada pela urbanização. De modo curioso, os setores da base do Exército conseguirão catalisar o descontentamento e a demanda de parte dessas novas classes, que Carone define como pequeno-burguesa.

Outra grande questão para o historiador é a possibilidade que se abre às disputas nacionais. Os militares, enquanto pertencentes a uma das únicas instituições nacionalizadas do Estado brasileiro, contribuem muito nesse aspecto. Também é preciso considerar que as novas demandas econômicas e sociais tendem para o questionamento do poder a nível federal, pois a vida desses setores médios da sociedade está submetida, cada vez mais, às oscilações da política econômica e financeira do Estado brasileiro. Esse cenário se combina com a tensão préexistente entre os grupos oligárquicos, e impele as suas diversas frações a uma ação mais radical do que elas mesmas gostariam, até o desencadeamento de um golpe de Estado que realiza a Revolução de 1930, num processo que se diferencia, mas é fruto das movimentações anteriores.

Em 1930, a revolução leva adiante a tarefa de realizar transformações nacionais e mobiliza setores em todos os Estados do país. Nesse sentido, Edgard Carone constrói, mais uma vez, a ideia de que as revoluções – enquanto categoria mais ampla – alimentam a Revolução. Podemos dizer: alimentam a revolução brasileira, que em sua concepção deve catalisar questões sociais ainda mais profundas do que as defendidas pelos aliancistas, mas que naquele momento é capaz de superar parte do regionalismo coronelista, com origens nas formas políticas e econômicas da colônia.

Tanto nas revoluções oligárquicas quanto nas tenentistas, Carone identifica um viés de classe, ainda que não seja fruto de uma consciência de classe. As oligarquias são parte de um grupo social heterogêneo e suas revoluções expressam o embate interno pela condução do poder e acesso a rede de privilégios proporcionados pelo controle do aparato estatal. O novo regime, como afirmou, abre as possibilidades diretas desse tipo de disputa, as quais se encontravam mediadas pela centralização política do monarca no período anterior.

As revoluções tenentistas são definidas pelo autor, literalmente, como revoluções pequeno-burguesas e, nesse momento, é possível avaliar um processo no qual uma classe social se coloca contra outra. Os militares de baixa patente não se levantam apenas por motivações corporativas, eles catalisam descontentamentos das classes populares urbanas e se colocam contra o domínio oligárquico. Nesse processo, os tenentes conseguem expressar a indignação coletiva de setores civis, conquistando sua simpatia e adesão.

A Revolução de 1930 pode ser vista como um processo que canaliza as contradições vividas naquele período:

> A década de 1920 abre perspectivas novas, que se traduzem por *soluções revolucionárias e evolucionistas*. A transformação do pensamento anarquista em marxista leva as lideranças operárias a novas formas organizatórias e políticas. A pequena burguesia urbana, na tentativa de luta pelos seus direitos, organiza-se em forma de pressão, reivindicando melhorias de salário, melhores condições de moradia e maiores direitos políticos – até que seus segmentos políticos e militares optam pela luta armada. E as oligarquias dissidentes, por sua vez, são preponderantemente evolucionistas, pretendendo obter direitos através do voto e das formas legais[61].

O processo alia essas duas vertentes: quando os "evolucionistas" veem que não há nenhuma possibilidade de vitória institucional, buscam articulações para tomada do poder, a partir da ação revolucionária do período. A unidade não é ideológica, ela se dá em torno da necessidade de um questionamento pontual sobre o funcionamento do sistema político.

Os tenentes dão o tom revolucionário a uma dissidência das classes dominantes – segundo o historiador, conservadora e desencorajada –, mas não conseguem mudar o conteúdo de classe do desenvolvimento da Revolução. Carone identifica dois momentos distintos: "E é só quando a pequena burguesia tenentista não sabe ou não pode se manter sozinha no poder (entre

---

61. *Idem*, p. 400, grifo nosso.

1930 e 1934) – e se dilui politicamente (depois de 1934) – que acaba sendo absorvida pela ação e ideologia das classes agrário-burguesas dominantes"[62].

Isso não significa dizer que a Revolução de 1930 não trará mudanças. No entanto, cabe ressaltar que para Edgard Carone esse processo não se faz em nome de uma classe que pretendesse radicalizar a situação das relações sociais e produtivas. O principal aspecto da mudança, a nosso ver, será a alteração das relações de poder e suas formas institucionais. O setor da oligarquia que participa da revolução, em parte, ainda está ligado às atividades cafeeiras – é o caso dos membros do PR mineiro e do PD paulista –, mas, como o historiador apresenta, esses indivíduos fazem parte de outra geração política que se enfrenta com os republicanos históricos. Aliado a isso, o contexto é de crise mundial:

> É, em 1929, a crise mundial, violenta, superior a todas as outras, que vai provocar a queda deste organismo e de todo o sistema agrário-político da Primeira República. [...] O vencimento das dívidas e o avolumar-se da crise levam à *débâcle* e às falências. A Revolução de 1930 interrompe brutalmente essa situação e *subverte a estrutura agrária dominante* e a supremacia política dessa classe. Era o fim de uma época e da hegemonia dos fazendeiros do café[63].

Esse é um dos poucos trechos em que ele comenta as consequências da Revolução de 1930. Aqui, o autor parece mais otimista em relação ao seu papel e as rupturas realizadas, falando inclusive no fim da hegemonia de uma classe e, pensando também no uso que o historiador faz sobre a República Velha como momento de transição, o movimento revolucionário de 1930 consegue impor um sentido de predominância para o desenvolvimento dos fatores urbanos e industriais no sistema político e econômico do país.

Uma ruptura política interna subverte a estrutura agrária dominante, ressignificando seus elementos essenciais, especialmente, o latifúndio agrário exportador que ainda está presente como um dos fatores de produção dominados pela elite dissidente. Nos marcos da profundidade da crise mundial, e da existência de atividades urbanas que já se encontravam no espectro da diversificação de investimentos do extrato agrário-burguês,

---

62. *Idem*, p. 419.
63. Edgard Carone, *A República Velha I: Instituições e Classes Sociais*, p. 50, grifo nosso.

acreditamos que a nova ordem política dá voz e espaço para esses setores. O próprio desenvolvimento do capitalismo brasileiro exigia uma remodelação da estrutura vigente e elementos que nunca foram combatidos diretamente pelo setor agrário acabam ganhando espaço.

A Revolução de 1930 não encerra o processo da revolução brasileira, no singular. Com maiores proporções que as anteriores, ela se localiza com as revoluções, no plural, cuja ação deixa sua marca na história política e social da sociedade brasileira e abre possibilidades para a revolução, no singular. O autor encerra o volume dedicado à evolução política com as seguintes palavras: "A partir de então, o jogo político assumirá novas feições, no sentido de uma maior complexidade de fatores, com a participação de diferentes correntes políticas e sociais, tornando-se mais rico e, naturalmente, mais maleável"[64].

Essa maleabilidade pode ser entendida, na visão marxista do autor, na possibilidade de participação política de outras classes sociais que antes ficavam totalmente excluídas do processo: a classe trabalhadora em geral e, em especial, a classe operária, como veremos.

---

64. Edgard Carone, *A República Velha II: Evolução Política*, p. 430.

3. Dinâmica Urbana e Operariado: As Greves da Primeira República e a Ideia de Revolução

Para o marxismo, matriz teórica adotada por Edgard Carone, a classe operária constitui o sujeito fundamental da Revolução Socialista. Não poderíamos, portanto, concluir o presente trabalho sem considerarmos a análise do historiador sobre a realidade social e as condições organizativas a partir das quais o operariado se relaciona com os diferentes movimentos revolucionários que agitaram a República Velha.

Os capítulos anteriores sinalizam que, segundo o autor, o proletariado não aderiu a nenhuma das revoluções do período. Esse fato ocorre de modo relativamente contraditório diante do crescimento da classe, da evolução de seus métodos e de suas pautas que, de alguma maneira, estavam relacionadas aos contextos de reivindicação e radicalização de outras classes e grupos. Assim, ele busca reconhecer a manifestação de ações espontâneas, a formação de associações e partidos da classe trabalhadora a partir de 1889, bem como as greves e diretrizes ideológicas às quais recorre para existir social e politicamente, criando formas próprias de contestação e resistência que evidenciam as transformações vividas pela sociedade brasileira nas primeiras décadas da República e as necessidades mais profundas que levariam a uma verdadeira ruptura com o sistema vigente.

Desta maneira, nosso último ponto de análise se dedica a identificar a concepção e posicionamento crítico de Carone sobre essa realidade para compreendermos como ele reconhece os limites de atuação do proletariado nas revoluções – no plural – do período republicano e, ao mesmo tempo, as potencialidades que fortalecem o papel histórico desta classe e alimentam o sentido da Revolução Brasileira

O Movimento Operário em Meio às Revoluções Oligárquicas e ao Tenentismo

Desenvolvemos até aqui dois aspectos da obra de Edgard Carone que consideramos essenciais para compreender a sua ideia de revolução para o período da República Velha. Em um primeiro momento, abordamos a temática da *transição social* que, para o autor, caracteriza esse momento histórico, em seguida falamos do caráter das revoluções que ele identifica ao longo de sua análise. Entre esses dois pontos, não podemos deixar de analisar a questão do operariado: classe social formada a partir da industrialização e urbanização da sociedade, ou seja, diretamente ligada às características transitórias e revolucionárias que apresentamos anteriormente.

O reconhecimento da formação e organização desse setor social contribui para a premissa, a qual temos reafirmado ao longo do trabalho, de que, para o historiador, existem duas dimensões da ideia de revolução: as revoluções, no plural, e a revolução no singular. Considerando que *a revolução* aponta para essa perspectiva mais profunda do desenvolvimento e a necessária ruptura com o sistema capitalista no Brasil, a visão do historiador sobre a classe operária e seus métodos de ação se faz essencial para concluirmos este trabalho.

Mesmo reconhecendo a incipiência da classe operária brasileira no início do século xx, Carone coloca sua organização e métodos de ação como ameaças à estabilidade do regime, os quais foram duramente reprimidos. O contexto mundial dava força à afronta operária, especialmente após a Revolução Russa de 1917, quando o comunismo deixa de ser apenas a defesa de um ideal para se concretizar como Estado operário soviético e Internacional Comunista. Diversos mecanismos foram utilizados para conter ou cooptar a organização operária na República Velha e muito da repressão violenta sobre os movimentos tenentistas, por exemplo, ocorre, segundo o autor, como ação preventiva frente ao medo do comunismo e seu combate, que se fazia, inclusive, em nível internacional.

O crescimento da economia urbana a partir de 1889 irá atrair a população do campo e criar condições de fixação para imigrantes. A dinâmica do operariado reflete os movimentos do setor industrial, o que significa, no geral, sua tendência de crescimento ao longo do período. Para além da descrição quantitativa, o autor é minucioso em tentar entender as características qualitativas da classe operária em sua composição, identidade, formação política etc. Essa análise permite que ele possa avançar em sua chave interpretativa da história do Brasil, a partir da ideia de revolução.

Segundo o autor, o operariado se concentra na região sul do país, onde sua composição é majoritariamente de imigrantes estrangeiros, ao menos até o fim da primeira década do século xx. Com eles, chegam as primeiras ideias socialistas, especialmente o anarquismo e o anarcossindicalismo, a partir das quais os operários se organizam desde fins do século xix:

> Desde cedo o operariado se une para reivindicar seus direitos: já em 1860, assinala-se a existência de jornais de tendência proletária; desde então, apesar de efêmeros, surgem incessantemente. As Ligas, a princípio raras, começam a aparecer a partir de 1870, para também posteriormente adquirirem maior importância. Mas é a partir da Primeira República que as *organizações tomam formas mais duradouras*[1].

A perenidade das organizações operárias e seu enraizamento ganham espaço na Primeira República, justamente a partir do aumento do número de indústrias e da massa de trabalhadores industriais. Ao lado dessa questão, que envolve objetivamente o seu crescimento, estão as condições sociais que incitam a classe operária, segundo o historiador, a criar laços de identidade e ação coletiva de modo precoce. Nesse sentido, ela estará à frente das outras classes sociais no sentido de conseguir ter clareza de suas necessidades e unidade ideológica em suas reivindicações.

No estudo da ação política do período ele constrói sua ideia de revolução muito preocupado com as características regionalistas e a tendência federalista da sociedade brasileira. Para ele, essas questões impactam diretamente na falta de unidade política e ideológica das classes sociais e grupos.

---

1. Edgard Carone, *A República Velha I: Instituições e Classes Sociais*, p. 199, grifo nosso.

O historiador chega a definir a existência de uma "federação brasileira" e não de uma "nação brasileira"; em sua perspectiva essa é uma debilidade para a ação política e o desenvolvimento do país. O operariado está suscetível às mesmas condições das demais classes, no entanto, algumas particularidades de sua localização no sistema produtivo, social e até geográfico possibilitam uma dinâmica favorável à sua consciência de classe, de modo local e também nacional:

> O mesmo fenômeno de *formações parciais* acontece em relação ao proletariado. Com maiorias étnicas diferentes no Sul e Norte do país, e com desigual densidade populacional, o operariado *tem a seu favor, entretanto, motivações e condições mais gerais*; em primeiro lugar, o fato de vender sua força de trabalho iguala *sua condição* nas diferentes zonas geográficas; bem assim, o fato de ter a *mesma ideologia*, pois anarquismo e socialismo representam manifestações do mesmo fenômeno. Afinal, a existência de *condições semelhantes de trabalho e de vida*, e a unidade de interesses [...][2].

Apesar das particularidades regionais, no início da industrialização no Brasil, a realidade total dos trabalhadores é de extrema exploração e total ausência de direitos. Somavam-se a isso as condições gerais de sobrevivência da população urbana, submetida à inflação, ao crescente aumento do custo de vida, à estrutura precária de circulação, saneamento, entre outros fatores, que afetavam a vida dos trabalhadores em geral. Para Carone, o tratamento dispensado ao operário não se diferencia muito daquele dado aos colonos de uma grande fazenda e a abundante oferta de mão de obra reforça a tendência de um sistema de tratamento desumano, incluindo o trabalho infantil, a partir de cinco anos, e de mulheres, como um setor mais precarizado e barato.

A regulamentação da existência de sindicatos se dá em 1907. Eles são divididos em três tipos e recebem autorização para se organizarem estadual e federalmente. Antes disso, as agremiações operárias se caracterizavam mais pelo auxílio mútuo e associativismo. A partir do avanço para a organização sindical, estas passam a ser criticadas e até combatidas, por não estarem dispostas a se enfrentar diretamente com os patrões e suas medidas.

Edgard Carone fala em uma disposição organizativa da classe e consciência de suas reivindicações, ambos os fatores concorrem para alimentar

---

2. *Idem*, p. 318, grifos nossos.

os diversos momentos de insatisfação e revolta popular. A ideia de revolução não é hegemônica em suas ações, contudo se constrói na medida em que surgem e se diversificam as correntes de orientação ideológica: do anarquismo, e do anarcossindicalismo, à organização religiosa, passando pelas ideias socialistas e o comunismo. Sem espaço formal de participação política para o povo e operariado, todos esses espectros ideológicos constroem outros métodos de luta.

A característica revolucionária do operariado vai se construindo aos poucos, a partir não só do amadurecimento ideológico em abstrato, mas também do avanço nas condições de produção e relações de exploração:

> As ideias anarquistas predominam num momento em que o proletariado tem tradição mais artesanal e individualista, e organizatoriamente mais deficiente. A concentração industrial e a necessidade de lutas mais complexas levam à aceitação de novas fórmulas partidárias, que acabam tornando o socialismo e, particularmente, o comunismo, doutrina e táticas vitoriosas[3].

Ao colocar em relação o sistema produtivo e o desenvolvimento da classe operária, o historiador demonstra as condições materiais que favorecem, em diferentes momentos, a ideologia predominante no movimento. Nesse sentido, a organização de nosso sistema produtivo e a evolução dos elementos urbanos, para ele, acabam criando um terreno mais fértil para a construção revolucionária ainda que ela não se concretize no período da Primeira República – falamos aqui da revolução no singular: brasileira, comunista e operária.

A Revolução de 1917 faz com que novas ideias se propaguem rapidamente entre o proletariado, abrindo as portas para novas formas de organização. Procura-se compreender o seu caráter e ideologia até se definirem melhor as próprias divergências da Revolução entre os grupos anarquistas e comunistas. Em 1922, funda-se o Partido Comunista Brasileiro: único que se apresenta com caráter verdadeiramente nacional no período:

> De todos os partidos existentes na Primeira República, o Partido Comunista é o único que apresenta realmente caráter nacional. Embora o poder central seja exer-

---

3. *Idem, ibidem.*

cido pelas oligarquias agrárias, seus interesses particulares identificam-nas, intransigentemente com os ideais do Manifesto Republicano de 1870 – *Descentralização-Unidade*[4].

E Carone acrescenta:

Afinal, a existência de condições semelhantes de trabalho e de vida, e de unidade de interesses explicam porque, desde os primórdios do movimento operário encontramos em toda a parte analogia programáticas e reivindicatórias que mostram a identidade de seus propósitos[5].

A despeito de sua predileção pela organização do partido operário de inspiração leninista, que retomaremos adiante, Carone faz essa afirmação identificando que ela resulta das condições anteriores que já sinalizavam para o potencial da classe que "desde os primórdios do movimento operário encontramos em toda a parte analogia programáticas e reivindicatórias que mostram a identidade de seus propósitos"[6] e, por isso, tendiam a uma forma de representação nacional.

De todo modo, a partir de 1917 as condições internacionais se encontram com processos nacionais que favorecem a adoção de uma nova perspectiva ideológica para o movimento e sua unidade. Esse processo coincide com um momento de reorganização da distribuição geográfica do operariado no Brasil. A partir dos anos 1920, sua concentração se intensifica no Rio de Janeiro e em São Paulo, e as levas de migrantes não vem mais do exterior e sim do Norte e Nordeste do país. Essa situação também beneficia a organização e identidade de classe, devido à maior força do proletariado reunido em empresas maiores, mais importantes e à superação de diversos limites próprios das diferenças culturais, língua etc.

Diante de todas essas questões, entendemos que o historiador tenta identificar como se manifesta a organização operária nesta realidade de transição da história nacional, quando os tensionamentos econômicos e sociais mobilizavam conflitos intra e entre classes sociais.

---

4. *Idem*, p. 317, grifos do original.
5. *Idem*, p. 318.
6. *Idem, ibidem.*

Por estarem ligados à economia e vida urbana, os membros do operariado, enquanto indivíduos pertencentes a essa sociedade e realidade, viveram e até integraram aleatoriamente os momentos de ação política popular em diversas revoltas do período. As revoluções pequeno-burguesas do Tenentismo também foram sentidas e seguidas por alguns. Edgard Carone entende, contudo, que a intervenção do operariado nesses movimentos, enquanto classe, não existiu. Ele considera que as organizações não estavam alheias a esses processos, mas, ao mesmo tempo, não se mobilizaram dentro deles a partir de suas pautas. Os anarquistas até pareciam dispostos a colaborar com os movimentos tenentistas dos anos 1920:

> Ao contrário dos comunistas, eles querem colaborar com os *movimentos revolucionários da pequena burguesia nos anos de 1920*. Aqueles nada esperam de uma revolução dessa classe (1924) ou de sua união com as oligarquias dissidentes (1930); os anarquistas, entretanto, aproximam-se dos revolucionários. Notícias vagas dizem que operários estão entre aqueles que recebem bombas para agir quando explodisse a revolta contra Epitácio Pessoa. Em 1923, Isidoro Dias Lopes pede a Maurício de Lacerda que "os operários, no Rio, colaborassem com o movimento [...]". Quando da Revolução de São Paulo (1924), os anarquistas fazem reivindicações e pedem armas, sendo recusadas pelos tenentes[7].

A frágil identidade ideológica do Tenentismo e o curso de suas alianças não permitem a ação consciente do operariado, mesmo quando desejam fazê-lo suas reivindicações trazem desconfiança aos tenentes que se recusam a armar os trabalhadores.

Maurício de Lacerda é citado por Edgard Carone, diversas vezes, como o representante da classe operária na Câmara dos Deputados, mesmo antes da existência do PCB. É o surgimento deste partido que, no mesmo ano do primeiro levante tenentista, representará para o historiador o avanço e amadurecimento do movimento operário. O PC incidirá sobre as greves, mas leva tempo para ser hegemônico na condução das organizações. De todo modo, adotará a ação parlamentar como parte de suas táticas, apresentando-se no Bloco Operário e Camponês (BOC), que nas eleições de 1927/1928 obtém resultado surpreendente.

---

7. *Idem*, p. 215, grifo nosso.

Ao lado desse salto organizativo, Carone destaca as greves nas ações mais expressivas da luta da classe operária no período:

> A greve é a *arma de protesto* do operariado contra todas as formas de exploração econômica impostas pela burguesia. No decorrer de toda a Primeira República, as greves se fazem sempre pelas mesmas reivindicações, mostrando que, apesar de um sem-número de vitórias e de conquistas legislativas, os problemas continuam os mesmos [...].
>
> A classe dominante usa de todos os recursos para abafar as crescentes reivindicações do movimento operário. Os governos impõem uma repressão policial que resulta em mortes, fechamento de sindicatos, prisão e deportação de líderes, expulsão de estrangeiros e legislação cada vez mais ferrenha; muitas vezes utilizam-se das forças estaduais ou federais para pôr fim a greves mais violentas e duradouras[8].

Na concepção do autor, o movimento grevista esteve presente ao longo da República Velha como expressão da existência política e da força revolucionária potencial do operariado. Desse modo, as agitações operárias também deixaram suas marcas no desgaste do sistema agrícola e no momento de transição em que despertavam elementos de tendência dominante da vida e economia urbana, especialmente com todos os mecanismos de repressão que se somam à necessidade de controle dos outros movimentos e manifestações do período.

Os Movimentos Grevistas da República Velha

A fim de compreender o desenvolvimento organizativo, os problemas e demandas colocadas pela classe operária, Edgard Carone faz um levantamento de todas as greves que encontrou nos noticiários dos principais jornais brasileiros entre 1890 e 1930. A partir da análise do historiador, temos a seguinte sistematização das greves na Primeira República:

---

8. *Idem*, p. 216, grifo nosso.

Quadro 13. AS GREVES DA PRIMEIRA REPÚBLICA (1890-1930)[9]

Ano	Cidade/ Estado	Período/ Duração	Categoria	Companhia	Conteúdo
1890	São Paulo – SP	–	–	–	Não descreve as greves dos primeiros anos com qualidade. Diz que foram duas na capital paulista.
1891	São Paulo – SP	–	–	–	*Idem.* Neste ano foram duas.
1891	Fortaleza – CE	–	–	–	*Idem.* Neste ano, uma greve.
1892	Fortaleza – CE	–	Ferroviários	–	*Idem.* Neste ano, uma greve. Condições de trabalho.
1893	São Paulo – SP	–	–	–	*Idem.* Neste ano foram três.
1894	São Paulo – SP	–	–	–	*Idem.* Neste ano, uma greve.
1895	São Paulo – SP	–	–	–	*Idem.* Neste ano, uma greve.
1896	São Paulo – SP	–	Funcionários do Saneamento	–	*Idem.* Neste ano, uma greve. Salário.
1896	Bahia e Minas Gerais	–	Ferroviários	–	*Idem.* Neste ano, uma greve. Condições de trabalho.
1897	São Paulo – SP	–	Chapeleiros	–	–
1897	Bahia	–	Doqueiros	–	–
1897	Santos – SP	Quinze dias	Várias	–	–
1898	São Félix – BA	–	Ferroviários		Condições de trabalho.
1899	São Paulo – SP	–	Fábrica de Fósforos		Atraso no salário.
1899	São Paulo – SP	–	Têxtil	–	Salário.

9. O quadro foi elaborado a partir da descrição realizada por Edgard Carone no volume *Instituições e Classes Sociais*, pp. 216-237. Em nota, o autor diz: "As informações sobre greves a partir de 1896 baseiam-se exclusivamente em três fontes: *Jornal do Comércio* (1896-1909), *O Estado de S. Paulo* (1909-1930) e *Correio da Manhã* (1901-1930)".

Ano	Local	Duração	Categoria	Empresa	Causa
1900	Rio de Janeiro – RJ	–	Cocheiros	–	Condições de trabalho.
1900	Cachoeira – BA	–	Ferroviários	–	Salário, redução da jornada, tarifa.
1900	Santos – SP	–	Carroceiros	–	–
1901	São Paulo – SP	–	Ferroviários	–	Atraso no salário.
1901	Rio Claro – SP	–	Ferroviários	–	Salário.
1901	Rio de Janeiro – RJ	Quatro dias + Oito dias	Tecelões	–	Maus tratos e condições de trabalho.
1901	São Paulo – SP	–	Tecelões	–	Redução da jornada e condições de trabalho. Primeira agitação generalizada.
1902	Rio de Janeiro – RJ	–	Tecelões	Companhia Industrial	–
1903	Rio de Janeiro – RJ	Oito dias	Portuários	Lloyde Brasileiro	–
1903	Recife – PE	–	Ferroviários	–	–
1903	Rio de Janeiro – RJ	Oito dias (ago.)	Várias	–	Redução da jornada e condições de trabalho. Primeira agitação generalizada.
1903	Rio de Janeiro – RJ	Nove dias (set.)	Trabalhadores da Companhia de Gás	Light	Condições de trabalho.
1903	Rio de Janeiro – RJ	–	Refinadores de açúcar	–	–
1904	Rio de Janeiro – RJ	–	–	–	–
1905	–	–	Metalúrgicos	Fábrica de Ferro Berta	–
1905	Santos – SP e Rio de Janeiro – RJ	Cinco dias	Portuários	Lloyde Brasileiro	Greve conjunta. Redução da jornada e aumento de salários.
1905	Rio de Janeiro – RJ	–	Várias	–	Greve de apoio.
1905	Santos – SP	–	Carroceiros	–	–
1905	Recife – PE	–	Cigarreiros	–	Contra a redução de salários. Fazem uma revolta urbana.

1906	São Bernardo – SP	–	Tecelões	Fábrica de tecidos Ipiranga	–
1906	Campinas, Jundiaí e Rio Claro – SP	Vinte dias	Ferroviários	Companhia Paulista	Condições de trabalho.
1906	–	–	Ferroviários	Mogiana	Greve de apoio. Depois das manifestações de apoio fazem uma revolta urbana.
1906	São Paulo – SP	–	Gráficos	–	Greve de apoio.
1906	Rio de Janeiro – RJ	–	Tecelões e Portuários	Lloyde Brasileiro	Greve de apoio.
1906	Niterói – RJ	–	Portuários		Greve de apoio.
1906	Rio de Janeiro – RJ	Quatro dias	Sapateiros	–	Regulamentação do trabalho, condições de trabalho.
1906	Rio Grande do Sul	Oito horas	Pedreiros, sapateiros, tecelões	–	Redução da jornada.
1906	Recife – PE	Quatorze dias	Portuários	–	Melhorias nas condições de trabalho; salários.
1906	Recife – PE	–	Várias.	–	Greve de apoio.
1906	Rio de Janeiro – RJ	Quinze dias	Cocheiros e Carroceiros	–	Regulamentação da jornada.
1907	São Paulo – SP	–	Tecelões	Fábrica de Cobertores Santana	Aumento salarial.
1907	São Paulo – SP	Dezoito dias	Várias	–	Redução da jornada.
1907	Porto Alegre – RS	–	Estivadores	–	–
1907	Bahia	Cinco dias	Tecelões	Fábrica Empório Industrial. Companhia Progresso Industrial	–
1908	Rio de Janeiro – RJ	Cinco dias	Iluminação	Light	Condições de trabalho.
1908	Santos – SP	–	Portuários	–	Redução da jornada.

Ano	Local	Duração	Categoria	Empresa	Motivo
1908	Rio de Janeiro – RJ	–	Tecelões	Fábrica de tecidos Cruzeiro	Contra demissões.
1909	Recife – PE	Doze dias	Ferroviários	Great Western	Aumento salarial.
1909	Paraíba, Natal e Maceió	–	Ferroviários	Great Western	Adesão. Aumento salarial.
1909	Rio de Janeiro – RJ	Sete dias	Tecelões	Companhia Industrial Confiança	Condições de trabalho. Contra o chefe de produção.
1909	Rio de Janeiro – RJ	–	Pedreiros	–	–
1909	Rio de Janeiro – RJ	Nove dias	Iluminação	Light	Redução da jornada e aumento salarial.
1909	Rio de Janeiro – RJ	–	Portuários	Lloyde Brasileiro	Contra a redução de salários.
1909	Recife – PE	–	Foguistas	Companhia Pernambucana	–
1909	Bahia, Alagoinhas e Juazeiro	–	Ferroviários	E. C. Central da Bahia	–
1910	Rio de Janeiro – RJ	–	Portuários	–	Contra demissões.
1910	Santos – SP	–	–	–	Data fixa de pagamento.
1910	Rio de Janeiro – RJ	–	Iluminação	Light	Contra afastamentos.
1911	Rio de Janeiro – RJ	–	Motoristas de táxi	–	Contra o regulamento da polícia.
1911	Rio de Janeiro – RJ	–	Graxeiros e Foguistas	E. F. Central do Rio	Contra a redução de salários. Fazem uma revolta urbana.
1911	Rio de Janeiro – RJ	–	Iluminação	Light	–
1911	Rio de Janeiro – RJ	–	Tecelões	Fábrica Sapopemba	Contra demissões.
1911	Rio de Janeiro – RJ	–	Vários	–	Contra projeto de lei na Câmara.
1911	Recife – PE	–	Ferroviários	Great Western	Homenagem a Dantas Barreto.
1912	Rio de Janeiro – RJ	–	Cozinheiros	Centro Cosmopolita do Rio	Redução da jornada.
1912	Rio de Janeiro – RJ	–	Padeiros	–	–

1912	Rio de Janeiro – RJ	–	Tecelões	Fábrica de tecidos Cruzeiro	Redução da jornada.
1912	Belo Horizonte – MG	–	–	–	Revolta armada contra a prisão de um operário.
1912	São Paulo – SP	Um mês	Várias	Fábrica de Calçados Clark e Rocha; Fábrica de Alpargatas, Duchen, Companhia Nacional de Juta	Contra o aumento do custo de vida. Redução da jornada.
1912	Rio de Janeiro – RJ	–	Estivadores	–	Aumento salarial.
1912	Rio de Janeiro – RJ	–	Ferroviários	E. F. Leopoldina	–
1913	Goiás	–	Ferroviários	–	–
1913	Rio de Janeiro – RJ	–	Tecelões	Fábrica de Tecidos Sapopemba	Aumento salarial.
1914	Rio de Janeiro – RJ	–	Estivadores	–	Contra demissões.
1915	Rio de Janeiro – RJ	–	Estivadores	–	Condições de trabalho, aumento salarial.
1915	Rio de Janeiro – RJ	Três dias	Cocheiros, Carroceiros, Motorneiros, Choferes	–	–
1916	Rio de Janeiro – RJ	–	Tecelões	Fábrica de Tecidos Deodoro	Contra multas. Aumento salarial.
1916	Rio de Janeiro – RJ	–	Estivadores	E. F. Leopoldina	Aumento salarial.
1916	Porto Alegre – RS	–	Várias	–	Contra demissões, aumento salarial e condições de trabalho. Onze greves em Porto Alegre.
1916	Rio Grande do Sul	–	Várias	–	Contra demissões, aumento salarial e condições de trabalho.

1916	São Jerônimo – RS	–	Várias		Contra demissões, aumento salarial e condições de trabalho.
1917	Rio de Janeiro – RJ	–	Tecelões	Fábrica de Tecidos Corcovado, São Félix e Carioca	–
1917	São Paulo – SP	Um mês	Algodoeiros	Cotonifício Rodolfo Crespi	Aumento salarial.
1917	São Paulo – SP	45 dias (jun.-jul.)	Tecelões	–	Aumento salarial. Proporções maiores.
1917	São Paulo – SP	45 dias (jun.-jul.)	Várias	–	Adesão à greve dos operários. Tumultos de rua. A cidade fica sob controle do Comitê de Defesa Proletária.
1917	Interior de SP. Treze cidades	45 dias (jun.-jul.)	Várias	–	Apoio à greve na capital.
1917	São Paulo – SP	Jul.-ago.	Várias	–	Controvérsia nos acordos de greve.
1917	Rio de Janeiro – RJ	Jul.-ago.	Várias	–	Toma proporções de massa. Início, apoio à São Paulo. Greve Geral. Mais de setenta mil grevistas.
1917	Curitiba – PR	Jul.-ago.	Várias	–	Greve geral. Passeata operária. Conflito, tiros.
1917	Passa Quatro – MG	Jul.-ago.	Ferroviários	–	Paralisam em solidariedade.
1917	Ponta Grossa – PR	Jul.-ago.	Ferroviários	–	Paralisam em solidariedade.
1917	Joinville – SC	Jul.-ago.	–	–	Seiscentos operários param. Aumento salarial.
1917	Porto Alegre – RS	Agosto	Várias	–	Fundação da Liga de Defesa Popular. Condições de trabalho, jornada etc. Cidade fica sob controle do comitê operário.

1917	Petrópolis – RJ	Dois dias	Várias	–	Quinze mil trabalhadores em greve. Condições de trabalho e aumento salarial.
1917	Salvador – BA	Agosto	Várias	–	Tomada do Palácio de Governo da cidade. Prefeito pede demissão.
1917	Santa Maria – RS	Outubro	Ferroviários	Viação Férrea	Apoio à onda de greves.
1917	São Paulo – SP	Um dia (out.)	Tecelões	Fábricas Matarazzo	Condições de trabalho, aumento salarial.
1917	Rio de Janeiro – RJ	Um dia (dez.)	Tecelões	Fábrica Aliança	–
1918	São Paulo – SP	Março	Trabalhadores de hotel	–	Aumento Salarial. "Greve branca", quebra de pratos e materiais diariamente.
1918	Rio de Janeiro – RJ	Quatro dias (abr.)	Comerciários	–	Redução da jornada de trabalho.
1918	Rio de Janeiro – RJ	Abril	Sapateiros	–	Redução da jornada de trabalho.
1918	Rio de Janeiro – RJ	29 dias (jul.-ago.)	Várias	–	Aumento salarial.
1918	Rio de Janeiro – RJ	Cinco dias (nov.)	Várias	–	Ação conspirativa para a tomada do poder. Golpe seria desencadeado através da greve geral, com a formação de *soviets*.
1919	Curitiba – PR	Janeiro	Várias	–	–
1919	São Paulo – SP	Janeiro	Padeiros	–	Descanso semanal.
1919	São Paulo – SP	Cinco dias (maio)	Várias	–	1º de maio. PCB (anarquista) reúne dez mil pessoas. Formam-se corporações (*soviets*). Governo reprime, mas concede mudanças sociais.
1919	Santos, Jundiaí, Sorocaba e Atibaia – SP	6 de maio	Várias	–	Paralisam o trabalho.
1919	Rio de Janeiro – RJ	6 de maio	Marinheiros	Lloyde Brasileiro	Greve.

1919	Rio de Janeiro – RJ	8 de maio	Tintureiros e Choferes	–	Redução da jornada e aumento salarial.
1919	Salvador – BA	Junho	Várias	–	Greve geral. Condições de trabalho, Aumento salarial.
1919	Rio Grande do Sul	Setembro	Motoristas de bonde	–	Contratação de operários não sindicalizados.
1919	Pernambuco	Setembro	–	–	–
1919	São Paulo – SP	Quatro dias (out.)	Várias	Light	Contra o fechamento do jornal *A Plebe*. Estudantes furam a greve e dirigem os bondes.
1920	Rio de Janeiro – RJ	–	Choferes e operários da construção civil.	–	–
1920	Paraná	Janeiro	Várias	Companhia dos Bondes	Inicia-se com a greve dos ferroviários e outras categorias aderem em solidariedade.
1920	Estado do Rio, Distrito Federal, Minas Gerais e Espírito Santo	Doze dias (abr.)	Ferroviários	E. F. Leopoldina	Aumento salarial. Causa comoção de várias categorias.
1920	Rio de Janeiro – RJ	Abril	Várias	E. F. Mogiana; Lloyde Brasileiro	Aderem em apoio aos ferroviários da Leopoldina. Cidade fica paralisada, comitês de greve por toda cidade. Prisões e muita repressão.
1920	São Paulo – SP	Mar.-abr.	Tecelões	–	Transforma-se em greve geral.
1920	Maceió – AL	Junho	Doqueiros	–	Reivindicam o direito de organizarem uma associação.
1920	Rio de Janeiro – RJ	Julho	Doqueiros	–	Contra demissões.
1920	Rio de Janeiro – RJ	Setembro	Marítimos	–	–
1920	Rio de Janeiro – RJ	Novembro	Doqueiros	–	Pedem a demissão de capatazes.
1920	Santos – SP	–	Doqueiros	–	–

Ano	Local	Mês	Categoria	Empresa	Observações
1920	São Paulo	–	Ferroviários	São Paulo Railway	–
1921	–	Fevereiro	Padeiros	–	–
1921	Rio de Janeiro – RJ	Fev.-mar.	Tarefeiros e Foguistas	Lloyde Brasileiro	–
1922	Pernambuco	–	–	–	Prisão de Joaquim Pimenta.
1923	Rio de Janeiro – RJ	Abril	Portuários	–	Aumento salarial.
1925	Rio de Janeiro – RJ	Março	Sociedade de Resistência do Rio	–	Greve pacífica. Aumento salarial.
1926	Rio de Janeiro – RJ	Março	Tecelões	Fábrica de Tecidos Sapopemba	–
1927	São Paulo – SP	Janeiro	Choferes	–	–
1927	São Paulo – SP	Setembro	Vários	–	Solidariedade aos anarquistas ítalo--americanos Sacco e Vanzetti.
1928	Rio de Janeiro – RJ	Outubro	Tecelões	–	Contra salários atrasados.
1928	Rio de Janeiro – RJ	Dezembro	Bebida	Brahma	Aumento salarial.
1929	–	Abril	Padeiros	–	–
1929	–	Abril	Construção Civil	–	–
1929	Rio de Janeiro – RJ	Outubro	–	Companhia Manufatureira Fluminense	Reivindicam salários e direitos diante do fechamento da fábrica.
1930	Petrópolis – RJ	Janeiro	–	–	Caráter acentuadamente comunista.

O autor descreve os movimentos, com maior ou menor minúcia, a depender das informações disponíveis. Suas principais conclusões são:

- Nos primeiros anos da República, as greves são esporádicas. A partir do início do século, elas se tornam mais frequentes, chegando a atingir os âmbitos estadual e federal.

- É possível ver uma ascensão das movimentações operárias, com pico nos anos de 1905/1906, mantendo-se importantes, até o refluxo verificado entre 1914 e 1916, por conta da Primeira Guerra.
- Há uma fase revolucionária de greves entre 1917-1919.

A última conclusão nos interessa particularmente. Mas vamos fazer uma breve análise do quadro antes de chegarmos a ela.

Conforme a sistematização apresentada, são mais de 140 greves no intervalo de quarenta anos – uma média superior a três movimentações por ano. Considerando o nível de industrialização do período e todas as questões sobre os limites da unidade política e organizativa das classes sociais no Brasil, podemos dizer que, segundo este levantamento, os trabalhadores não deixaram nada a desejar em seu potencial de contestação e resistência em relação a outras classes durante a República Velha. Vejamos que o levantamento de Edgard Carone não se detém a greves de operários industriais; o autor considera cada paralisação de trabalhadores, desde operariado clássico das fábricas, passando pelo funcionalismo público, aos comerciários.

O maior número de manifestações por categoria se concentra em teceloes e ferroviários, ambas com mais de vinte greves no período, sem contar aquelas que classificamos como "várias" por abarcarem setores diversos que não são identificados de modo detalhado. Depois destas, a categoria a sustentar, sozinha, um maior número de greves é a dos portuários, com dez mobilizações. Essa realidade pode ser explicada a partir da natureza dessas três atividades e a dinâmica intensa dos setores de infraestrutura, que tinha como efeito maior pressão sobre os trabalhadores.

As indústrias têxteis estiveram na linha de frente do processo de industrialização no Brasil, existindo desde cedo, ainda nas fazendas de café, para confecção de sacos de juta e roupas simples para os colonos. Por isso, esse setor possui um operariado mais denso e consolidado. O setor ferroviário e portuário, ligados aos serviços de infraestrutura e transporte, eram essenciais ao escoamento dos produtos de exportação – centro dinâmico da economia no sistema agrário –, por um lado, e do abastecimento interno de mercadorias, por outro. Ambos, normalmente, funcionavam por concessões públicas a empresas estrangeiras privadas instaladas no Brasil desde o Império e até antes, no caso dos serviços dos portos.

O restante das manifestações fica com outras categorias mais dispersas, entre as quais se destacam outras atividades ligadas aos setores de serviços urbanos, como as greves de operários das companhias de gás e iluminação, e motoristas de bondes. Esses setores foram parte importante de mobilizações de apoio entre categorias e, especialmente, nas greves gerais, que ocorrem na fase revolucionária. Carone descreve brevemente as verdadeiras rebeliões urbanas que ocorriam a partir de fortes greves, como em 1905, 1906 e no período de 1917-1919: bondes incendiados e as capitais do país no escuro, esse era o cenário de contestação dos trabalhadores.

Assim, de acordo com Carone, é importante avaliar o ritmo e intensidade da ocorrência destas manifestações operárias até que as suas tendências de identidade, ainda dispersas, pudessem se confirmar e convergir para movimentos nacionais e para o que o historiador considera ser o ápice de sua evolução organizativa com o PCB. Sobre a fase pré-revolucionária das manifestações, ele diz:

As greves nos primeiros anos da República são esporádicas [...].

A partir do começo do século, elas tornam-se mais frequentes: não raro, atingem o âmbito estadual e até federal [...].

Em 1905, as greves tomam grandes proporções [...]. Em 1906, as greves tomam grande intensidade [...].

Em 1914, dá-se uma única greve.

1915 confirma os ideais e a tenacidade operária: apesar do desemprego, das ameaças de prisão e das péssimas condições de vida, realiza-se o Congresso da Paz e irrompe uma das maiores greves desses anos.

As expressões que definem a frequência e o engajamento dos movimentos introduzem as descrições de Edgard Carone sobre cada uma das greves ocorridas, normalmente, nas capitais dos Estados. Com essa construção, ele dimensiona os eventos e sua importância, construindo, a nosso ver, uma narrativa sobre a construção de uma linha de força comum que inevitavelmente desembocaria em processos mais gerais – conforme ele indica em sua caracterização sobre os traços precocemente nacionais do movimento operário.

Se analisarmos o conteúdo dessas greves, veremos que elas confirmam as condições de unicidade que o autor considera em sua análise. Repetem-se inúmeras vezes as questões salariais, condições de trabalho, regulamentação da carga horária, redução da jornada, algumas vezes se dão contra demissões etc. Entretanto, é interessante observar o grande número de greves de solidariedade entre categorias. Nos picos identificados pelo historiador, o que ocorre é uma verdadeira reação em cadeia, algumas vezes, em nível nacional, reforçando sua tese sobre as condições propícias à classe trabalhadora em romper com o regionalismo político no país.

Ainda assim, contraditoriamente, o proletariado passa à margem dos processos considerados na obra como revoluções. Apesar de apresentarem uma consciência e ideologia mais unívocas, suas pautas se restringem ao âmbito corporativo e não evoluem para a luta por pautas políticas que disputassem o poder, embora se oponham aos governos em algumas situações pontuais – como em greves do setor público. Mesmo que integrasse a participação das massas urbanas em algumas das revoluções desenroladas pelas oligarquias, localmente, ou mesmo nos movimentos tenentistas, o operariado, segundo o autor, não se sente mobilizado enquanto classe para o questionamento do sistema político e do regime.

Um Período de Características Revolucionárias para o Movimento Grevista

Mesmo sem identificar revoluções da classe operária, Carone caracteriza uma fase revolucionária para as greves no Brasil da Primeira República:

> [...] 1917 inaugura *a fase revolucionária das greves*: até 1919 elas atingem intensidade e grau tático nunca alcançados. O operariado toma consciência de que pode açambarcar o poder; o que lhe falta é organização partidária. As famosas paredes destes anos mostram a força e a possibilidade de vitórias gerais do proletariado[10].

Pensando que a revolução operária tem um caráter totalmente subversivo, não apenas do sistema político, mas de todo o modo de produção que organiza a sociedade, é compreensível, portanto, que para o autor não haja

---

10. Edgard Carone, *A República Velha I: Instituições e Classes Sociais*, p. 228, grifo nosso.

revoluções operárias, mas greves de caráter revolucionário, ou que colocam em evidência o seu potencial revolucionário.

O historiador considera, portanto, que o jovem e incipiente operariado da República Velha tem a capacidade de ser o sujeito social da revolução, indo contra as leituras mais engessadas do marxismo alinhado com o PCB que ainda esperavam, necessariamente, a chegada de uma revolução burguesa para o amadurecimento da economia e para que o proletariado pusesse frente às suas tarefas sociais e políticas revolucionárias. Na citação anterior, ele demonstra que em sua concepção, o determinante para que as greves do período não avançassem em sua consciência política e na deflagração de um movimento extremo de tomada do poder era a ausência do sujeito político[11] da revolução – o partido revolucionário. Ele acrescenta:

> Objetivamente, as demonstrações destes anos representam a *falência das ideias anarquistas* e o sinal da necessidade de uma nova teoria política-organizatória. A conscientização política, e não só aquela do meio sindical, surge com os comunistas logo nos anos seguintes[12].

A fase revolucionária das greves coincide, não por acaso, com a data da Revolução Russa. Parte dos anarquistas que dirigiam o movimento operário se inteiraram dela e fundaram o PCB, poucos anos depois, mas ainda sem ter clareza do leninismo e dos princípios da Revolução Bolchevique, que parecem fundamentais para o historiador nesse processo de tomada de consciência. Quando se apropriam dele, haverá um racha que colocará, de um lado, aqueles que se mantêm fiéis ao anarquismo e, de outro, os signatários da nova ideologia. Não deixa de ser uma leitura idealista, contudo, para o autor, o bolchevismo seria essencial para a organização da classe em patamar mais avançado, ainda assim ele reconhece as possibilidades abertas pelas greves em questão e o nível com o qual elas ameaçaram a ordem e a estabilidade do sistema.

Em três momentos, Edgar Carone registra a formação de instâncias de poder paralelas ao Estado formadas por operários. *1.* Em 1917, na cidade de

---

11. Sobre a diferenciação entre sujeito político e sujeito social na tradição marxista, ver Vladmir I. Lênin, *O Que Fazer? A Organização Como Sujeito Político*, São Paulo, Martins Fontes, 2006.

12. Edgard Carone, *A República Velha I: Instituições e Classes Sociais*, p. 228, grifo nosso.

São Paulo: após a greve se espalhar por toda a cidade e de haver diversos conflitos entre a polícia e operários, a cidade "passa dois dias sob controle do comitê de Defesa Proletária"[13]; *2.* em 1918, desenvolvem-se novos levantes grevistas e o plano é se desencadear uma greve geral no Rio de Janeiro, a qual seria sucedida pela tomada do poder, baseada num golpe dos conspiradores e na formação de *soviets* na cidade. A conspiração foi denunciada, e o plano não obteve sucesso[14]; *3.* por fim, em 1919, a greve de São Paulo toma proporções de massas; nas fábricas formam-se corporações de fábrica e de bairro que tinham o papel de discutir as questões locais e compor um conselho geral dos trabalhadores[15].

As experiências grevistas de 1917 a 1919, para Carone, expressam maior complexidade organizativa e consciência dos atos de rebeldia que poderiam desestabilizar o poder, deixando de ser exclusivamente corporativas para reivindicar questões mais políticas.

E, como podemos aferir no Quadro 13, ele destaca a extensão dos movimentos de São Paulo e Rio de Janeiro para capitais dos demais Estados do país, bem como acentua o ritmo com o qual ocorrem. Sobre 1917, ele diz:

> No dia 12 de junho começa a famosa greve de São Paulo, cujas repercussões se fazem sentir no interior do Estado e em todo o Brasil. Pela primeira vez, o movimento operário vê suas reivindicações serem unívocas, repercutindo ameaçadoramente a burguesia. [...]
> São Paulo passa dois dias sob controle do Comitê de Defesa Proletária, composto de líderes sindicais e dirigentes do movimento grevista. As tropas da Força Pública não controlam mais a capital apesar das metralhadoras localizadas nos pontos estratégicos da cidade. Nesta hora, o interior do Estado já emprestava solidariedade aos operários da capital: Campinas, Itu, Sorocaba etc. Do Rio, a Federação Operária ameaça tomar atitude se o exército intervir contra os grevistas paulistas. Tropas militares são mandadas a São Paulo, pois a Força Pública estava exausta e até um batalhão se subleva.
> Nessa situação de desespero é que uma comissão de jornalistas toma iniciativa do acordo: um sem número de empresas tinha aceitado as condições operárias[16].

13. *Idem*, p. 229.
14. *Idem*, pp. 233-234.
15. *Idem*, p. 235.
16. *Idem*, p. 229.

O acordo não será suficiente diante da reação em cadeia que a repercussão da greve paulista gera em outras capitais. E, assim, a análise vai descrevendo a multiplicação dos movimentos e, ao mesmo tempo, a conformação de certa identidade que parece se estender em sua narrativa às Greves Gerais de 1918 e 1919.

No entanto, na visão do historiador, como experiências desenvolvidas de modo empírico e sem uma vanguarda dirigente que reivindicasse o poder, elas não poderiam chegar às suas últimas consequências. Essas ideias traduzem a leitura leninista do autor, e mesmo de grupos trotskistas, em sua utilização do materialismo histórico dialético[17].

Nessa mesma perspectiva, ele entende que a fundação do Partido Comunista, em 1922, potencializa o caráter revolucionário das ações da classe operária e das reivindicações sociais como um todo. Para ele, os anos 1920 inauguram um período de contestação social profunda, ainda que sejam protagonizadas pela pequena burguesia tenentista, e em que as greves se multiplicam ano a ano. Desse modo,

> Para a sobrevivência dos pequenos grupos [formados desde 1919] com ideais idênticos, era necessária sua aglutinação. A articulação se deve ao grupo de Porto Alegre, que pede ao do Rio de Janeiro medidas para concretizar a união, já que deveriam os brasileiros comparecer ao IV Congresso de Moscou. [...]

Isto é, há um período revolucionário definido, internacionalmente, com a Revolução Russa e, nacionalmente, com a Fundação do PCB. Esses fatos agregam conteúdo político às greves e à ação operária no Brasil; por outro lado, não são suficientes para seu protagonismo.

A limitação e certa apatia que ele vê na atitude do operariado diante das revoluções tenentistas e, mais tarde, na própria Revolução de 1930, são explicadas como a consequência da ação decadente do anarquismo, que ainda dominava a direção das organizações da classe operária. O PCB e a concepção leninista não foram hegemônicas até o fim da República Velha. Em sua concepção, apesar dos avanços conquistados:

---

17. Carone escreveu para periódicos da Oposição de Esquerda nos anos 1940, como a Vanguarda Socialista, e sua participação na fundação do PS também sinalizava proximidade com os grupos trotskistas brasileiros, que tinham uma presença muito forte nos meios culturais e intelectuais do período.

De 1922 a 1924, o novo partido sofre um processo lento de adaptação, que se reflete nas suas posições táticas futuras; por outro lado, as medidas governamentais de estado de sítio, visando os movimentos revolucionários de 22 e 24, atingem-no, tornando-o ilegal. A partir de 1924, a mudança de tática e uma atitude mais agressiva fazem com que sua influência aumente e sua presença se torne cada vez mais perceptível. [...]

A maior atividade vai concentrar-se nos meios sindicais, cujos militantes já têm tradição que data dos tempos do anarquismo. [...]

A ação do Partido se amplia em 1927. De janeiro a agosto circula o jornal *A Nação*, de propriedade de Leônidas Resende; é legal e destina-se a penetrar em todas as camadas, congregando as forças progressistas em uma frente única. [...]

À ampliação de quadros e de atividades que segue-se uma maior divulgação de trabalhos teóricos sobre a nossa realidade, baseados no estudo da estrutura brasileira, cujo conhecimento leva a uma teorização de longo e pequeno prazo. O exemplo é a formação do Bloco Operário Camponês; ela é consequência da concepção comunista local, que vê na sociedade uma estrutura dual: agrarismo × industrialismo.

Esse processo toma tempo para que a ação comunista, essencial para formar o sujeito político da revolução brasileira conforme a leitura de Edgard Carone, seja majoritária nos meios sindicais e grevistas. Segundo a citação, ela sofre com a interferência da conjuntura revolucionária, ainda que o PC não tenha aderido ao tenentismo – são as marcas do desgaste do regime, sua institucionalidade e do reacionarismo da burguesia nacional. Entretanto, ela sinaliza o amadurecimento na forma organizativa e aponta para um futuro de maior organicidade do partido que o historiador relaciona também à evolução de sua elaboração teórica.

Com a maior parte de suas lideranças presa, tanto anarquistas como comunistas, o movimento operário ficava de mãos atadas para mobilizar-se enquanto classe. Na visão do historiador, a ação espontânea de indivíduos em meio às massas que apoiaram ou se manifestaram a favor dos tenentes ou da Aliança Liberal não poderia ser suficiente para uma ação coletiva e classista. Um movimento revolucionário do operariado, em seu modo de ver, não dependeria da espontaneidade.

Concluímos, então, que como bom marxista ele se preocupou em avaliar ao longo de sua obra as possibilidades de ação da classe operária na Primeira República. Por um lado, ela aparece com certo protagonismo entre os movimentos de conflito social que decorrem das características, políticas e econômicas, que definem o período como um momento de *transição* da História do Brasil. Por outro, entendemos que ela surge, para ele, como movimento incipiente e em um papel coadjuvante em relação eventos revolucionários do período, entretanto, nutrindo o processo da revolução brasileira com uma perspectiva mais profunda de transformação da estrutura socioeconômica do país.

Entre as *revoluções* e a *revolução*, os volumes seguintes da História da República feita pelo historiador irão avançar em sua concepção sobre o desenvolvimento do capitalismo no Brasil e nas perspectivas de avanço e retrocesso dos movimentos sociais que poderiam questioná-lo e levar ao seu fim. Com o intuito de compreender o Golpe Militar de 1964, Carone traçará as tentativas de superação do sistema e o caráter das articulações burguesas que as amorteceram, reprimiram ou aquelas que articularam uma reação mais dura e abrupta às possibilidades de vitória.

CONCLUSÃO
A Trajetória de Edgard Carone: A Revolução Brasileira, Intelectualidade e Historiografia Diante do Golpe Militar

A biografia intelectual de Edgard Carone e a análise de sua produção historiográfica foram apresentadas neste trabalho com o objetivo de contribuirmos com a história da intelectualidade e da historiografia brasileiras. Ambas as perspectivas foram consideradas no âmbito da política, ou melhor, sob a concepção de que o ofício do historiador tem uma dimensão política na medida em que este profissional está sempre comprometido, no presente, com um interesse sobre o passado.

Desse modo, buscamos compreender a formação de Carone em meio à dinâmica intelectual e cultural da cidade de São Paulo que refletia questões nacionais tanto em relação às condições de seu desenvolvimento econômico quanto das ambições de suas elites em promover-se ideologicamente em ações que contaram com a reorganização e modernização do ensino superior local, centrado especialmente na fundação da Faculdade de Filosofia, Letras e Ciências Humanas da Universidade de São Paulo. Este processo, por sua vez, teve desdobramentos diversos a partir da incorporação de novas classes sociais em uma instituição responsável pela produção de conhecimento que favoreceu a consolidação de uma perspectiva engajada para a atividade intelectual de especialistas e críticos profissionalizados.

Filho de imigrantes libaneses, comerciantes, ele circula pelo centro da capital paulista desde muito jovem com acesso aos espaços de formação e consumo que dinamizavam essa realidade: os colégios que frequentou, assim como os sebos, livrarias, cinemas da região e a própria FFCL-USP. Ainda no âmbito da influência familiar, ele toma contato com o Partido Comunista Brasileiro que participava deste circuito, mesmo atuando na ilegalidade, através da figura de seu irmão mais velho Maxim Tolstoi.

O militante da juventude comunista foi preso pelo Estado Novo, aprofundando os vínculos do jovem Carone com aquela realidade paulistana ao aproximá-lo do grupo de amigos que o apoiaria naquele momento: protagonistas da geração que frequentava os círculos da esquerda – diretamente comunistas ou simpatizantes – e que se apresentavam como os primeiros frutos da renovação intelectual trazida pela universidade. Na relação com este grupo, ele decide cursar História e Geografia, voltando-se às ideias trazidas pela Missão Francesa que formou o primeiro quadro de professores da Faculdade, à História do Brasil e às ideias socialistas e marxistas que chegavam nas discussões com os novos amigos – e mestres, por serem um pouco mais velhos do que ele.

De um lugar social, passando pelo pertencimento a um núcleo de sociabilidade e atuação política, Carone vai construindo à sua maneira uma trajetória particular que contará com suas escolhas pessoais e tomadas de consciência sobre as transformações de sua própria vida e da sociedade na qual estava inserido. Ele se envolve com diversas atividades nas salas de aula e em outros espaços da vida universitária que o permitem compartilhar da experiência desta geração e assimilar seus princípios de engajamento. Entretanto, de um modo quase relapso ele decide se afastar daquela dinâmica institucional e paulistana. Ele abandona a universidade em seu último período, após ser reprovado na disciplina de Tupi e Etnografia Brasileira, justificando-se em suas memórias como um momento pragmático em que precisava definir sua vida material e se tornar independente dos pais.

Questionando-nos sobre este discurso, pudemos entender que outras inquietações de ordem menos racional teriam um peso neste momento: uma espécie de fuga dos compromissos, motivada talvez por retaliações de seu envolvimento com a política nos meios universitários ou mesmo expressão de um sentimento de derrota e desilusão com o ativismo diante da nova escalada repressiva que coloca o PCB na ilegalidade, em 1947. Não saberemos ao certo os motivos, possivelmente todos eles se misturem na esfera individual. Fato é que a decisão o afasta daquela realidade, mas o aproxima de uma figura central para a continuidade de suas atividades intelectuais "autônomas". Antonio Candido, amigo e interlocutor, acompanha Edgard Carone à Fazenda Bela Aliança, onde ele vai viver ao deixar a cidade de São Paulo, como vimos. As visitas de Candido mantêm o amigo inteirado nas discussões sobre o Brasil e incentivam sua produção escrita.

O livro *Revoluções do Brasil Contemporâneo* será, nesse contexto, um marco na vida intelectual do historiador: um desafio de elaboração, marcado pelo curso da própria História do Brasil, pois sua escrita será impactada pelo Golpe Militar de 1º de abril de 1964. Diante de seu envolvimento prévio com a política e das inquietações teóricas suscitadas pela redação de seu primeiro trabalho, decide retomar a vida na universidade. Carone formula, assim, o que definimos como um projeto político-intelectual no qual ele se propõe a analisar toda a História da República, "de suas origens a 1964".

Algumas intercorrências e contradições, como é natural, colocam-se no caminho de volta à instituição e à construção de uma vida profissional como historiador e professor. Após muitos anos de afastamento, Edgard Carone irá se formar oficialmente com uma outra geração de estudantes que não era a sua – nem em idade, nem em experiência. Isso causa, por um lado, um deslocamento que o distancia das formas de pensar e até do funcionamento acadêmico e, por outro, coloca-o em posição relativamente vantajosa por suas relações prévias com professores consolidados na carreira e por seu repertório prévio de pesquisa, leituras e mesmo de produção escrita, pois ele volta à FFCL-USP com um livro publicado e diversos textos conhecidos nos meios de divulgação intelectual de seus pares.

Apesar de ter passado por muitas transformações a tradição historiográfica, constituída na USP, mantinha-se centrada em alguns temas – como a história moderna e o Brasil colonial – e se utilizava de ferramentas de análise consolidadas a partir da tradição francesa e com discreta influência do marxismo, em um ambiente que lhe era familiar. Diante dessas duas características, ele atua em certa zona de conforto no que diz respeito às referências historiográficas dos *Annales* e se insere nas polêmicas que começavam a surgir a partir das leituras universitárias do marxismo histórico dialético.

Desta maneira, o historiador em um novo processo de formação volta à universidade interessado em um período quase inexplorado pela historiografia nesta perspectiva institucional e se posiciona em uma vanguarda de pesquisadores que se voltarão para estes estudos, defendendo uma das primeiras teses universitárias sobre a História da República. Ele compartilha de um ponto de inflexão para a historiografia e para a história do país na década de 1960, e sua proposta de entender o passado para buscar as raízes daquela realidade reacionária se torna mais um propósito individual e coletivo de atuação intelectual, ao lado dos membros de sua geração nos anos 1940 e dos novos colegas daquele momento.

Com todos os desafios e limitações de nossa parte em aproximar trajetória, indivíduo e história, acreditamos ter conseguido produzir uma análise na qual a dinâmica social e as questões coletivas de um tempo alimentam percursos de vida e experiências que pretendem intervir na construção de uma memória do passado, no caso dos historiadores, como uma ação voltada ao presente. Outrossim, a biografia intelectual de Edgard Carone e o seu trabalho contribuem para elaborarmos sobre esse sentido da atividade intelectual e nos apresentam a uma abordagem, inovadora no momento de sua elaboração e ainda pertinente, de interpretação do Brasil através do período republicano.

***

O conceito de revolução foi o eixo temático de nossa abordagem sobre a obra e, de alguma maneira, também sobre a vida do historiador. Se historiador e historiografia se encontram no plano da política, a ideia de uma revolução no Brasil tão debatida por pensadores, militantes, figuras públicas e historiadores – antes e depois de Edgard Carone, evidentemente – se apresentou ao nosso propósito como uma questão quase incontornável para pensar sua biografia intelectual e sua contribuição ao pensamento brasileiro.

Por um lado, ele era o elemento de empatia de nosso interesse com o biografado, por sua filiação ao marxismo, por outro, era a característica que se destacava no percurso de sua produção intelectual, especialmente pelo título e perspectiva analítica de seu primeiro livro; e na inserção de sua obra

CONCLUSÃO   281

na historiografia e no debate intelectual geral dos anos 1960. A instauração da ditadura, como vimos, gera um momento de balanço sobre os projetos nacionais que se autoproclamavam favoráveis à revolução ou, ao menos, à transformação profunda, mesmo que progressiva, de nossa sociedade. Em suas memórias, Carone sinalizava ter sido impactado da mesma forma que seus contemporâneos e, com isso, reforçava nossa percepção de que sua chave interpretativa da história republicana passava por aí.

Como pudemos demonstrar, as *revoluções* e a *revolução* formam dois planos de uma análise que se articulou àqueles debates. No entanto, não concebemos que o historiador produz uma obra dedicada ao balanço político das organizações e teorias que supostamente deixaram o país vulnerável para a reação. Ele incide no plano historiográfico no resgate e tratamento de dados, documentação e sistematização de ideias que permitissem, em sua concepção, apresentar um panorama sistemático da formação do regime republicano como superestrutura produzida pelo desenvolvimento do capitalismo nacional e construída para constranger e reagir às ações que ameaçassem esse sistema. Evidentemente, as críticas aos setores sociais, movimentos, partidos e outros atores deste processo aparecem em sua interpretação, aproximando-se de seus contemporâneos na medida em que a obra avança da República Velha para as outras fases.

No que compete aos livros, *Revoluções do Brasil Contemporâneo* e *A República Velha I* e *II*, demonstramos que o historiador desejava compreender as origens da República, suas características autoritárias e o reacionarismo intrínseco às classes dirigentes, mesmo quando as frações desta classe entravam em conflitos a ponto de poderem superar as formas do exercício do poder e a condução do desenvolvimento da estrutura econômica em seu benefício.

Transição, sistema, regime, classe social, revolta e greve, para mencionar os conceitos que apareceram ao longo de nosso trabalho, são outras ferramentas analíticas que contribuem para deixar a ideia de revolução diluída nos processos da história republicana. Na relação entre eles, Edgard Carone constrói a ideia de que os eventos revolucionários constituem, ao longo da História do Brasil, um motor contraditório de suas transformações e conservadorismo. As revoluções, no plural, são para ele os movimentos armados que ocorrem por fora da institucionalidade, ameaçam mecanismo de controle do regime político e do sistema econômico pelos grupos dominantes, ainda que sejam feitas por frações da oligarquia ou da burguesia. Estas não podem prosperar, mas deixam marcas e consequências que alimentam uma dinâmica mais profunda da revolução brasileira, no singular, tende a se realizar quando suas condições a direcionem para um movimento com base na classe operária, suas reivindicações e dirigidas por seu partido.

Diante destas definições, a ideia de revolução brasileira se coloca na obra de Edgard Carone como conceito analítico que media seu senso de perspectiva histórica, a pertinência de seus estudos na universidade e seu desejo de contribuir com a transformação social. Seu projeto político--intelectual sobre a República se constrói e amadurece ao longo dos anos, dialogando com o campo da historiografia, em geral, e do marxismo, em particular, tanto para ser efetivo como plano de trabalho, quanto para ser reconhecido ao ponto de ser aceito na universidade em um período de perseguições.

Conforme demonstrado ao longo do trabalho, acreditamos que o intelectual foi bem-sucedido em seu projeto, participando de um momento do debate historiográfico nacional e das discussões que colocaram os historiadores a refletir sobre novos temas, objetos e perspectivas analíticas para seu trabalho. É certo que sua obra foi questionada e, em certos aspectos, tornou-se datada frente às novas transformações da área, como é natural. A História da República avançou desde 1965, quando seu primeiro livro foi publicado, e revisitar essa trajetória nos coloca a tarefa de seguir com este avanço, reconhecendo as debilidades e as referências que ela ainda pode nos apresentar para olharmos o passado com o compromisso de interferir neste presente tão ameaçado por novas ondas reacionárias.

Agradecimentos

Minha dissertação é fruto de um longo caminho desde que entrei na universidade, quando nem imaginava o que seria um mestrado. Sendo assim, quero agradecer a todos que estiveram ao meu lado e me ajudaram desde os primeiros passos. Registro também meu agradecimento à Fundação de Amparo à Pesquisa (Fapesp), que financiou esta pesquisa, e aos professores Antonio Candido, Carlos Guilherme Mota e Tania Regina de Luca que me concederam entrevistas de extrema importância.

Com carinho, agradeço ao meu tio Isidoro que se preocupou desde o início com a minha estadia na cidade grande e esteve ao meu lado nos momentos difíceis dos últimos anos; à Família Lauretti, a quem agradeço pelo nome das grandes amigas Carol e Paula, que me acolheram em seu apartamento por três anos de forma generosa e companheira; aos amigos de trabalho da Lenc que muito me ensinaram, cito alguns que estiveram por mais tempo ao meu lado: Tatá, Roberta, Laura e Henrique.

Com admiração e respeito, agradeço ao professor Lincoln Secco, um verdadeiro mestre que me apresentou ao marxismo e à academia, sempre apoiando minhas aventuras no Centro Acadêmico. Graças a ele, consegui chegar ao tema deste trabalho e à professora Marisa Midori Deaecto, minha orientadora. A ela também tenho muito a agradecer, não fui sua aluna na graduação, mas conseguimos construir no mestrado uma relação de confiança e, da minha parte, de muita admiração e aprendizado. Uma mulher incrível e de personalidade forte, uma pesquisadora dedicada e extremamente profissional. Sua sensibilidade me deu conforto e segurança para seguir até o fim. Acrescento que ambos têm uma característica em comum: grande capacidade intelectual, acompanhada de uma doce humildade diante de todos – características raras na academia, especialmente juntas numa mesma pessoa, nesse caso, duas.

À minha família, quero agradecer àquelas que fazem parte de toda minha vida e que estiveram ao meu lado, especialmente para cuidar da minha mãe: minhas tias Márcia e Elisete, minhas primas Débora, Mariana e Maria Sueli, minha madrinha Cecília. Agradeço também a Rose, Flávia, Esther e Vilma, no cotidiano difícil que passamos juntas posso dizer que parte da dissertação foi escrita também com suas mãos e corações enormes. Mulheres guerreiras.

À família que a vida me deu: Laís e Paulo, Lia, Paulinha, Edu, Carlos, Lucas, Vanda, Bê e Alina. Obrigado por estarem ao meu lado.

Agradeço aos amigos lindos de Socorro pelas alegrias e confusões – em ordem alfabética pra não dar briga: Arthur, Bia, Carol, Gabi, Gabriel, Ju, Kalita, Laís, Mariana, Maisa, Paty, Paulinho, Raissa, Tamy. Aos amigos da faculdade e do movimento estudantil pela formação que só conseguimos ter, coletivamente, e fora das salas de aula, especialmente: Luita, Rodrigo, Bruno e Vivian. Gostaria de mencionar também Dudu, André, Pri, Breno, Vinicius e Jullyana.

Aos companheiros de partido, especialmente: Camilo, Ariana, Camarão, Gaúcho, Thales, Henrique, Marcela e Marina. Obrigada camaradas!

À amiga Rô e à experiência de vida que pudemos compartilhar, na alegria e na tristeza.

Ao meu companheiro Ricardo quero agradecer com amor por todos os momentos em que estivemos juntos.

Por fim, mais do agradecer dedico esse trabalho – com saudade – à minha mãe, que me ensinou a lidar com a vida, e também com a morte, de maneira extremamente corajosa. Ao meu pai que há muito já se foi, mas também deixou suas marcas! E à minha irmã Gi, com quem quero estar sempre junto.

Fontes e Bibliografia

ANDERSON, Perry. *Considerações Sobre o Marxismo Ocidental: Nas Trilhas do Materialismo Histórico*. São Paulo, Boitempo, 2004.

ARANTES, Paulo. *Um Departamento Francês de Ultramar: Estudos Sobre a Formação da Cultura Filosófica Uspiana – Uma Experiência nos Anos 60*. São Paulo, Paz e Terra, 1994.

ARQUIVO PÚBLICO DO ESTADO DE SÃO PAULO. Edgard Carone, Ficha DOPS. 30 maio 1905.

_____. Edgard Carone, Ficha DOPS. 1º. jun. 1905.

_____. Edgard Carone, Ficha DOPS. 18 mar. 1963.

_____. Edgard Carone, Ficha DOPS. 23 set. 1968.

_____. Edgard Carone, Ficha DOPS. 16 jul. 1973.

_____. Edgard Carone, Ficha DOPS. 1º. fev. 1976.

_____. Edgard Carone, Ficha DOPS. 1º. ago. 1976.

_____. Edgard Carone, Ficha DOPS. 1º. jul. 1977.

_____. Edgard Carone, Ficha DOPS. 3 nov. 1977.

_____. Edgard Carone, Ficha DOPS. 19 jan. 1979.

_____. Edgard Carone, Ficha DOPS. 1º. mar. 1981.

_____. Edgard Carone, Ficha DOPS. 5 mar. 1981

_____. Edgard Carone, Ficha DOPS. 1º. set. 1981.

_____. Edgard Carone, Ficha DOPS. 21 out. 1981.

_____. Edgard Carone, Ficha DOPS. 8 dez. 1981.

_____. Edgard Carone, Ficha DOPS. 15 ago. 1982.

Azevedo, Fernando. *A Cultura Brasileira: Introdução ao Estudo da Cultura no Brasil.* São Paulo, Melhoramentos, 1958.

Barata, Agildo. *Vida de um Revolucionário,* s.l.p., Melo, s.d.

Barros, Roque Spencer Maciel de. "José Maria Bello: Intérprete do Brasil e Pensador Político". *Estudos Brasileiros.* Londrina, UEL, 1997.

Basbaum, Leôncio. *Uma História Sincera da República: 1930 a 1960.* São Paulo, Alfa Ômega, 1991.

Bello, José Maria. *A História da República.* São Paulo, Nacional, 1983.

Benjamin, Walter. "O Autor Como Produtor". *Obras Escolhidas. Magia e Técnica, Arte e Política: Ensaios Sobre Literatura e História da Cultura.* 3ª. ed., São Paulo, Brasiliense, 1987.

_____. "O Narrador: Considerações Sobre a Obra de Nikolai Leskov". *Obras Escolhidas. Magia e Técnica, Arte e Política: Ensaios Sobre Literatura e História da Cultura.* 3ª. ed., São Paulo, Brasiliense, 1987.

Bielschowsky, Ricardo. *Pensamento Econômico Brasileiro 1930-1964: O Ciclo Ideológico do Desenvolvimento.* Rio de Janeiro, Contraponto, 2004.

Bloch, Marc. *Apologia da História ou o Ofício do Historiador.* Rio de Janeiro, Jorge Zahar, 2002.

Bobbio, Norberto. *Os Intelectuais e o Poder: Dúvidas e Opções dos Homens de Cultura na Sociedade Contemporânea.* São Paulo, Unesp, 1997.

Holanda, Sérgio Buarque de. *Raízes do Brasil.* Rio de Janeiro, José Olympio, 1936.

Casalecchi, José Ênio. *A Obra de Edgard Carone e o Ensino da História para Orientação dos Professores de História.* Rio de Janeiro, Difel, s.d.

Campos, Ernesto de Souza (org.). *História da Universidade de São Paulo.* São Paulo, Edusp, 2004.

Candido, Antonio. *Entrevista* (realizada pela pesquisadora). São Paulo, 2011.

_____. *Formação da Literatura Brasileira: Momentos Decisivos.* São Paulo, Martins, 1959.

_____. "O Significado de Raízes do Brasil" (Prefácio). *In:* Holanda, Sérgio Buarque de. *Raízes do Brasil,* 26ª. ed. São Paulo, Companhia das Letras, 1995.

_____. "Prefácio". *Os Parceiros do Rio Bonito.* Rio de Janeiro, Ouro sobre Azul, 2010.

Capelato, Maria Helena Rolim. *Totalitarismo na América Latina: Uma Análise Historiográfica – O Caso Peronista.* São Paulo, Agência Estado, 1992.

Cardoso, Ciro Flamarion. *Os Métodos da História.* Rio de Janeiro, Graal, 2002.

Carone, Edgard. "A História da República: Escritos Autobiográficos". *In: Mouro: Revista Marxista. Núcleo de Estudos d'O Capital,* nº. 2, pp. 155-164, 2010.

_____. *A Primeira República: Texto e Contexto (1889-1930).* São Paulo, Difel, 1969.

_____. "A República em Capítulos". *In: Veja,* nº. 368, pp. 3-6, São Paulo, 11 fev. 1976.

_____. *A República Liberal I*. São Paulo, Difel, 1985.

_____. *A República Liberal II*. São Paulo, Difel, 1985.

_____. *A República Velha I: Instituições e Classes Sociais*. São Paulo, Difel, 1970.

_____. *A República Velha II: Evolução Política*. São Paulo, Difel, 1971.

_____. *A República Nova (1930-1937)*. São Paulo, Difel, 1974.

_____. *A Segunda República*. São Paulo, Difel, 1973.

_____. *A Terceira República*. São Paulo, Difel, 1976.

_____. *A Quarta República*. São Paulo, Difel, 1980.

_____. "Coleção Azul: Uma Crítica Pequeno-Burguesa à Crise Brasileira de 1930". *In: Revista Brasileira de Estudos Políticos*, nº. 25/26, Belo Horizonte, 1968/1969 (Separata).

_____. "Depoimento". *In: Arquivo, Boletim Histórico e Informativo*. São Paulo, Arquivo Público do Estado de São Paulo, jul.-set. 1983.

_____. "Entrevista". *In:* MORAES, José Vinci de & REGO, José Márcio. *Conversas com Historiadores Brasileiros*. São Paulo, 34, 2002.

_____. *Evolução Industrial de São Paulo (1889-1930)*. São Paulo, Senac, 2001.

_____. *Memórias da Fazenda Bela Aliança*. Belo Horizonte, Oficina do Livro, 1991.

_____. *Memorial para o Concurso de Professor Titular*. São Paulo, USP, 1991.

_____. *O Estado Novo*. São Paulo, Difel, 1976.

_____. *O Movimento Operário no Brasil (1877-1944)*. São Paulo, Difel, 1979, 3 vols.

_____. *O PCB (1922-1944)*. São Paulo, Difel, 1982, 3 vols.

_____. *O Tenentismo: Acontecimentos, Personagens e Programas*. São Paulo, Difel, 1975.

_____. *Revoluções do Brasil Contemporâneo (1922-1937)*. São Paulo, Desa, 1965.

_____. "Sobre Brasilianas". *In:* DEAECTO, Marisa Midori & SECCO, Lincoln (orgs.). *Leituras Marxistas e Outros Estudos*. São Paulo, Xamã, 2004.

_____. *União e Estado na Vida Política da Primeira República*. São Paulo, USP, 1971.

CASTRO, Sertório de. *A República que a Revolução Destruiu*. Ed. particular, 1932.

CAVALHEIRO, Edgard (org.). *Testamento de uma Geração*. Porto Alegre, Globo, 1944.

DARNTON, Robert. *O Beijo de Lamourette: Mídia, Cultura e Revolução*. São Paulo, Companhia das Letras, 1990.

DEAECTO, Marisa Midori. "O Homem e os Livros: A Obra de uma Vida". *In:* _____ & SECCO, Lincoln. *Leituras Marxistas e Outros Estudos*. São Paulo, Xamã, 2004.

_____. *Edição e Revolução: Leituras Comunistas no Brasil e na França*. São Paulo, Ateliê Editorial, 2013.

DEL ROIO, Marcos. "A Teoria da Revolução Brasileira". *In:* _____ & MORAES, João Quartim de. *História do Marxismo no Brasil*, vol. IV. Campinas, Unicamp, 2000.

DEMIER, Felipe. "León Trotsky e os Estudos Sobre o Populismo Brasileiro". *In: Revista Outubro*, nº. 13, 2005.

D'Incao, Maria Angela (org.). *História e Ideal: Ensaios Sobre Caio Prado Jr.* São Paulo, Unesp, 1989.

Dobb, Maurice. *A Evolução do Capitalismo.* Rio de Janeiro, Zahar, 1983.

Engels, Friedrich & Marx, Karl. *A Ideologia Alemã.* São Paulo, Boitempo, 2007.

_____. *O Manifesto Comunista.* São Paulo, Boitempo, 1998.

Faculdade de Filosofia, Ciências e Letras. *Anuário da Faculdade de Filosofia, Ciências e Letras da Universidade de São Paulo: 1939-1949.* São Paulo, Seção de Publicações, 1953.

Fausto, Boris. *A Revolução de 1930: História e Historiografia.* São Paulo, Companhia das Letras, 1997.

Franzini, Fábio. "À Sombra das Palmeiras: A Coleção Documentos Brasileiros e as Transformações da Historiografia Nacional (1936 – 1959)". São Paulo, Faculdade de Filosofia e Ciências Humanas, Universidade de São Paulo, 2006 (Tese de Doutorado).

Freitas, Marcos César de. *Historiografia Brasileira em Perspectiva.* São Paulo, Contexto, 2000.

Freyre, Gilberto. *Casa Grande e Senzala: Formação da Família Brasileira sob Regime Patriarcal.* Rio de Janeiro, Maia & Schmidt, 1933.

Furtado, Celso. *Formação Econômica do Brasil.* Rio de Janeiro, Fundo de Cultura, 1959.

Genette, Gérard. *Paratextos Editoriais.* São Paulo, Ateliê Editorial, 2009.

Gramsci, Antonio. *Os Intelectuais e a Formação da Cultura.* Rio de Janeiro, Civilização Brasileira, 1979.

Hallewell, Laurence. *O Livro no Brasil: Sua História.* São Paulo, Edusp, 2012.

Hobsbawm, Eric. *A Era dos Extremos: O Breve Século XX.* São Paulo, Companhia das Letras, 2012.

_____. *Sobre a História.* São Paulo, Companhia das Letras, 2005.

_____. *Tempos Interessantes.* São Paulo, Companhia das Letras, 2007.

Ianni, Octavio. *A Formação do Estado Populista na América Latina.* Rio de Janeiro, Civilização Brasileira, 1975.

Iglésias, Francisco. *Historiadores do Brasil: Capítulos da Historiografia Brasileira.* Rio de Janeiro, Nova Fronteira, 2000.

_____. *Introdução à Historiografia Econômica.* Belo Horizonte, FCE-UMG, 1959.

Instituto Brasileiro de Geografia e Estatística. *Aniversário de São Paulo.* Jan. 2004.

Konder, Leandro. *História das Ideias Socialistas no Brasil.* São Paulo, Expressão Popular, 2003.

Lapa, J. R. Amaral. "A Primeira República: Dimensões Factuais". *In: Revista de História da Universidade de São Paulo.* São Paulo, 1973.

FONTES E BIBLIOGRAFIA 289

LE GOFF, Jacques. *História e Memória*. Campinas, Editoria Unicamp, 2008.

LENIN, Vladimir Ilyich. *Imperialismo: Fase Superior do Capitalismo*. São Paulo, Centauro, 2008.

LÉVI-STRAUSS, Claude. *Saudades de São Paulo*. São Paulo, Companhia das Letras, 2001.

LÖWY, Michael. *O Marxismo na América Latina. Uma Antologia de 1909 aos Dias Atuais*. São Paulo, Perseu Abramo, 1999.

LUCA, Tania Regina de. *Entrevista* (realizada pela pesquisadora). São Paulo, nov. 2014.

_____. "República Velha: Temas, Interpretações e Abordagens". *In:* SILVA, Fernando *et al. República, Liberalismo, Cidadania*. Piracicaba, Unimep, 2003.

LUZ, Nícia Vilela. *Aspectos do Nacionalismo Econômico Brasileiro*. São Paulo, Revista de História da Universidade de São Paulo, 1959.

MARTINEZ, Paulo Henrique. "Fernand Braudel e a Primeira Geração de Historiadores Universitários da USP (1935-1956): Notas para Estudo". *In: Revista de História da Universidade de São Paulo*, nº. 146, 2002, pp. 11-27.

MARX, Karl. *O 18 Brumário de Luís Bonaparte e Cartas a Kugelmann*. São Paulo, Paz e Terra, 2010.

_____. *Para a Crítica da Economia Política*. São Paulo, Abril Cultural, 1982.

MASSI, Fernanda Peixoto. "Estrangeiros no Brasil: A Missão Francesa na Universidade de São Paulo". Campinas, Instituto de Filosofia e Ciências Humanas, Unicamp, 1991 (Dissertação de Mestrado).

MICELI, Sérgio. *História das Ciências Sociais no Brasil*. São Paulo, Sumaré, 1995.

_____. *Intelectuais e Classes Dirigentes no Brasil*. São Paulo, Difel, 1979.

MELLO, João Manuel Cardoso de. *O Capitalismo Tardio*. São Paulo, Unesp, 2009.

MORAES, José Vinci de & REGO, José Márcio. *Conversas com Historiadores Brasileiros*. São Paulo, 34, 2007.

MOTA, Carlos Guilherme. *Entrevista* (realizada pela pesquisadora). São Paulo, nov. 2014.

_____. *Ideologia da Cultura Brasileira (1933-1974): Pontos de Partida para uma Revisão Histórica*. São Paulo, Ática, 1977.

_____. *A Ideia de Revolução no Brasil e Outras Ideias*. São Paulo, Globo, 2008.

NAPOLITANO, Marcos. *Cultura e Poder no Brasil Contemporâneo (1977/1984)*, 1ª. ed., vol. 1, Curitiba, Juruá, 2002.

_____. "História Contemporânea: Pensando a Estranha História Sem Fim". *In:* KARNAL, Leandro (org.). *História na Sala de Aula*, 1ª. ed., vol. 1. São Paulo, Contexto, 2003, pp. 163-184.

_____. *O Regime Militar Brasileiro (1964-1985)*, 1ª. ed. São Paulo, Atual, 1998.

NEME, Mário (org). *Plataforma da Nova Geração*. Porto Alegre, Globo, 1945.

NOVAIS, Fernando. *Aproximações: Ensaios de História e Historiografia*. São Paulo, Cosac Naify, 2005.

_____. "Fernando Novais: Braudel e a 'Missão Francesa'" (entrevista). *Estudos Avançados*, vol. 8, nº. 22. São Paulo, set.-dez. 1994.

PAULA, Maria de Fátima de. "A Formação Universitária no Brasil: Concepções e Influências". *Avaliação (Campinas)*, vol. 14, nº.1. Sorocaba, mar. 2009.

PÉCAUT, Daniel. *Os Intelectuais e a Política no Brasil: Entre o Povo e a Nação*. São Paulo, Ática, 1990.

PEREIRA, A. Baptista. *Figuras do Império e Outros Ensaios*. São Paulo, Companhia Editora Nacional, 1931.

POLANYI, Karl. *A Grande Transformação: As Origens de Nossa Época*. Rio de Janeiro, Campus, 1980.

PONTES, Heloísa. "Destinos Mistos: O Grupo Clima no Sistema Cultural Paulista (1940-1968)". São Paulo, Faculdade de Filosofia e Ciências Humanas, Universidade de São Paulo, 1996 (Tese de Doutorado).

_____. "Retratos do Brasil: Um Estudo dos Editores, das Editoras e das Coleções Brasilianas, nas Décadas de 1930, 40 e 50". *In: Revista Brasileira de Informação Biobliográfica em Ciências Sociais*, vol. 26, Rio de Janeiro, 1988, pp. 56-89.

PRADO JÚNIOR, Caio. *Formação do Brasil Contemporâneo: Colônia*. São Paulo, Martins, 1942.

_____. *A Revolução Brasileira*. São Paulo, Brasiliense, 1966.

_____. *História Econômica do Brasil*. São Paulo, Brasiliense, 1945

_____. *Diretrizes para uma Política Econômica Brasileira*. São Paulo, Faculdade de Direito, Universidade de São Paulo, 1954 (Tese).

RIDENTI, Marcelo. *O Fantasma da Revolução Brasileira*. São Paulo, Unesp, 1993.

RINGER, Fritz. *O Declínio dos Mandarins Alemães*. São Paulo, Edusp, 2000.

RODRIGUES, José Honório. *Teoria da História do Brasil: Introdução Metodológica*. São Paulo, Companhia Editora Nacional, 1978.

SARTRE, Jean-Paul. *Em Defesa dos Intelectuais*. São Paulo, Ática, 1994.

SECCO, Lincoln. *Caio Prado Júnior: O Sentido da Revolução*. São Paulo, Boitempo, 2008.

SIMONSEN, Roberto. *Evolução Industrial do Brasil e Outros Estudos. In:* CARONE, Edgard (org.). São Paulo, Companhia Editora Nacional, 1973.

SEIGNOBOS, Charles. *Histoire Sincère de la Nation Française*. Paris, Rieder, 1933.

SIRINELLI, Jean-François. "Os Intelectuais". *In:* RÉMOND, René (org.). *Por Uma História Política*. Rio de Janeiro, UFRJ/FGV, 1996.

SWEEZY, Paul *et al. A Transição do Feudalismo para o Capitalismo*. Rio de Janeiro, Paz e Terra, 1977.

TOLEDO, Caio Navarro de (org.). *1964: Visões Críticas do Golpe*. Campinas, Editora Unicamp, 1997.

TROTSKY, León. *Escritos Latinoamericanos*. Buenos Aires, Centro de Estudios, Investigaciones y Publicaciones León Trotsky (CEIP León Trotsky), 2000, p. 163.

TRUZZI, Oswaldo. *De Mascates a Doutores: Sírios e Libaneses em São Paulo. Série Imigração*. São Paulo, Sumaré, 1992.

UNIVERSIDADE DE SÃO PAULO, MUSEU REPUBLICANO DE ITU. Arquivo Pessoal de Edgard Carone, Carta. 10 dez. 1945; Carta. 19 dez. 1946; Carta. 23 mar. 1948; Carta. 27 jun. 1966; Carta. 30 maio 1967; Carta. 11 jun. 1967; Carta. 29 jun. 1967; Carta. 19 out. 1967; Carta. 7 fev. 1968; Carta. 5 jun. 1968; Carta. 31 jul. 1968; Carta. 28 nov. 1968; Carta. 9 jan. 1969; Carta. 14 maio 1969; Carta. 2 jun. 1969; Carta. 11 set. 1969; Carta. 5 nov. 1969; Carta. 10 dez. 1969; Carta. 6 mar. 1970; Carta. 31 mar. 1970; Carta. 27 ago. 1970; Carta. 17 fev. 1971; Carta. 17 mar. 1971; Carta. 5 maio 1971; Carta. 7 maio 1971; Carta. 8 maio 1971; Carta. 1º. jun. 1971; Carta. 2 jun. 1971; Carta. 1º. jul. 1971; Carta. 29 out. 1971; Carta. 19 nov. 1971; Carta. 20 dez. 1971; Carta. 27 jan. 1972; Carta. 31 jan. 1972; Carta. 13 mar. 1972; Carta. 15 mar. 1972; Carta. 17 mar. 1972; Carta. 1º. abr. 1972; Carta. 13 abr. 1972; Carta. 24 abr. 1972; Carta. 2 jun. 1972; Carta. 9 jun. 1972; Carta. 7 ago. 1972; Carta. 12 set. 1972; Carta. 14 nov. 1972; Carta. 6 dez. 1972; Carta. 13 dez. 1972; Carta. 22 dez. 1972; Carta. 21 fev. 1973; Carta. 15 mar. 1973; Carta. 3 maio 1973; Carta. 6 maio 1973; Carta. 15 jun. 1973; Carta. 18 jun. 1973; Carta. 3 jul. 1973; Carta. 11 jul. 1973; Carta. 3 set. 1973; Carta. 13 set. 1973; Carta. 18 set. 1973; Carta. 3 out. 1973; Carta. 17 out. 1973; Carta. 20 fev. 1974; Carta. 4 abr. 1974; Carta. 30 abr. 1974; Carta. 19 jun. 1974; Carta. 27 jun. 1974; Carta. 9 set. 1974; Carta. 4 out. 1974; Carta. 14 mar. 1975; Carta. 21 mar. 1975; Carta. 20 abr. 1975; Carta. 22 abr. 1975; Carta. 28 maio 1975; Carta. 7 jun. 1976; Carta. 27 set. 1976; Carta. 6 dez. 1976; Carta. 13 set. 1977; Carta. 9 jan. 1978; Carta. 11 jan. 1978; Carta. 26 jun. 1978; Carta. 21 ago. 1978; Carta. 10 nov. 1978; Carta. 5 mar. 1979; Carta. 1º. set. 1979; Carta. 27 set. 1979; Carta. 4 out. 1979; Carta. 12 nov. 1979; Carta. 15 nov. 1979; Carta. 19 dez. 1979; Carta. 7 abr. 1980; Carta. 15 abr. 1980; Carta. 5 maio 1980; Carta. 5 jun. 1980; Carta. 24 jun. 1980; Carta. 8 ago. 1980; Carta. Set. 1980; Carta. 29 out. 1980; Carta. nov. 1980; Carta. 16 dez. 1980; Carta. 23 mar. 1981; Carta. 3 abr. 1981; Carta. 13 abr. 1981; Carta. 9 ago. 1981; Carta. 31 ago. 1981; Carta. 2 set. 1981; Carta. 13 out. 1981; Carta. 26 out. 1981; Carta. 29 out. 1981; Carta. 28 dez. 1981; Carta. 16 mar. 1982; Carta. 18 mar. 1982; Carta. 22 mar. 1982; Carta. 4 abr. 1982; Carta. 7 abr. 1982; Carta. 28 abr. 1982; Carta. 14 jun. 1982; Carta. 20 jul. 1982; Carta. 18 ago. 1982; Carta. 26 ago. 1982; Carta. 21 set. 1982; Carta. 1º. out. 1982; Carta. 3 nov. 1982; Carta. 4 dez.

1982; Carta. 19 jan. 1983; Carta. 9 fev. 1983; Carta. 21 fev. 1983; Carta. 1º. mar. 1983; Carta. 16 jun. 1983; Carta. Sem datação; Fichas Bibliográficas.

WEFFORT, Francisco. "Classes Populares e Política: Contribuição ao Estudo do Populismo". São Paulo, Faculdade de Filosofia, Letras e Ciências Humanas, Universidade de São Paulo, 1968 (Tese de Doutorado).

WOOD, Ellen Meiksins. *A Origem do Capitalismo*. Rio de Janeiro, Zahar, 2001.

Título	*Edgard Carone e a Ideia de Revolução no Brasil (1964-1985)*
Autora	Fabiana Marchetti
Editor	Plinio Martins Filho
Produção Editorial	Carlos Gustavo Araújo do Carmo
Capa	Casa Rex
Editoração Eletrônica	Carolina Bednarek
Revisão	Carolina Bednarek
Formato	16 x 23 cm
Tipologia	Garamond
Papel	Chambril Avena 80g/m^2
Número de Páginas	296
Impressão e Acabamento	LIS Gráfica